融合与发展：
数据时代的新闻与传播

张 聪 主编

图书在版编目（CIP）数据

融合与发展：数据时代的新闻与传播/张聪主编．—北京：知识产权出版社，2019.8

ISBN 978–7–5130–6211–4

Ⅰ．①融… Ⅱ．①张… Ⅲ．①新闻学—传播学—研究 Ⅳ．① G210

中国版本图书馆 CIP 数据核字（2019）第 084536 号

内容提要

近年来，以自媒体为代表的新媒体大量出现，它们信息传播迅速、用户数量庞大、交互性强、进入门槛低，一系列优点与文化产品营销的要求不谋而合。通过新媒体平台开展营销活动，与文化产品之间构建起一座桥梁，产品信息能更快、更精准地传递到特定的用户群，提高产品的品牌知名度，推广企业文化，从而使企业取得更好的经济效益和社会效益。

本书通过诸多案例，探讨了数据时代的新闻与传播发展的特征，为新媒体的融合与发展提供一些现实依据。

责任编辑：于晓菲　李　娟　　　　　　责任印制：孙婷婷

融合与发展：数据时代的新闻与传播
RONGHE YU FAZHAN：SHUJU SHIDAI DE XINWEN YU CHUANBO

张　聪　主编

出版发行：知识产权出版社 有限责任公司	网　　址：http://www.ipph.cn
电　　话：010–82004826	http://www.laichushu.com
社　　址：北京市海淀区气象路 50 号院	邮　　编：100081
责编电话：010–82000860 转 8363	责编邮箱：laichushu@cnipr.com
发行电话：010–82000860 转 8101	发行传真：010–82000893
印　　刷：北京中献拓方科技发展有限公司	经　　销：各大网上书店、新华书店及相关专业书店
开　　本：787mm×1092mm　1/16	印　　张：23.5
版　　次：2019 年 8 月第 1 版	印　　次：2019 年 8 月第 1 次印刷
字　　数：320 千字	定　　价：88.00 元

ISBN 978–7–5130–6211–4

出版权专有　侵权必究

如有印装质量问题，本社负责调换。

主　编　张　聪
副主编　黄秋秋　崔玉可　姚惟怡

目　录

从《我的个神啊》看中国影视配音行业存在的问题及对策分析

　　　　　　　　　　　　　　　　　　（吴丹樱，杨希）……………1

《人民日报》媒体整合传播的问题与改进

　　　　　　　　　　　　　　　　　　（王路，吴倩妮）……………12

当代参与式文化中的视觉认知偏好现状及趋势研究

　　　　　　　　　　　　　　　　　　（黄颖茜）………………28

西部 D 县 G 镇男幼师职业角色冲突的个案研究

　　　　　　　　　　　　　　　　　　（姚瑶，郭春）……………40

社交媒体语境下思政教育短视频传播效度研究——以共青团中央官方抖音账号为例

　　　　　　　　　　　　　　　　　　（刘世玲，黄秋秋）…………54

浅析图书品牌"理想国"的新媒体运营

　　　　　　　　　　　　　　　　　　（任长玉）………………65

数据时代下新闻价值对新闻类 App 的发展要求探析

　　　　　　　　　　　　　　　　　　（张博文）………………79

浅谈新时代出版产业、传媒产业、文化产业的区别与联系

　　　　　　　　　　　　　　　　　　（韦慧超）………………95

短视频行业 MCN 生产模式探究

　　　　　　　　　　　　　　　　　　（李津宇）………………103

基于自媒体出版的网络直播实践与创新研究——以尔雅讲堂为例

（崔玉可，黄秋秋）············115

中国电视剧的跨文化传播解读——以《楚乔传》在海外传播为例

（闫业萍）············127

大卫·芬奇电影中黑色元素的运用

（郭奥博）············136

中国文学海外译介策略研究——以《射雕英雄传》英国版权输出为例

（张晓曼）············145

小龙坎微博公关得失评析

（蓝晓莹）············156

媒体融合背景下的纸媒创新分析——以澎湃新闻为例

（朱金花）············166

新时期受众心理的特征与趋势研究——基于某知识付费平台的拼团和
 分销功能的实证分析

（张元曦）············177

浅析微信读书 App 对数字阅读的影响

（徐芳）············186

关于社区图书馆资源合作共享机制的分析

（温宏蕾）············200

新媒体环境下的手账文化传播

（王琦）············209

"养成"视角下真人秀综艺节目火爆的原因分析

（孙海伦，张聪）············217

网络动员新态势——以大张伟微博动员为例

（孙博雅）……225

爱彼迎的传播策略分析

（申赟祎）……234

人工智能真的越来越懂人类吗？——基于用户视角的抖音算法推荐效果研究

（侯洁，张聪）……244

从"六六维权事件"评析京东公关

（马贝贝）……263

胶片文化的重生——小众文化的网络传播研究

（牛春毅）……274

媒体融合背景下传媒产业新业态

（黄秋秋，崔玉可）……283

从数据分析看政府办事效率变化——以《北京晚报》"我们日夜在聆听"栏目为例

（姚惟怡）……295

"他者"镜像构建下的嘉兴城市形象分析——以吉尔吉斯斯坦留学生为例

（郝焕香）……311

短视频应用的算法推荐机制对比研究——基于抖音、快手的实证研究

（周雪）……322

新媒体时代我国大学出版社的数字化发展现状分析

（宋梦真）……337

"互联网＋旅游"：去哪儿网运营模式分析

（郭海潮）……352

从《我的个神啊》看中国影视配音行业存在的问题及对策分析

吴丹樱*　　杨　希**

【摘要】印度电影《我的个神啊》因直击印度民众普遍盲目的宗教信仰在全球引起了热议，在中国引起民众关注的不仅仅是该片深刻的主题和精巧的情节构架，还有影片配音中的明星潮现象。长期以来，中国影视的配音行业因影片配音质量不良的窘境而饱受诟病，人们渐渐远离译制片但怀念经典。随着互联网的发展，"一带一路"及5G新时代的来临预示着中国配音行业迎来了新机遇和新挑战，中国的配音行业、文化管理部门及中国文化传媒企业的有识之士应携手为改变这一现状，为满足中国百姓日益增长的文化娱乐需求，为中国影视文化走向世界而尽量减少配音行业中可以预知的"缺憾"，为重振中国的配音行业谋求对策和新路径。

【关键词】《我的个神啊》；影视；配音；对策

---

*　吴丹樱：女，祖籍江西余干。副教授、国家级普通话测试员、中央普通话进修班学员。研究方向：中国古代文学、普通话教学与测试研究、播音与主持艺术。（江西上饶师范学院文学与新闻传播学院）

**　杨希：女，籍贯江西上饶。助教、江西省普通话测试员。研究方向：播音与主持艺术、礼仪文化。（江西上饶师范学院文学与新闻传播学院）

《我的个神啊》是 2014 年由印度著名导演拉库马·希拉尼执导，著名演员阿米尔汗、安努舒卡莎玛主演的由印度 UTV 影业出品的奇幻爱情电影。影片不仅讲述了外星人 PK 在地球上的奇幻经历，同时穿插了印度姑娘贾古和巴基斯坦小伙儿萨佛拉兹感人的爱情故事，影片在更深层意义上揭示了印度民众宗教信仰普遍存在的荒诞和盲目性，影片在情节设计、演员演技、矛盾冲突等诸多方面均有不俗的表现。该影片由于价值创意和社会批判立场在印度及国际影坛引起了极大的反响，并成为宝莱坞票房史上的冠军。

普通话版的《我的个神啊》2015 年进入中国影院时译制组颇费苦心，女主角配音张艾、大师塔帕萨的配音李智伟、贾古的上司配音赵晓明及配音演员吴凌云等都是受过专业配音训练，并有多年配音经验，有多部作品积累的著名配音演员，他们的配音使得影片增色不少。而男主角 PK 由影视演员王宝强配音，译制组的初衷自然是以王宝强的名人效应拉动更多的票房，但事与愿违。虽然多年来，王宝强扮演的许多影视角色很大程度上符合其自身性格特点，甚至是为其量身打造的，王宝强也向来以勤奋、善良、纯朴、幽默的特质适应了当下影视定位而成为广大观众最喜爱的演员之一，但这一切并不能说明王宝强目前可以胜任配音工作。许多网友非常遗憾地留下感言："王宝强的配音，真是生生毁了一部好作品。""没有王宝强的配音，这电影能再多卖两亿元……"的确，王宝强的配音河北方言严重，来自外星的男主角竟然操着河北口音的普通话，声音形象和角色性格反差太大，声线违和导致形神俱毁，极大地影响了观众的观影感受。这恰恰暴露了当下影视配音行业普遍存在的问题。总结分析，中国影视配音存在着以下问题。

一、配音周期短，配音行业门槛低，名人客串现象严重

  进口影片大量用明星配音而不用专业配音演员已经成为影视圈的时尚，过去专业配音演员往往需要数月甚至一年时间给一部影片配音，现在一部电影配音竟然几个小时或几天就匆匆完成，来不及细细打磨。一些为男女主演配音的人，甚至都没见过面，各配各的；很多配音员到了配音棚里才拿到剧本，完全顾不上分析作品的好坏。虽然配音科技也在发展进步，有防止盗版因素在内，但这种工业化的生产流程和周期的缩短也影响了影视配音的质量。不仅如此，短周期生产和过低的行业门槛严重影响了配音事业有限的生存和发展空间及配音行业的国际影响力。曾在多部译制片及电视连续剧中为男主角配音的中国传媒大学播音主持艺术学院副教授、知名配音演员王明军曾说："这一行没有想象的那么浪漫。它是一门艺术，也是一门技术。急于出名的人不适合干这行。它需要从事这个行业的人心里很安静，慢慢地去接近、体会。"

  尽管配音是艺术，从事这门艺术需要有专业技能和较高的文学艺术修养，但从事影视配音的人员来自不同的行业，水平良莠不齐，播音主持专业学子、明星演员以及影视表演专业科班出身的演员，或有自己声音特质和语言特色的人，都可能加入配音团队。我国目前缺少专门的配音队伍。世界影视文化的快速发展和国内外影视交流日益频繁及行业背后的巨大利益驱动，也吸引了大量非专业人士的关注和加入，业内素有"无配音不成剧"的说法，配音行业的逐渐兴旺与低门槛形成了互相牵制效应，尤其是一些拿着高价配音片酬的电影明星的不专业配音让观众极度失望，甚至远离了译制片。影评人王新阁说：

"说到底，不是市场不需要译制片，而是译制片不好看了，观众渐渐疏远了译制片，这才是根本原因。"对于配音流行明星潮，上海译制片厂著名演员乔榛说，海外片商的这种做法，很大程度是出于商业的考虑，译制配音的专业人士可以理解，但这不是译制艺术的发展趋势。2003年7月31日的《中国文化报》有作者发表署名文章就愤怒地说："听着充斥在译制片里让人极不舒服的配音，不管那些配音演员是国内大名鼎鼎的明星，还是无名之辈，我们都记不住片中的台词，更谈不上为之着迷为之倾倒了。——我常常发疯似的四处寻觅过去老电影的碟片，可多半会无功而返。想想当年——那么多迷人的影片，那么多迷人的'配音'，都慢慢尘封在流逝的岁月里了，叫人怎能不惆怅若失？"2017年2月《中国文化报》记者于帆更是感慨"流水的明星，铁打的配音"，呼唤抵制配音中的明星潮、呼唤配音佳作出现。

二、配音行业收入低导致配音人才后继乏力，一些配音演员缺乏基本专业素养和精神，培养配音人才的专业教育机构或部门严重缺位

长期以来，中国配音演员收入低已不是新闻。配音演员出身的张涵予透露，"配音演员的待遇15年没有什么改变。15年前，配电影是300元到500元左右，现在也是这样。海外大片配主角也不过1000元到2000元左右"。由于市场影片的数量和译制费有限，大多数译制厂不再采取"养人"模式，这也使得配音演员基本处于散兵游勇状态，许多配音演员最终会选择离开或兼职配音。

配音指导、导演、资深配音演员姜广涛配完《指环王》系列后透露,他所拿的薪酬仅3000元。《变形金刚3》还是因为工作量大获1500元。行业内的现状是,绝大多数配音演员没有固定的工作时间和收入保证,口碑好、业务好、能力强的配音演员接活较多。姜广涛曾说:"这个行业虽然吃不饱,但也饿不死,很多人才最后都自然消失了。"这样的配音行业环境和现状使得配音演员的专业素养和精神缺少涵养的土壤和空间,缺少专业人士互相琢磨的宽松氛围和环境。另外,行业的急功近利思想及行业内部存在的壁垒也限制了行业本身的发展。配音从业者多是转行的话剧演员或老配音演员传帮带的学生,正应了那句话:"教会了你我吃什么?"配音界存在"水都泼不进"的说法,这使得配音专业新人的技能得不到专业的指点和提升,在专业训练方面会走很多弯路,成长缓慢,对艺术的执着追求和献身精神出现了传承的断层。而整个社会中也少有专门的教育机构和部门传授配音技能,培养配音人才的专业教育机构和部门严重缺位。

三、中国的配音行业现状无法适应飞速发展的影视、动漫产业,大量较优秀的外国影视作品仅有字幕,没有配音,无法适应广大百姓日益增长的对世界文化精神食粮的获取和对美好生活的审美追求

当前中国译制片采用配音译制片版本和字幕译制片版本两种模式,虽然在一线城市的主流院线,字幕译制片场次占据绝对优势;但配音片在广大的二、

三线城市和农村，以及一些特殊群体中受欢迎程度高，动画片领域配音译制片则更受青睐，另外，小语种的电影市场中文配音版比原声电影更受欢迎。因此，为一些优秀的进口影视剧配音还是有必要的。然而，我国相对滞后的配音技术和艺术水准在对译制片的音响效果进行后期加工时，很难对进口影片中的原有音响全部进行还原展示；同时，二十世纪八九十年代译制电影时要经过翻译、初对、复对、排演、表演、录制、审核、补充等多道程序，制作周期长，时下互联网时代的译制配音程序简化，导致语言表现力和文本翻译等方面降低了配音水准，这些都影响了观众的观影感受，使观众最终失去对译制片配音的好感。影视配音发展受到掣肘还有一个原因，中国影视业正在崛起，大量优秀的影视剧主要演员台词功底太弱需要配音美化，因此，我国优秀配音演员奔走于我国影视作品之间也是无奈的选择。

四、配音行业准入制度未能建立，行业规范亟待健全

配音演员综合素质较低，源自中国的影视配音行业低门槛准入。配音演员普遍存在以下不足之处，如语言表达缺乏艺术表现力，声音生硬，甚至貌不合神更不符，自然无法传神演绎原片角色的思想感情和精神风貌；好的配音演员随着演绎作品的增多出现了"声音穿越、观众别扭"的尴尬现象，这些都导致品高质优的配音影视作品成为稀缺的珍品。其主要原因还是管理部门未建立配音行业的准入制度，行业的规范未能建立健全，对不具备配音能力的人员和配音团队管理监控缺失，严重影响配音行业的健康发展。

随着互联网和科技的发展、中国影视产业的成熟、"一带一路"的推进及5G时代的来临，未来国内外优秀影视作品制作的速度将更快，中国出品的优秀影片也将随着中国改革开放的深入走出国门，进入世界人民的生活中。全球化的影视格局正在逐渐形成，人们获得优秀影片的途径更加多样化。4G时代下载一部2GB大小的高清电影需要5.3分钟，5G时代下载一部电影将缩减至6.4秒，甚至更快。未来5G技术的应用将为影视业带来巨大的红利。据预测，仅我国的5G价值链就将创造9840亿美元的价值，提供950万个工作岗位。新技术、新科技的发展对配音行业的发展既是挑战也是机遇，日新月异的文化影视业增强了人们对品质优良的影视配音作品的期待，那么，中国的配音行业该如何走出困境呢？

（一）建立专门配音学校或加大对配音专业的投入，探索产学研相结合的办学模式以适应快速发展的影视行业对配音行业的需求

配音具有专业的技术性和艺术性特点，可以通过专门教育培训实现专业的继承和发展创新，而不是仅仅通过父传子受、朋友相帮实现专业的延续性发展。因为后者远远适应不了快速发展的中国民众的文化需求。众所周知，配音是缺憾艺术，著名配音演员丁建华曾说："配音工作是门遗憾的艺术，即使很成功的角色，当回过头去看时，也总能找到许多不足，但它已经过去了，有待于在今后的角色中去克服，所以永远有一个适应角色的问题。"为减少缺憾，配音演员不仅需要艺术指导，还必须经过大量专门的、科学系统的严格学习和训练才能成为合格的专业配音演员。配音也并不是普通大众仅仅凭借

兴趣就可以胜任的工作，应该具备最基本的素质，比如标准的普通话（有些专业影艺公司坚持配音演员必须持普通话水平一甲等级证）、较强的语言表达能力和台词功底，以及出众的表演能力。因此，需要在高校建立专门的配音专业和专门培养配音演员的机构，提供配音专业的系统学习和有效指导，积极引导具有丰富的配音经验和艺术修养的优秀配音演员进入专门学校或研究所、机构任教。同时，与电视台及动画、影视制片公司等媒体建立常态化的人才双向培养交流机制。公司、媒体可以为学生提供配音见习、实习机会，丰富学生的配音实战经验，并提升其能力。学校可以为演艺公司、媒体的配音演员提供相关技能的再培训。

目前，中国高校中有北京电影学院、浙江传媒大学、同济大学等几家院校开设了专门的配音专业，少量院校如中国传媒大学、陕西师范大学、四川师范大学等开设了相关的兴趣课程，还有一些私立非专业的社会培训机构（质量往往不高）。这样的人才培养教育规模远远不能满足日益增加的配音市场需求。

（二）对中国优秀译制片配音进行系统和专门研究，加大配音学理论基础的研究

一门学科的建立和完善需要依托基础理论研究的纵深拓展和有效交流，基础理论研究属于根本性、战略性、长远性学科研究。配音基础理论研究是研究配音实践中最基本、最一般、最普遍的问题，提出配音最基本理论，涵盖配音实践的所有方面，具有基础性、宏观性、实践性、理论性、指导性等特点。基础理论研究难度大，过程艰辛且枯燥，研究周期长，创新难，因此社会上少有

人作此研究，需要依托高校或研究机构将此作为自己的任务和使命。而基础研究是从实践中提炼出来的，引进有丰富配音实践经验和成果的人才进入高校，通过产学研结合，既能有效培养新人又能从事基础理论研究。应该说，加快配音学科的基础理论体系的科学构架迫在眉睫，而建立专门的配音学校或加大配音专业设置投入是进行专业研究的基本物质和平台保证。

2007年，中国传媒大学王明军、阎亮合著的《影视配音艺术》出版，成为我国高等教育领域第一本专门讲授影视配音艺术的专业书籍，也成为配音爱好者的必读书。然而，"一花独放不是春，百花齐放春满园"，只有更多的高校或研究机构参与其中，才能推动该学科健康、稳定、持续地发展。

（三）建立、健全配音行业的行业规范，积极尝试推动实行配音行业持证上岗制度

由于中国目前缺乏培养配音演员的学校和专业，配音演员大多是歌舞剧团演员或播音主持专业人士，工作模式也多为业内人士的相互引荐。许多有着强烈配音爱好和兴趣的人缺少有效学习的途径，行业规范也尚未建立，行业的准入制度缺失，因此就不可避免地出现《我的个神啊》主角配音中的尴尬现象。曾在中国配音领域深耕多年的青年配音演员韩朝宾曾介绍，从配音这一职业的群体数量来看，全国的配音工作者加起来仅有500人左右，且多集中在北京、上海、广州、长春等地。几位知名配音演员被剧组和片方追捧的现象并不奇怪，因此导致声音穿越、观众别扭。

相较于中国的优秀配音人才稀缺，日本较为成熟的声优教育发展模式值得我们学习和关注。早在19世纪60年代，日本的声优已具产业化发展模式。声

优,"优"这个字,日语意思为"演员""表演者"。声优是用声音来表演的人。在日本,声优是处于高度完善的教育管理、经营制作体系之中的,其工作范围广、影响力大。日本对声优人才入行选择上要求非常苛刻,除了声音条件,还增加配音演员的容貌、演唱功底的要求,这种较高门槛的准入使得日本配音演员附着了娱乐偶像的特点。更重要的是,日本有专门培养声优的学院专业和教育机构,如最有名的日本 Narration 演技研究所。在学校任教的一般都是资深声优,有时也会聘请当红声优担任主讲。并且,想要正式进入声优行业,一般都必须进入日本专业的声优事务所。声优事务所就像是声优们的"经纪公司",声优事务所与声优签订工作合同,由事务所负责为声优们介绍配音机会,也要负责声优的个人包装、宣传及其他工作的联络开展。正因为日本有规范、专业、独立的高素质声优团队,而从事该专业的演员有着较高的社会地位和体面的生活,最终他们有效承担起了日本译制片的配音工作并使日本的配音行业位居世界领先地位。其人才经营模式大致如图 1 所示。

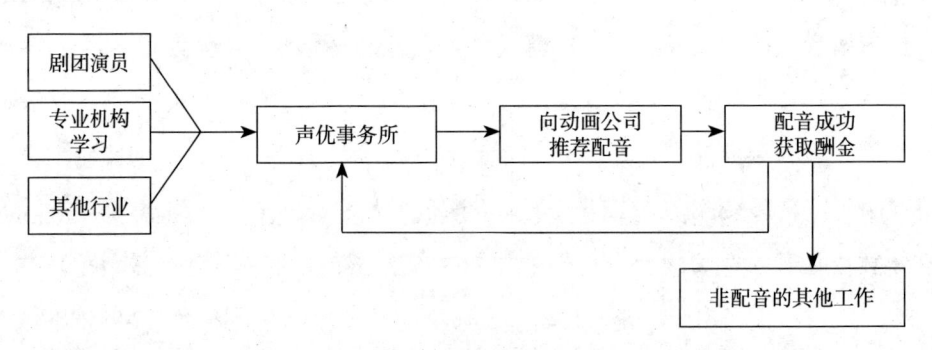

图 1 声优事务所人才经营图

（四）相关影视行业协会和文化管理部门要加大优秀配音演员奖项设置，提高配音员的社会地位及职业尊严

影视配音是门具有个性特征的创造性艺术，事实上，配音行业对从业者的艺术文化修养有很高的要求，优秀的配音演员具有强烈的自我人生价值追求，这也是在我国物质匮乏的时代，老一辈优秀配音演员乔榛、邱岳峰、丁建华、童自荣、李梓、刘广宁、尚华、于鼎、曹雷等能专注配音事业艺术追求的主要原因。时代在发展，中国的经济突飞猛进，不仅需要从配音报酬上规范合理的标准，同时更应该赋予从事配音事业的演员们应有的职业尊严。但实际上，长期以来，配音这一行当在各项颁奖典礼上少有专门奖项，让配音工作沦落为整个影视剧产业中边缘化的门类，这对配音行业的发展极为不利。影视行业协会或文化管理部门不仅仅要规范配音行业准入制度，健全行业规范，还要加大对优秀配音演员的奖项设置，提高配音演员的社会地位，让配音演员获得全社会的信任与尊重。

参考文献

[1] 小窗.闪光的日子：老艺术家谈人生[M].江西：江西教育出版社，2016.

[2] 维尔斯.好莱坞音效创作及录制技巧[M].王旭锋，等译.北京：北京联合出版公司，2016.

[3] 田园曲.电影电视配音艺术：第2版[M].北京：清华大学出版社，2014：134.

[4] 宏玖.听说[M].北京：译林出版社，2014.

[5] 王明军，阎亮.影视配音艺术：第2版[M].北京：中国传媒大学出版社，2015.

[6] 冯伟.影视声音艺术创作基础教程[M].北京：中国传媒大学出版社，2015.

[7] 苏秀.我的配音生涯：增订版[M].上海：上海译文出版社，2014：93.

[8] 郭艳婷.试论我国动画配音专业化的前景发展[J].今传媒，2013（2）.

《人民日报》媒体整合传播的问题与改进 *

王 路† 吴倩妮††

【摘要】《人民日报》作为中国的第一大报,也是媒体整合传播中的 KOL(Key Opinion Leader,关键意见领袖)。本文研究了当前《人民日报》媒体整合传播的现状,分析其在纸媒以及微博、微信、客户端等渠道上的整合传播问题,并在此基础上提出改进策略。呼吁《人民日报》除了完善自身在新媒体上的运营,吸引年轻群体阅读新闻,更要兼顾注重报纸的一批忠诚用户,创新媒体整合传播策略,提升媒体整合后的传播力。

【关键词】新媒体;年会;人民日报

---

* 本文系上海第二工业大学公共关系学科建设项目"新媒体公关传播"(学科编号:XXKPY 1610)的研究成果;本文获上海第二工业大学 2018 课程思政项目支持(代码:A01GY 18F014-22)。
† 王路:上海第二工业大学文理学部讲师,研究方向:公共关系学。(上海第二工业大学文理学部)
†† 吴倩妮:上海市人,上海第二工业大学文理学部公共关系学专业本科生。(上海第二工业大学文理学部)

一、《人民日报》媒体整合传播的现状

（一）《人民日报》媒体整合传播的渠道

1. 新浪微博

《人民日报》于2012年7月22日加入新浪微博，第一条发布的微博时间为当天的4:00，截至2018年7月22日，微博关注人数达5907万，发布微博总数量为88744条。每日发博文时间都是7:00~23:30，每小时发送1~3条博文。

与一贯严肃的政府风格不一样，《人民日报》的微博充满着"接地气"的感觉，从衣食住行到文化科普，再到政治时事，只要是关于百姓的内容，都可以发送。这也证明了《人民日报》的微博在运营这方面没有过多的内容限制，使人们不再觉得政府遥不可及，可以轻松地与机关党报进行互动。

从开创官方微博至今，《人民日报》创建了不少话题，并且大都是自己做话题主持人。由于是非娱乐类型的账号，《人民日报》在话题的名称上也做到"最精简""最直白"，通过对某新闻重要内容的提炼，压缩成最短的语句，配合新浪微博中话题颜色的特殊性，让受众立刻明白博文想要表达的内容，能在最短的时间内提取到时事热点。

2. 微信

与微博不同的是，公众号的文章字数限制为20000字，图片任意添加，图文并茂的文章更适合快节奏时代下的阅读。微信公众号平台为了防止过多的信息干扰用户的使用，对各个公众号的推送次数进行了限制。但是由于《人民日报》的"党报"身份，《人民日报》公众号每天可以推送10条以上，平均每篇文章阅读量都在10万以上，点赞量均超过四位数字。自然而然，《人民日报》公众号的关注者互动率也就提高了。得天独厚的推送权限，较多的推送次数极大地提高了用户的使用黏度和留存度。

《人民日报》公众号每日所推送的文章呈现了多元化且平衡的特点。如每天5:50左右，《人民日报》微信公众号都会准时推送一条《来了！新闻早班车》的文章。每天22:00，《人民日报》都会定时推送"夜读"板块。既有生活百科、情感鸡汤故事，又有政治时事、社会科教类议题，满足了不同受众对多元化信息的需求。

3. 手机客户端

手机客户端需要某品牌或组织自己探索、运营，就新闻类客户端来说，如果版面设计不合适，用户在选择浏览新闻的时候，就会觉得杂乱无章。《人民日报》客户端中有"闻""评""问""听""帮""视""图"等版块的划分，使得客户端整体看上去整洁干净，一目了然。在客户端中，不仅能阅览到纸质版《人民日报》的全部内容，还能接收到最快、最全的国内外正在发生的时事热点，采取图文、音像、视频等多种手段，力求实现内容优质、形式多样，担当起沟通舆论的桥梁和纽带的角色。与普通的读报纸不同，人们可以在新闻下方的评论区中自由地进行探讨，分享观点，增加了互动性，让读者更乐于阅读新闻，分享至其他社交平台。

（二）《人民日报》媒体整合传播的策略

1. 利用媒体优势，提高网络的公信力

2017 年工信部发布的《中国网络媒体公信力调查报告》显示：无论是新闻客户端的用户信任度还是满意度，《人民日报》都处于第一名的位置。现在原创新闻媒体如雨后春笋，新生代的新闻 App（如今日头条、澎湃新闻）胜在自己高超的网络技术，但其无法拥有像《人民日报》一样的公信力。《人民日报》利用其背景身份，让人们认为它所报道的新闻，绝对比其他渠道所了解到的更真实准确，更能让人信任。

2. 找准政治与市场定位，充分发挥自身资源优势

面对市面上众多的新闻媒体产品，盲目跟风只会沦落到被人遗弃。传统媒体需要找准自身的定位，对于《人民日报》而言，就是要确定自己的政治定位，认清自身作为党的"喉舌"的职责所在，也要找准适合自身能力与资源的市场所在。例如，在《人民日报》客户端中有"政务"板块，这是别的新闻类 App 所没有的，也只有党的官方媒体才能在其客户端中设立该板块。

《人民日报》也是在摸索中抓住自己的定位。在之前，人民网本想在谷歌全面退出中国后，自己推出搜索引擎产品，起名为"人民搜索"。但它忽视了自己是媒体，而非技术过硬的互联网公司，导致人民搜索鲜为人知，最终被其他搜索引擎合并。

有了失败的经验，《人民日报》现在更专注于新闻产业的报道，不盲目跟风于其他同类新闻，将自己的内容展现给观众看。

3. 精心打造新媒体平台，扩大竞争能力

在这个时代下，光靠报纸是无法运营一个报社的，所以要往新媒体平台多多发展，微博、微信这两个社交平台是最基本的与读者沟通的桥梁。在社交平台上，还要定时更新自己的内容，但不可太过频繁，会让读者感到厌烦。作为一个新闻媒体，《人民日报》在社交平台上发布的内容也必须是以原创为主，若充斥着二手新闻，那就失去了它的威严感。因此，《人民日报》会将其他类新闻减至最少，留最多的版面报道政治时事。

（三）《人民日报》媒体整合传播的手段

1. 新媒体平台与传统媒体内容差异化

从传统媒体到新媒体，每个媒介都有自己的属性，将各个渠道上传播的内容区分开，可以使人们关注到《人民日报》每个渠道。就传播的开放性而言，微博＞人民网＞手机客户端＞微信＞纸媒。

（1）微博。

只要是公开的微博，任何人发表的内容都可以被其他用户回复、转发，使得微博用户之间可以自由建立关系，形成无数个传播节，推动信息的极速传播。但由于微博140字的字数限制，无法表达详细、深刻的内容，使得《人民日报》的微博呈现出碎片化、海量的特征。但如果要在微博平台上详细报道某一事件，需要少量多次地发表，用户在了解事件时免不了搜索的麻烦，所以《人民日报》在微博传播时，尽量会以图文或者视频+文字的方式传播内容。

（2）人民网与手机客户端。

这两个平台与其他新媒体不同，它们不属于社交类新媒体，归《人民日报》自主运营。在某一系列报道时，它们可以自由开创板块单独报道，图片、文字、视频在同一文章内均可插入，针对某一事件也可以非常详细地报道。在新闻下方可以自由发表评论、回复他人，来自不同地域不同层次的人群都可以发表自己的意见。但由于经常使用这两个平台的人相对其他新媒体平台较少，《人民日报》应该思考如何将用户引流至此平台中。

（3）微信。

当《人民日报》发布微博时，用户可能由于当时并未使用微博而错过该消息，导致信息的到达率低，传播有效性差。而微信公众号弥补了微博太过"碎片化"的缺陷，微信平台的消息以对话框的形式呈现在微信中，用户可以根据需要打开相关内容进行浏览，加之每日推送数量的限制，微信的点对点传播使得微信中信息的到达率更高，也更有利于重要信息的传播。但由于微信公众号所发布的文章中，所有的回复需要公众号把关才能呈现到公众面前，人们无法与浏览相同文章的人进行互动，所以微信传播的开放性并不高。《人民日报》在微信上发布文章时，通过详尽的文字并配以图片向用户发布或分享各类信息，传播内容更加集中，便于用户深入了解。

（4）纸媒。

报纸拥有很长久的岁月，但随着网络技术的进步，纸媒受到了巨大的冲击。纸媒的时效性属于所有媒介中最差的，需要编辑排版后印刷出版，再通过第二日的投递送到受众的手上。由于版面的问题，纸媒上不会有太多生活百科、人生哲理类文章。在报纸上最可以体现《人民日报》的党报背景，一旦政府有重大活动，《人民日报》便会将其他类新闻减至最少，留最多的版面报道政治时事。

2. 新媒体平台重建话语体系

人们对于政府、对于党的第一印象，是"严肃""遥不可及"……所有党报的纸质版也都有这类现象，用词严谨，阅读气氛严肃。但在新媒体平台上，人们能对《人民日报》的用词感到非常轻松。从政治时事到生活妙招，再到减肥技巧，只要是人们生活中会接触到的，微博都会乐于分享，这让原本"高高在上"的党报一下子拉近了与百姓的距离。为了适应手机用户的阅读习惯，《人民日报》官方微博省去了传统新闻写作中的部分规则，删繁就简，提取精髓，纳入关键语句，交代核心信息。而微信平台，每天早上都会用最精简的语句总结好各类新闻时事，到了晚上也会推荐一篇心灵读物。与微博的亲近气氛不同，这里更有着学习型的氛围，但绝不是说教的语气。

3. 综合运用多种传播技巧

在创新的道路上，《人民日报》不但在新媒体平台上运营得如鱼得水，也探索了很多新的传播方式，结合了各个渠道的媒介，将自己的品牌文化传播至大众。

（1）借势营销，病毒式传播。

品牌要想快速进入公众视野，"借势营销"是最快的方式之一，在营销活动中借助于人物或者事件的影响效应以达到宣传、销售和提高产品形象的传播目的。既然是借势，首先要有"势"可借，有"势"可以与企业的品牌进行匹配。作为一种顺势行为，借势营销通过效应来构建产品的知名度和影响度。

借着电影《战狼2》所带来的爱国热潮，趁着建军节的到来，《人民日报》于2017年8月1日，在客户端上推出了与腾讯天天P图合作的《快看呐！我的军装照》活动页面。在这个页面中，只要上传自己的正面照就能获取一个合成的军装照。

当时，这个活动成为大众街谈巷议的内容，参与过的受众乐于将活动传播至朋友圈，让更多的人欣赏到他们的军装照。因为信息接收者在接收信息的同时自愿地成为信息发布者和转发者，使得活动在推出后的几小时内得到了病毒式传播。社交网络上用户的自发转载参与对品牌来说是完全免费的传播，可以大大缩减企业的广告成本。经过各平台的转发，尤其是微信朋友圈的刷屏，该活动的总浏览量达 8.2 亿次。这款 H5 产品成了传播红色军旅文化的载体，是把爱国主义题材植入现象级媒体产品的典型案例。

（2）纸媒跳出传统党报思维。

党报都是严肃的，但《人民日报》却能在"正经"的报纸上玩出一番花样。2015 年 5 月 13 日，《人民日报》在其报纸上连开四版广告页面，虽说是广告，却无字可看，只在最后一版写上"再美的文字赞美这部手机都是苍白的"，令人啼笑皆非。广告板块不打广告，这让这则广告迅速在网络上蹿红，众多品牌纷纷在微博中模仿广告语句，创造出了"赞美体"（也称苍白体）。"纸媒投放，社交造势，社交传播"，这一不新鲜的玩法再一次在社交圈中产生了效果。更重要的是，在快传播时代，降低文字创意自身的成本正在被越来越多的品牌和媒体关注。虽然广告是 VIVO 品牌所想，但所传播的载体选择了报纸，这也是双向合作的意愿。党报若是一味地报道新闻，认为广告只是一个赞助的成分，是无法引起人们的购买欲的；但若是光靠网络平台的传播，忽视了纸媒的存在，那报社也就离停刊不远了。

（四）《人民日报》媒体整合传播的效果

1. 受众人数增长

品牌传播效果的好坏，可以从受众人数直观体现。在2017年中国发展高层论坛上，人民网总编余清楚表示：因为《人民日报》不是一个单纯的报纸，有29家纸报刊，有人民网，有人民日报客户端，有人民日报的微信、微博，整个用户加起来是6.5亿。媒体整合传播使《人民日报》的关注用户增多，受众接收信息后再进行二次传播，最后《人民日报》所传播到的受众，数量远远超过单单在某一平台的传播量。

2. 新媒体与纸媒关注度上升

《人民日报》的创新活动越多，人们就越关注这个品牌，并且《人民日报》所展现的都是非常有意义的、有中国特色的活动，品牌关注度自然上升。《人民日报》新浪微博发布的第一条微博评论中，可以看到许多"挖坟"的人，他们认为《人民日报》微博非常有趣，所以喜欢回顾从前的微博。由于时不时会有人去翻看回复第一条微博，导致现在《人民日报》关闭了第一条微博的评论。显而易见，人们非常喜欢《人民日报》的官方微博。

纸媒《人民日报》现在的关注度虽然不及新媒体，但之前的无字广告一发刊，就被众多网友分享至网络。在新闻报纸类中，人们对《人民日报》的关注程度也超越了其他报纸。

3. 品牌影响力提高

在百度指数中搜索"人民日报"以及它的竞争对手"澎湃新闻""新华社"后，可以发现"人民日报"的搜索指数显而易见地大于其他两个新闻平台。单独看"人民日报"的搜索指数，会发现继 2012 年之后，搜索指数一直在小幅度上升。从这些数据可以看出，《人民日报》正在逐步提高自己的品牌影响力，其党报的背景以及勇于创新的思维，吸引了很多其他资讯类使用者的转移。并且只要是《人民日报》所发布的消息，人们更愿意相信。

二、《人民日报》媒体整合传播的问题

（一）过于侧重新媒体，流失纸媒读者

《人民日报》虽然处于行业领先的地位，在媒体融合上做得比较优秀，但毕竟是在不成熟的环境下成长，不足之处也是难免的。它在媒体整合传播中过于侧重新媒体平台，一系列的传播营销活动，基本都是以新媒体平台为主，通过客户端流向朋友圈形成"爆款"活动。长此以往，人们或许会疑惑：《人民日报》是否已经逐步结束纸媒生涯，全力转型做新媒体了？

现在的国情还不允许报纸这个产业消失，许多中老年人不擅长使用手机，他们更愿意订阅一份报纸来阅读新闻消息。还有一些传统纸媒的读者，相对于新媒体上的活泼状态，更偏爱纸媒上的严肃气氛，严谨的文字更能使读者信服，他们认为微博或其他平台上的新闻太过杂碎，与自己无关，不愿阅读。

（二）新媒体内容同质化严重

由于《人民日报》的"中央厨房"体系，众多新闻媒体都可以利用这个体系播报同一条新闻，那么读者关注了《人民日报》就不用关注其他新闻媒体；反之，关注了其他媒体也就不用关注《人民日报》，因为它们所播报出的新闻几乎是同样的，没有任何"个性"可言。在过去的纸媒上，"独家性"与"专业性"是一个报社赢得市场的关键点；而现在的新媒体上，所有的新闻媒体都在播报同一条新闻，内容同质化现象严重。例如，《人民日报》的微博中，有大量的视频内容是从其他网站上"借用"过来的，只有文字+图片的形式是完全由自己原创的。

（三）传递辟谣信息不全面

谣言从来不是新鲜事。马克·吐温曾说："当真相还在穿鞋的时候，谣言就已经跑遍半个地球了。"在100多年后的今天，技术的进步让谣言跑得更快，传得更远了。《人民日报》每隔几个月就会发布一些文章，其中会集合当时流传最广、最严重的几个谣言进行辟谣。但很可惜的是，即使辟了谣，一些谣言依旧"满天飞"。相信谣言的人大多是老年人与成年人，前者是不太接触新媒体的人群，后者是不太接触新闻媒体的人群。纸质版《人民日报》有时受篇幅所限，无法刊登过多的信息，导致辟谣的文章只能出现在网络平台上，所以这两类人群恰巧处于谣言与辟谣之间的灰色地带。

（四）盲目拥抱"互联网+"，忘记自身属性

在传统媒介中，报纸一向是以新闻（包括政治、娱乐、社会等）为主导，以广告、幽默专栏为辅的读物。而现在的新媒体平台，《人民日报》为了强调自己的存在性，每隔一小时就要发一条消息，导致新闻数量不够，从而用各种生活型博文"凑数"。对于新媒体重度使用者而言，这确实是一种提高传播效率的方法，但大多数人并不会时时刻刻拿起手机，如果想在使用社交软件之余了解新闻时事，那只能从《人民日报》微信公众号的每日"新闻早班车"知晓了，平时拿起手机刷一刷，只能看到大量的无用信息。在客户端上，《人民日报》较好地保持了自己的新闻属性，没有大量的广告充斥，但在闲余时间能够打开客户端阅读新闻的人并不多。

（五）重内容轻技术，缺少定向传播

这个时代下，各个企业或组织都崇尚"内容为王"的营销思想，《人民日报》媒体整合后所传播的内容丰富、有趣，是纸媒转型的标杆；但在技术上，它们的确还不够成熟。在客户端中能够根据手机定位增加一个地区性板块，在这个板块里，人们可以更容易地浏览自己身边发生的时事。但在微信、微博等平台上，《人民日报》将国内外的报道统统整合在一起，强制传播给所有人观看。在纸质媒介中，《人民日报》统一排版、统一印刷，确实无法根据地域传播新闻；但在新媒体中，是否能够结合技术增加定向传播功能，根据地域、兴趣、习惯等对每个读者施行"一对一营销"成为日后的关键。

三、《人民日报》媒体整合传播的改进

（一）创新思维，将部分受众的目光转向纸媒

　　媒体整合传播指的是将信息通过各种媒体平台传播出去，而不是使新媒体完全取代传统媒体。《人民日报》在新媒体上所下的功夫越来越多，但对于纸媒的信息传播，确实有所忽略。报纸是一种读物，更是一种情怀。过去的人读报，现在的人读手机，虽然都能获得资讯，但是报纸所带来的感受是不同的。新媒体与传统媒体两者应相辅相成，在互联网的冲击下，《人民日报》更应该将目光集中在纸媒上。由于大多数的政治时事并没有娱乐新闻这么有阅读性和趣味性，党报更应该大胆创新，"VIVO 手机的无字广告"可以是一个很好的开始，结合各类新媒体，在网络上宣传自己纸媒的趣味性、创新性，吸引更多年轻人去购买报纸，阅读报纸。

（二）注重版权与独家性报道

　　网络的便利性使"抄袭""山寨"等现象络绎不绝，再加上《人民日报》的"中央厨房"体系，独家报道的新闻越来越少。《人民日报》的微博中每天都会转发各种视频网站的信息（如澎湃新闻旗下的梨视频）；而在人民网中，转发新华社的报道也是家常便饭。其他的网站也可以轻易地转载《人民日报》上的新闻消息。建议《人民日报》增加一个独家专栏，禁止其他网站的转载。拥有别

人所没有的信息，才能更吸引公众去阅读浏览，新闻业不可能施行垄断，但每家报社都报道同样的东西，毫无意义可言。

（三）完善谣言对策机制

古有成语"三人成虎"，有人的地方就有谣言，报刊印刷前会一再确认信息的真实性；而网络上未经证实的信息实在是数不胜数，微博、微信朋友圈更是谣言的发散地。虽然《人民日报》一直在坚持辟谣，但其主办的"刷屏军装照"也曾被质疑过是网站钓鱼活动，虽然在第一时间站出来澄清自己，但还是有很多人并未立刻接收到这些信息，继续将谣言传播下去。所以《人民日报》更清楚谣言的危害性。在此后的媒体融合活动中，《人民日报》应在页面上清楚标记自己的图标与信息，让使用者知道活动的主办方是哪个组织，避免产生误解导致谣言的传播。在社交平台上，《人民日报》也应注重新闻的真实性，切忌为了抢先传播信息而误导读者。

（四）强化自身属性，注重新闻事业

在注重版权与独家性的同时，《人民日报》也应稳固自己的属性，做"独家新闻资讯"而不是"独家生活资讯"。就如同网友所比喻的"现在的电视都是广告中插播节目"一样，《人民日报》在新媒体平台上变成了"生活资讯当中插入少许新闻"。在信息爆炸的时代，通过新媒体平台浏览新闻时，我们更想接收到的是当今的时事热点，而不是一条条的生活技巧。减少这类博文的推送频率，增加新闻的篇幅，才是正确的事。

（五）增加技术人员，认识数据库的重要性

技术不够，使《人民日报》的"人民搜索"成为鸡肋。《人民日报》应该从定向传播下手,获取使用者的地理位置,根据地域来确定所要传播的社会性新闻,让更多的人了解到自己身边的事。《人民日报》可以在微信的官方小程序和公众号菜单中增加地域板块，只要进入这个板块，就能轻松获取信息，再每天总结一下全国所发生的社会新闻。客户端中虽然有地区新闻，但打开客户端的概率总没有社交软件多。可以每天定时推送，根据使用者喜欢的新闻类型（如宠物新闻＋旅游新闻）进行手机通知，实现"一对一营销"。

四、结语

随着技术的不断进步，媒体整合传播的经验将会越来越丰富。《人民日报》作为中国的第一大报，也是媒体整合传播中的 KOL（Key Opinion Leader，关键意见领袖）。除了完善自身在新媒体上的运营，吸引年轻群体阅读新闻，更要兼顾报纸的忠诚用户，创新媒体整合传播策略，加速提升媒体整合后的传播力。

参考文献

[1] 詹琳. 传统媒体和新兴媒体整合发展的关键障碍 [J]. 现代商贸工业，2017（3）.

[2] 孟元. 传统纸媒突围：用互联网思维拥抱互联网 [J]. 新闻世界，2013（12）.

[3] 翟钦奇. 新媒体形势下《人民日报》在融媒体化发展过程中的得失 [J]. 新媒体研究，2017（16）.

[4] 刘畅. 媒介融合背景下党报与新媒体融合发展的路径研究——以《人民日报》为例 [J]. 新闻研究导刊.

[5] ALBARRAN A B，MOELLINGER T. Trarditional media companies in the U.S. and social media: what's the strategy?[M]. //FRIEDRICHSEN M, MÜHL-BENNINGHAUS W. Mandbook of social media management. New York: Springer, 2013.

当代参与式文化中的视觉认知偏好现状及趋势研究

黄颖茜 *

【摘要】全球化趋势影响下信息时代的到来,丰富了大众媒介体验的样式,促使受众的参与式体验逐渐成为趋势。本文通过分析参与式文化的时代背景,对比当代受众的视觉认知心理特征,从传播学、心理学、图像学、符号学等角度阐释参与式文化语境中受众的视觉认知偏好趋势,为新时期传播创新研究提供依据。

【关键词】参与式文化;视觉认知偏好;媒介

---

* 黄颖茜:女,中国美术学院博士(在读),中级,研究方向:艺术学理论。

一、科技卷席下的"参与式文化"

伴随着数字媒体时代的到来,数字出版、电子商务、移动互联网应用等新兴业态成为文化创意产业的新宠。然而,真正改变文化创意生产方式、传播形式、商业模式,乃至人们生活方式的,则是一种新兴的媒体文化创意形态——参与式文化。

参与式文化最初由美国传播学家亨利·詹金斯教授于1992年提出,是指以Web 2.0网络为平台,以全体网民为主题,通过某种身份认同,以积极主动地创作媒介文本、传播媒介内容、加强网络交往为主要形式所创造出来的一种自由、平等、公开、包容、共享的新型媒介文化样式。他认为,参与式文化"将媒介消费的经验转化为新文本,乃至新将媒介消费的经验转化为新文本"。

(一)"模因"理论和参与式文化的兴起

参与式文化的兴起与"模因"(Meme)理论相关。"模因"又被译作"文化基因""理念因子"。Meme一词最早出现在英国牛津大学著名动物学家和行为生态学家理查德·道金斯于1976年出版的《自私的基因》一书中,"Meme"(模因)是"文化传播单位、模仿单位",在他看来,文化进化的基本单位是模因,文化通过模仿得到复制和传播,因而,模因揭示了文化进化的规律与本质。模因的代表形态有文化思潮、时尚服饰、流行词汇、艺术创作方式等。

虽然参与式文化的主体往往渴望成为内容创意的锻造者和推动者,参与的服务设计也往往以自我为终端；然而，客观上在与他人进行传输、沟通和灌输各自文化的同时，参与传播的主体也与其他文化在沟通中创造了跨越文化界限的新模因。借此，彼此链接、即时沟通、集群而居的世界各地的人们将创造新的模因传达各自的文化。正是"模因"理论揭示了数字媒体时代人群链接和集体智慧的内在机理，以及不同文化的人类在有意识、主动链接的跨文化交流中所能爆发的无穷能量。正是这种新兴的"模因"传播引发了参与式文化的兴起。

参与式文化引发了文化创意产业的商业模式变革。随着 Web 2.0 技术平台的广泛应用，社交媒体与社会网络的迅速发展，网民不再是被动的信息接收者，甚至不是传统意义上的媒介消费者，而变成了更为主动的信息分享者与传播者。参与式文化的兴起不仅改变了信息的传播方式，也带来了一场颠覆性的商业革命，联合创造、用户创造内容、众包和大规模协作等新兴商业模式应运而生，预示着注重创造与分享的"集体智慧"受到更为广泛的关注，而"草根文化、全民创意"的参与式文化的勃兴也为文化创意产业带来不一样的繁荣景象。

1. 联合创造与用户创造内容

在文化创意产业的内容生产领域中，由消费者与合作者协作的"联合创造"已成为一种拓展商业模式的发展趋势。"用户创造内容"链接消费者与产品或品牌以及消费者之间的互动关系，而共同拥有的认同感、归属感和参与感成为这种链接的天然纽带。消费者（观众）在观看《中国达人秀》电视节目时（即感知创意产品），他们就是在参与一个集体创意过程，即从所提供的真人秀节目中找到价值认同和意义共享。如果说《中国达人秀》这个电视节目已形成品牌，那么它的价值不再由制作人决定，而是由众多达人和广大观众共同创造。

2. "云文化"与大规模协作

"云文化"是由英国著名学者查尔斯·利德比特率先提出的一个关注未来文化发展趋势的理念。"人们比以往任何时候更多地希望能够参与文化创意，贡献自己的思想、观点、信息。在那里，人们不仅要公布、分享和联系，还希望进行合作，当条件成熟时甚至一起去创造。""云文化"倡导在日常生活中，在创新过程中，每个人都扮演一个积极的参与者，而不是过时的"旁观者"的角色。"大规模协作"就是将这种丰富多样的大众创意转换为生产力的市场机制。从演化的角度看，云文化是创意产业演化的最高阶段，即创意社会的精髓思想和未来创意产业发展的新模式。

3. 集体智慧与众包模式

正如法国赛博理论家Pierre Levy对"集体智慧"的阐释与预言，当下，我们更多地将这种集体智慧用于休闲娱乐；但不远的未来，我们将会把集体汇聚的技能和商业力量用于更为"严肃"的目的。众包正是这样一种将"集体智慧"转化为"商业智慧"的新兴商业模式。

随着Web 2.0技术的发展，互联网渐渐从静态信息向内容聚合转变，互动模式也从用户使用变成了群体参与。"众包"指的是一个公司或机构把过去由员工执行的工作任务，以自由自愿的形式外包给非特定的（而且通常是大型的）大众网络的做法。就是说，一批没有清晰界限的雇员、项目发起者或总包商，通过外包方式等组成的群体，在一种消费者与创意者互动的机制下，共同去执行一项任务或项目的行为。

（二）社会网络市场：参与式文化的协调机制

新一代的传媒组织通过改变传统的传播分销渠道而使得原来由生产到消费的价值链发生逆转，新的数字媒体形成了庞大的"虚拟中介"，网络、搜索引擎、内容和信息的服务平台等取代了原来起着中介作用的经纪人、零售商、分销商，数字渠道代替实体渠道的应用范围在日益扩大，这样，创意型生产者（特别是个体创意者、微型创意企业等）不再受制于传统的营销、传播渠道，而有可能与消费者直接联系沟通。他们可以根据消费者的偏好将目标对准更为细化的受众市场，重新设计和创作这些产品，以提供个性定制的产品、服务或独一无二的体验，并将它们出售给消费者。于是，在科技与文化日益融合的社会经济环境中，一种新的市场机制——社会网络市场应运而生。

社会网络市场是一种启发消费者创意、影响消费者选择与矫正生产者活动的协调机制，它提供了一个消费者、中间人（网络）和生产者（企业）之间相互连接的、动态的网络系统，使得三者有可能共同参与价值创造和相关经济活动，并成为价值实现体系的行为主体，这种源自消费者的创意能量直接对现有的创意产业的经营模式提出了挑战。

参与式文化不仅代表了数字媒体时代人们在沟通方式、商业活动和生活态度方面的一种新形态，而且直接挑战了原有的以文化生产者、内容供应者为主导的文化经济学的理论基础。参与式文化倡导文化创意产业发展要以消费者为起点和终点，以激发用户创意为导向。这种理论将消费者视为各项创意活动的行为主体，创意消费和消费者体验被置于重构价值链的核心。互动媒体技术帮助市场行为者（消费者、合作者、生产者）之间建立起一种新型的、相互依赖的互动关系，由消费者需求出发的内容创作、参与体验、创意消费等活动通过社会网络平台转化为一种社会产品和反馈机制。

二、感官表象：受众的视觉认知心理

（一）受众的认知心理

认知是个体的主观心理活动，是由外部信息作用于大脑而产生的。内外部环境的信息刺激个体，经大脑认知处理器和中枢神经系统，通过复杂思维活动的处理，经过"接受、起信、联想、态度、感受、忽视、唤醒"这七大认知机制的接连反应，在主我与客我的共同作用下，个体认知得以产生，自我意识得以形成，从而个体得以构建对外部环境的基础认知。其中，"接受"是指个体接收刺激信息的过程，"起信"就是个体将捕捉到的信息贴上"真实性"的标签形成神经信号，"联想"指的是根据信息细节调用记忆进行理性和非理性关联的过程，"态度"则会根据信息内容加入相应的主观情感倾向，"感受"指的是已被解析的信息经由感受机制产生机体反应并形成的主观情感，"忽视"即信息随时间流逝被逐渐遗忘的过程，"唤醒"则是指当刺激信息重复出现，或者诱导因素出现时，沉睡的初级记忆被再次唤醒，信息被重新解析（见图1）。

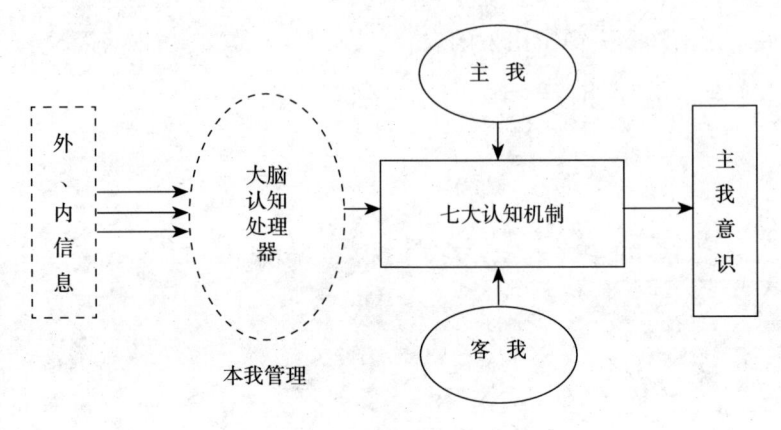

图 1　认知形成过程

（二）受众的视觉认知心理

人类获取信息的途径很多，其主要的途径之一是视觉。视觉是由人眼睛的生理机制和光的物理机制组成的。人类的视觉活动一般包括两个层次：视觉感觉和视觉知觉。视觉感觉是人通过眼睛感受到的外面世界的属性，如颜色和明暗。视觉知觉则是人对客观事物的认知能力，包括图像识别、形态和空间知觉，最终产生对外界客观事物的感觉信息的加工。通过视觉感觉和知觉活动对外界进行信息加工、认知与理解的过程，我们称为视觉认知。视觉认知存在于我们生活的各处，它和我们平时普通的"看"不同。"看"只是对现实存在对象和物质的感知，是单纯客观的展现；视觉认知则是对眼睛看到的形象进行积极的归纳和整合的行为，在"看"的基础上进一步解读对象。

人的视觉认知是视觉处理和过滤信息的过程。罗伯特·E.奥斯坦因曾在《视觉心理学》一书中指出，人眼一直处于运动当中，通过眼睛大量、飞快地扫视和眼睛震颤转动眼球，带动头部与身体，追寻移动物体。这说明，人的眼睛是人脑认知外界事物的重要感官，能够快速处理大量信息。阿恩海姆在《视觉思维》中则提出，视觉感知不是被动的，而是大脑主动关注刺激物的过程，视觉对物质外形的感知及其对物质形式的分类应用，都是带有选择性的。可见，自信息进入人眼，用户对信息的感知和选择就开始了（如图2所示）。

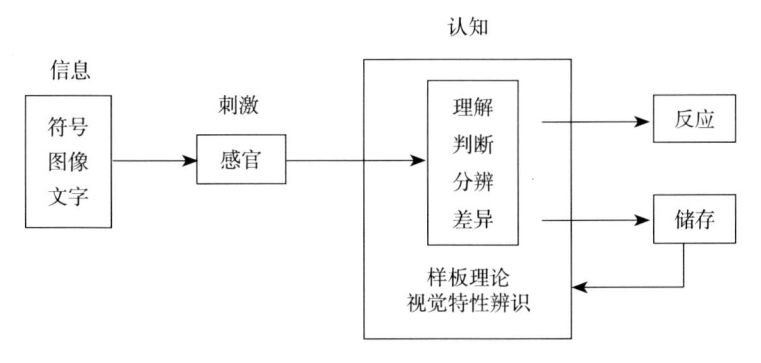

图 2 视觉认知模型

人通过触觉、嗅觉、视觉、味觉和听觉与外部的世界随时随地进行沟通，这是我们与外界最直接的沟通方式。眼睛作为感受的主要器官，它可以帮助人掌握事物的形状、颜色和质感，并且可以通过点、线、面、体、质感和造型等要素的组合来表达情感。人的视觉行为也主要由视觉感觉和视觉知觉两部分组成，视觉感觉是人通过视觉感官直接感受到外界的色彩、形状等信息；视觉知觉则是人在客观的环境中受到对象的刺激，对外界产生信息加工的过程。由图2可知，视觉认知形成的过程即主我意识形成的过程。根据美国心理学家Robert L. Solso 在《认知心理学》一书中提出的视觉认知模型，当符号、图像和文字等信息进入眼球,刺激视网膜,视觉神经将这些视觉信息传到大脑,大脑经过"理解、判断、分辨和差异"等辨识处理,最终产生认知行为,作出认知反应或存储。

人对客观世界的认识过程是从感觉开始的,没有感觉信息就没有知觉过程的发生。任何客观事物都是由许多属性和部分组成的综合体,事物的整体跟它的个别属性和部分是不可分割的。也就是说,感觉不是孤立的,感觉的过程也是知觉的过程,即把握对象意义的过程。因此,在进行知觉分析的同时不可避免要涉及感觉因素。但是,知觉并不是对感觉到的客观事物各部分属性的简单相加,知觉是积极主动的、有选择的,已有知识经验、主观期待及人的认知状态等都影响着知觉。

三、当代受众的视觉认知偏好及趋势

(一)"以人为本"的人性化需求

人即受众,人的社会属性受心灵支配,而心灵则是一种思想意识,是人类社会属性产生的源泉。人的行为不仅受到视觉和听觉等感知能力、分析和解决问题的能力、记忆力、对于刺激的反应能力等人类本身所具有的基本能力的影响,同时,还时刻受到心理和性格取向、物理和文化环境、教育程度及以往经历等因素的制约。当代人们的自我意识日趋增强,对于外界所接触的一切事物的物质和精神需求影响着受众的言行。

（二）对视觉冲击力的追求不断增加

由于生理原因，人的视觉具有一定的感受性，即对刺激物的觉察能力，只有达到一定量的刺激才能够产生感觉。如眼前快速闪过的影像，我们只能感觉到对象的影子，但是知觉不到对象的具体属性，如对象是什么及其颜色、大小、形状等，只有感觉信息的量（即刺激的强度）达到一定程度时，才能够形成知觉。决定信息刺激强度的因素包括信息的种类、信息持续时间、感觉通道种类等，所以，当代对于色彩纯度、图像夸张程度及动态效果等视觉表现的追求逐渐成为受众的潮流。

（三）强调自我的主观感受

认知心理学的研究发现，情感对人类认知有着令人惊讶的巨大反作用。在高度发展的文明社会里，情绪是不合时宜的，人们一般倾向于认为认知和情感是对立的，把情感说成激动的、兽性的和非理智的；而把认知说成冷静的、人性的和有逻辑的。近年来，视频网站满足了受众强烈的参与欲望，获得了众多用户的青睐。随着受众越来越多样化的媒介需求，视频网站通过特殊的技术支持得以让受众在观看视频的同时发表覆盖于画面上的即时评论，"弹幕"应运而生，极大地赋予文化创作新的内容和意义。

（四）平面性的空间美学

在现阶段，人们日常生活的审美化或审美的日常生活化成为文化的主流。

雅俗的界限日益模糊，文化越来越倾向于商业形式。在这个过程中，现实的不断形象化或影像化不可避免，戏仿、拼贴、碎片化、怀旧成为影像表征的主要方式。相较于以前，现代人们的交流过程中，对于聊天表情的使用已不仅是为了体验美感，更多在于趣味性和功能性的想法表达。

（五）富于情感化的"五感式"交互

当今世界，产品与人的对话成为一种全新的生存方式，这种方式不仅需要知识因素和技术因素，并且需要更成熟的人类情感因素。科技创造的各种媒介正是建立在人与机器的对话关系基础之上。人与机之间相互交流的范围已经从一种可见的有形物质，延伸到了非物质的人机对话中。媒介体验需要随着人们不确定的情感来制造一种不确定的、时时变化的东西。在这种非物质理念中，人类对大量产品"失去控制"的感觉越来越强烈。随着互联网对人们生活的日益浸入，它给人们带来的距离感也逐渐产生，从而引发人们对"情感交流"的渴望和追求越来越强烈，对产品的情感关注被看作对物质和技术急速发展的一种必然的反叛和趋势。在人们的心目中，"情感"是能保证人们精神生活多彩与幸福的必要因素。媒介体验中的"情感"更成为一种能保证人类顺利走向未来信息时代的活动。

参考文献

[1] 凯瑞. 作为文化的传播 [M]. 丁未，译. 北京：华夏出版社，2005.

[2] 岳改玲. 新媒体时代的参与式文化研究 [D]. 武汉：武汉大学，2010.

[3] 詹金斯. 融合文化. 新媒体和旧媒体的冲突地带 [M]. 杜永明，译. 北京：商务印书馆出版社，2012.

[4] SOLSO. 认知心理学 [M]. 黄系庭，译. 台北：五南图书出版社，1992.

[5] 白志根. 品牌，你逃不出的围城 [M]. 广州：广东经济出版社，2012.

[6] 拉马尔. 御宅族文化经济 [J]. 刘丰，译. 今天，2010.

[7] 陶东风. "粉丝"文化读本 [M]. 北京：北京大学出版社，2009.

[8] 刘航. 微视频用户视觉认知偏好实证研究 [D]. 广州：华南理工大学，2017.

[9] 何亭. 基于认知心理的网络界面设计研究 [D]. 苏州：苏州大学，2009.

[10] TAPSCOTT D, WILIAMS A D. Wikinomics: how mass collaboration changes everything [M]. Penguin，2008.

[11] SCHAEFER M T. Bastard culture: user participation and the extension of cultural industries [M]. Utrecht：Utrecht University，2008.

[12] JENKINS H. Confronting the challenges of participatory culture: media education for the 21st Century [M]. Cambridge：MIT Press，2006.

[13] JENKINS H. Textual poachers: television fans & participatory culture [M]. New York：Routledge，1992.

[14] JENKINS H. Star trek rerun: reread, rewritten, fan writing an textual poaching [J]. Critical Studies in Mass Communications，1988.

[15] JENKINS H. Quentin tarantino's star wars? Digital cinema, media convergence, and participatory culture [M]. Cambridge：MIT Press，2003.

西部 D 县 G 镇男幼师职业角色冲突的个案研究

姚 瑶* 郭 春**

【摘要】通过对贵州省某公立幼儿园五位男幼师的工作观察和访谈,试图了解男幼师的职业角色冲突。结果发现:男幼师存在"不愿坚守"和"前途渺茫"的职业角色冲突,主要原因在于男幼师的专业发展机会稀缺、工作情绪压抑、归属感不高、不均等的"投入—产出"、不信任的园所组织文化和社会对男幼师存在定式偏见。因此,需要克服社会对男幼师的定式偏见,营造支持男幼师发展的环境,构建对男幼师公平的组织制度,增强男幼师的自我效能感。

【关键词】男幼师;职业角色;角色冲突;个案研究

---

* 姚瑶(贵州师范大学教育科学学院)。
** 郭春(贵州毕节八堡乡中心幼儿园教研室)。

职业角色冲突是当一个人扮演一个或多个职业角色时由于角色定位模糊而造成的角色行为矛盾,主要分为角色内、角色外两种冲突。职业角色定位是指在一定的组织、体制和时间系统环境中,拥有相对的不可代替的职业特征,包括其职业角色能力、职业角色权利和职业角色责任。职业角色行为是指在职业角色定位基础上,自己职业角色承担的实现行为,即职业角色实现。在学前教育实践中,男性幼儿教师(以下简称"男幼师")存在着职业角色冲突,其职业角色行为取决于职业角色定位的自我约束和外部职业环境的正负刺激。近年来,正如《浙江省学前教育条例》所规定的,"县级以上人民政府应当采取措施,增加幼儿园男性教师的数量","学前教育三年行动计划""教师专业标准"等政策对幼儿园教师素质提出了更高的要求,幼儿园需要跳出"性别"羁绊,培养角色定位准确、角色行为规范的男幼师。基于上述分析,我们试图通过对西部D县G镇的一所公立幼儿园的五位男幼师进行观察和深度访谈,来了解男幼师的真实工作状况,感受其角色冲突并呈现背后的原因,并对现行的男幼师教育模式作出反思。

一、男幼师职业角色冲突问题的表征

男幼师的职业角色冲突来自其作为主体的职业角色定位与职业角色行为的失衡。男幼师作为一个行为主体,需要扮演多重职业角色,导致职业角色定位与行为冲突。这种冲突往往表现为男幼师个体角色定位和社会期待职业角色定位间的冲突,使其角色扮演陷入困境。

（一）同质与异质：男幼师应如何进行职业角色定位

职前培养阶段,社会及男幼师自身究竟是如何对其进行职业角色定位的呢？在职前阶段是如何培养男幼师的专业知识、技能和情感的？在进行观察和访谈的两个星期里，我们发现了在男幼师职前培养阶段，培养单位、用人单位和男幼师个人存在着"同质"与"异质"的职业角色定位冲突。

关于职前培养，男幼师认为应有"适合男生"的课程。通过了解男幼师培养院校的课程安排，主要分为基础课、专业课和综合课程，具体包括32门课程。Y老师表示："都是和女孩子一起上课的，学得蛮多，印象比较深的课程就是钢琴和舞蹈。但是钢琴课上，由于我们本身手指比较僵硬，加上声乐不好，学好钢琴技能就更是困难。舞蹈课上，男生的腰比不上女生柔软，我们无法完成下腰、下叉等舞蹈基础动作。"而C老师却认为男幼师的专业能力也很好培养："全班就两个男生，我舞蹈比有的女生还好呢！我跳舞的时候，老师们都说我比好多女生都还好。只要去学，没什么问题的。"

园方则表示，幼师培养质量还是存在性别差异。无论是公办幼儿园还是民办幼儿园的管理人员都认为，男幼师的思维和女幼师的思维不一样，尤其是在学校管理层面，对于男幼师的需求量非常大。学校希望引进男幼师，以给学校均衡发展带来帮助。"男教师宽容、豁达、勇敢、果断的性格特质，对幼儿个性的完善起着重要作用。男女教师对年幼儿童的影响是不一样的，各自发挥的作用也是不可替代的。男幼师有很多优势，尤其是在体育、艺术、计算机等方面，男幼师的示范更规范、更阳刚，对于参与体育活动的儿童来说，如果有男幼师在一旁保护，一般都会更有安全感，也更乐于尝试，更具冒险精神。"

因此，男幼师的角色定位在职前培养阶段就存在着"同质"和"异质"的交锋。一方面，将男幼师定位为专业知识、专业能力和专业情感统一，作为"同质"的幼师群体；另一方面，又将男幼师定位为能体现性别特征，作为"异质"的幼师群体。

（二）稀缺与重用：男幼师应如何适应职业角色行为

入职阶段，男幼师怎么融入职业角色呢？会表现出怎样的职业角色行为？通过观察与访谈，我们发现男幼师在入职阶段存在着"稀缺"与"重用"的职业角色行为冲突。

男幼师入职后，职业角色行为囿于"稀缺"，经常受职业岗位的"重用"。在幼儿园中有着数不尽的工作，不管是保教工作，还是后勤工作，甚至是"留守儿童工作"，都需要男幼师"撑场面"。男幼师 B 表示："开学的事情真的好多，整天都在忙，手机都没工夫拿起来看一下。宝宝们的接送卡、信息登记、保险单子，一样接着一样，忙得我晕头转向；还要学新的早操。我从保育到班主任都轮了个遍，什么工作我都干过了，最后我荣升为打杂的了。男的就是这样，有时候就是帮忙的！"不仅如此，业余生活也被工作挤占。G 老师说："周末都奉献给留守儿童了。每个周末都要走几十公里路，去走访留守儿童。虽然我知道这很重要，但是真的很累，一点都得不到休息，应该有专门的老师管这方面才行！"

在我们观察之外，男幼师平时的工作表现怎么样？园长及其他幼师对我们的描述是这样的："一般情况下，每个幼儿园最多有一两名男幼师，他们担负起了幼儿园的体力工作。男幼师除了正常的教学任务，还要负责一些额外的行政事务和后勤事务。他们不仅要与女教师一样从事保教工作，带领幼儿做游戏、唱歌、跳操等，而且负责玩具、游戏器具的修修补补。每逢节庆日等大型活动，他们还要大显身手，贫困活动安排、组织司仪、搬运器材等。"

因此，男幼师的职业角色行为在入职阶段就存在着"稀缺"现象与"重用"对待。一方面，男幼师努力扮演"稀缺"职业角色；另一方面，男幼师们又不得不承认"重用"的职业角色行为超出其角色负荷。

（三）坚守与离开：男幼师应如何规划未来

"坚守"还是"离开"是男幼师经常思考的选择题。男幼师面临着职业角色定位与职业角色行为之间的冲突，该何去何从？

关于"坚守"，部分男幼师认为，"喜欢幼教，会继续从事学前教育"。L教师说："我自身还是很喜欢在幼儿园的。对于男生学这样的专业，我听过好多的流言蜚语。我是被调剂过来的，第一学期真的很排斥，不过现在我觉得好多了，后来慢慢地爱上了这个专业。当然，钢琴、舞蹈、音乐我是会的，我又不去当舞蹈家、钢琴家。上班后，得到家长的认可，感觉到这个行业带来的成就感和自豪感，一般会爱上这个行业的。即使工资不高，一般也会坚持的。"

关于"离开"，部分男幼师认为"有机会就离开"。以男幼师C为例，"以前也觉得幼儿教师就是带小孩玩游戏、讲故事，挺轻松的。但实际上，到了工作时才知道完全不是这样，很琐碎，很烦，有哪个男生愿意一直留在幼儿园嘛！想走又走不脱，签了合同，走了要赔偿三万。"Y老师也表示，"打算先在私立幼儿园上着班，平时还是继续准备公务员考试，想考到机关当公务员"。

因此，男幼师的职业冲突演变为了"坚守"还是"离开"的选择题。

一方面,男幼师们愿意为了幼教情怀而"坚守";另一方面,男幼师们可能因担忧未来而选择"离开"。

二、男幼师职业角色冲突的归因分析

纵观国内有关男幼师职业角色冲突的成因分析,存在两种不同的研究取向,即"社群—外因"取向和"个体—内因"取向。"社群—外因"取向是指男幼师的职业角色承担主要受外在的社会定位影响,如社会环境、组织群体等;"个体—内因"取向是指男幼师的角色扮演主要受内在的个体定位约束,如个体知识、情感、意志等。以上两种研究取向,虽有诸多可取之处,但过于孤立,"社群—外因"取向忽视了男幼师的主观能动性,"个体—内因"取向忽视了社群对男幼师的影响。因此,本文认为男幼师的职业角色冲突是内外因素共同作用的结果,内因为"不愿坚守",外因为"前途渺茫"。

(一)内在动机:男幼师为什么"不愿坚守"

1. 男幼师的专业发展机会稀缺

在"高负荷"的工作下,没有时间、没有精力去听前辈教师的课,渐渐地就越来越不想学习。男幼师认为,"在幼儿园工作低人一等,发展机会少,一进幼儿园差不多就定型了。看到周围的人都不学习新东西,自己也没有奋斗热情",从而不愿意留在幼儿园。男幼师B认为:"幼儿园安排老师进修的时候,很不合理，老是让那几个老师去。像这次的'幼师国培'计划，也是让那几个老师去。新教师培训、骨干教师培训、360学时培训、师德师风培训、集中培训、普通话培训、心理健康培训，没有几个人听，都在玩手机。最需要接受培训的老师却得不到去的机会。培训不切实际，净讲些空话。"

2. 男幼师的工作情绪压抑

幼儿园教师工作情绪输出多，男幼师在生理和心理上产生疲惫感。由于教育对象是幼儿，男幼师们必须努力地表现出对于幼儿园工作合适的情感，尽管他们并不是那么开心，甚至是悲伤、愤怒，但还是必须给出温和的微笑。男幼师们感觉到日常的烦心事会影响情绪状态，同时还要将这些幼儿园不期待的情绪隐藏起来，表现出幼儿园期待的情绪，这更加大了本就不善表达情绪的男幼师们"情感劳动"的困难。男幼师C表示："第一个感受到的并不是工作上的困难，而是孤独。每天7点就要到幼儿园，不管你的心情好坏，都得装着很开心。幼儿园就你一个男的，什么脏活、累活全是你干。如果你干不动，女教师一个都不爱搭理你，认为你就是个没出息的人。更重要的是，在这里你会很容易抑郁，基本失去与外界的沟通，但在这里面真的无处可诉。我真的怕抗不住这些，每天晚上没事就在QQ空间写些东西，抒发一下情绪。"

3. 男幼师的归属感不高

幼儿园的习俗创设了一种更适合女教师的文化氛围，男幼师进入这样一个以女性为主的教师文化和教育实践场所，经常会感到自己的观念和管理层有隔阂。幼儿园的凝聚力就是幼师们的群体归属感，男幼师也属于这个群体。如果男幼师们的归属感不强，与幼儿园这个群体的成员之间的联系就会不甚紧密。

例如，女性喜欢闲聊服装、化妆品等，而男性喜欢聊军事、体育、政治，男幼师在幼儿园中就没有交流的对象，而男幼师之间相互交流的机会很少。男幼师们处于"女性化"人际交往圈子，不善于与女幼师、女领导和家长沟通，意味着群体归属感严重不足。男幼师 B 表示："领导不通情理，偏听偏信，累死累活还要被批评，没有发展空间；同事勾心斗角。'三个女人一台戏'，身处女性包围的幼儿园，天天叽叽喳喳，和她们聊不到一起。如果真想当一个男幼师，请做好很多的准备——舆论的眼光、家里人对你的不解、朋友对你的嘲笑。在人生道路上，仿佛你只有自己，所有的人都离你而去，我真的感觉很彷徨，真的坚持不下去了。"

（二）社会环境：男幼师为什么"前途渺茫"

1. 不均等的"投入—产出"

男幼师的"投入—产出"不均等，工作负荷重，而社会经济地位不高。

一方面，男幼师工作负荷过重。Y 老师表示："每日重复，上厕所、洗手、擦鼻涕，甚至换裤子、把尿、擦屁股、打餐喂饭、扫地拖地抹桌子、穿衣提裤、注意幼儿上厕所，任务烦琐重复，想起来都头疼。"这些繁杂而重复的保教工作时时困扰着男幼师。

另一方面，男幼师社会经济地位不高。很多男幼师从事幼教只是为了养家糊口，暂时有个职业，先就业再择业。访谈的过程中，听得最多的就是工资太低，生活压力大，G 老师甚至开玩笑说："工资不高也是一个很头疼的问题，每个月一两千块钱，勉强够自己生活。可怜农村的老爸老妈一天天变老，都没法在经济上孝敬一下他们。还有，今后要是结婚有了家庭，可能连老婆孩子都养不活。朋友们劝过我改行，换一份工资高的职业，存点钱成家生子。现在勉强地养着自己，受着歧视。对于女孩来说，找个老公很轻松；而对于男士，真的是无奈。一起毕业的男同学纷纷辞职，我却被家里人逼着干下去，真的太累了。"由于工资比其他岗位略低，得不到社会尊重，缺乏客观支持，久了感觉缺乏社会支持，就会对幼教工作缺乏兴趣，失去发展的激情，容易否定自我，对未来产生迷茫情绪。

2. 不信任的园所组织文化

幼儿园的组织文化对男幼师存在不信任感，包括对其保教能力和师德师风的不信任。

一是园所组织文化对男幼师保教能力的不信任。幼儿园领导怀疑男幼师的带班能力，经常安排男幼师去做招生工作或后勤工作，很少安排男幼师带班。男幼师L认为："幼儿园对男幼师的支持力度太小了，幼儿园是女生的天下。我一直都很喜欢孩子，但是幼儿园给男生的机会太少，把我们当苦力。这倒没什么，就当考验。但是我们园长压根不给我们机会表现，全是女生优先。我就觉得，别人能做到的我也行。但因为我是男生，就把我机会剥夺，这一点我无法接受。可能他们觉得男老师留不住，所以也不重点培养。"幼儿园的管理层也是女性主导，园长是女性，主任也是女性。当在工作和生活上遇到问题时，男幼师也不善于与女领导交流，男幼师的保教能力往往不被信任，领导认为"男幼师组织活动的能力比不上女老师"。

二是园所组织文化对男幼师师德师风的不信任。男幼师不善于与家长交流，加之家长受媒体报道影响，对男幼师的信任度不如对女老师高。男幼师G表示：

"和女老师相比，非常不方便。因为新闻上报道的一些事情，幼儿园都规定男幼师不能单独进睡房。我本身不觉得有什么，但这明显就是对我们的不信任。"

3. 社会对男幼师存有定式偏见

社会往往认为男幼师是来自幼儿园的群体，拥有幼儿园老师的特质。在这种"定式偏见"中，给男幼师们贴上了诸多标签，如由职业价值观陈旧导致的"没前途论"、由性别差异造成的"不适宜论"、由于男女家庭分工形成的"错位论"、由光耀门楣观念形成的"没出息论"、由缺乏专业化认识引起的"保姆阿姨论"、由较低的工资待遇引发的"弱势群体论"。这些准备进入幼教领域的，甚至是已经在职的男幼师，在社会异样的眼光中，感受到了"定式偏见"，产生了很大的心理压力，影响了男幼师进入幼儿园、留在幼儿园工作的积极性。L老师表示："读书报名时很吃惊，亲戚朋友们竟拿这个事情开玩笑，'娘子军''男阿姨'和'男保姆'也就成了我的代名词。"但是，男幼师本身又很反感被周围人这样称呼，男幼师亲人的不支持态度和情感压力影响了他们的工作积极性。男幼师Y也表示："感觉很别扭，有机会就会改行，受不了社会上那些有色眼光。"男幼师不愿意提及自己的工作单位，职业规划也为"不会久待"。

三、男幼师职业角色冲突的化解策略

基于上述分析，我们得出以下两个结论：其一是进入幼儿园后，男幼师"不愿坚守"幼儿园的职业岗位，主要原因在于男幼师的专业发展机会稀缺、工作情绪压抑和归属感不高；其二是进入幼儿园后，男幼师认为在幼儿园"前途渺茫"，主要原因在于不均等的"投入—产出"、不信任的园所组织文化和社会对男幼师的定式偏见。化解男幼师们的职业角色冲突问题迫在眉睫。因此,我们提出以下建议。

(一)克服社会对男幼师的定式偏见

人是社会中的人,男幼师周围的社会人对男幼师的期盼会导致男幼师表现出与这些期盼相一致的行为倾向。教育主管部门应加大宣传力度,树立男幼师的正面形象,克服定式偏见。苏联的社会心理学家包达列夫通过实验发现,人们对个体或群体往往会进行很简单的分类,即"刻板效应"。最近关于男幼师的报道很多都是披露一些不好的事件,这让群众对男幼师有很多负面的看法,甚至是偏见。应利用大众媒体多报道正面事例,进行正向宣传,营造舆论氛围,树立"正能量"的男幼师形象,提高男幼师的社会认同。可以多做正面宣传让人们正确认识男幼师的工作价值,理解男幼师在组织活动时特有的优势,提高公众对男幼师的认识,提升其职业认同感。当男幼师时刻处于积极的高期盼状态时,男幼师的工作绩效会改善。教学观摩、科研、比赛等对男幼师应有积极的期盼,促使男幼师们向高工作绩效的方向提升自我。

(二)营造支持男幼师发展的环境

职前培养单位应优化有性别差异的课程结构。雅斯贝尔斯认为:"大学教育的目的在于,从意志力极强且具备足够条件的人中挑选出一些人来接受大学教育。"学前教育专业也一样,需要挑选合适的人才接受教育。职前培养单位应明确对男幼师的培养目标定位。职前培养单位应经常组织专题讲座，邀请在职男幼师进入培养课堂，引导这些受过专业培训的男生了解就业前景和就业要求，促使男幼师在职前学习生活中，找好定位，找到自己的欠缺处，努力去克服男幼师面临的各种问题，促进男生积极接受幼师职业，投身幼教行业。将这些男幼师学生招进来之后，要进行培养，就要优化课程结构，形成有性别差异的课程体系。课程设置应注重社会实践，多实习见习，经常排演儿童剧、儿童舞，进行下乡支教、文艺演出，带着问题回来学习，让男生在实践中感觉到自己哪方面存在不足，弥补短处。也在实践中强化技能，为今后的工作打下坚实基础。学前教育的职前培养不仅要重视理论知识的培养，还应把教学实践的培养放在重要地位。

（三）构建对男幼师公平的组织制度

构建公平的组织制度，平衡男幼师工作产出和投入。男幼师的投入包括时间、努力、物品等，产出包括工资、福利、威望等，而往往两者之间并不平衡。政府要通过一些基于公平的激励政策，充分考虑男幼师的特殊性，重视男性幼儿教师不可替代的作用，将保教制度、职称评定制度、奖励机制更加细化，让男幼师也有一个晋升的明确目标，吸引更多优秀男性幼儿教师。幼儿园要争取各方面承诺度高的男幼师，因为男幼师在入职初期对幼儿园的组织承诺度越高，他们今后辞职和缺勤的概率就越低。幼儿园要有正确的人力资源管理策略，关注男幼师的性别优势，讲公平、讲效率地分配教育资源，将幼儿园的利益和男幼师的利益捆绑在一起，提高男性幼师们的整体承诺度。

（四）增强男幼师的自我效能感

个体新进入一个陌生环境时，很容易产生迷失、疑惑，甚至排斥和恐惧的感觉。男幼师在入职初期如果感觉到自己和幼儿园的环境和组织文化不相适应，而又没有得到有效的指导帮助，就会产生挫折感、排斥感，甚至不安全感。因此，男幼师入职初期，自身要对照新组织的思维方式来调适自己的行为，让自己看起来"像组织中的人"。从班杜拉提升自我效能感的角度，分析教师面对挑战时选择迎接或者回避，自我效能感高的教师在教育活动中的积极性更高，动机更强，执行力更强，也更多归因于自己的能力和努力。就男幼师自身而言，要树立新的职业观念，坚定信念，不断钻研，大胆创新，虚心请教，取长补短，积累经验，找准定位，形成特色。男幼师可以经常进行教学反思，如写记录、写博客、写空间日志等，进行自我反思、自我解读，积极追求自我价值的实现，在烦琐的幼教工作中找到乐趣，塑造健康心理，并在反思中提升自我专业素质。目前，我国整体的幼教专业化程度不高，只有不断从书本和实践中，向优秀者学习，加入自己的思考，才能逐步提高职业道德、专业知识、基本技能。男性幼儿教师要了解自己，摆正心态，努力拼搏，而不是逃避转行。

因此，为了克服职业角色冲突，男幼师应从多种职业角色中摆脱出来，扮演最重要的角色。这类职业角色选择的依据是该角色对个体本身的意义，不扮演该职业角色可能引起的社会消极影响，他人会对这个角色的缺失作出何种反应，等等。毫无疑问，探讨男幼师的职业角色冲突问题，旨在分析和思考男幼师职业能力的回归。就目前而言，探讨男幼师职能的回归，首要任务是准确定位其教育职业能力，促使个体行为和社会行为构建有平衡性特征的男幼师职业角色。

参考文献

[1] MALICI A, WALKER S G. Group role theory and role conflict in U. S.—iran relations [M]. Oxford: Taylor & Francis, 2016: 23.

[2] 赵映川. 我国大学校长角色冲突研究 [J]. 湖北社会科学, 2013（6）: 177-180.

[3] 张素雅, 田友谊. 国内教师角色冲突研究的回顾与展望（2000—2011 年）[J]. 教育科学研究, 2013（7）: 75-80.

[4] 熊德明. 大学教师角色冲突诱因与调适策略 [J]. 高校教育管理, 2015, 9（1）: 94-99.

[5] 邓力铭, 范家怡. 男幼师群体的职业困境研究——基于大连地区几所幼儿园的调查分析 [J]. 陕西学前师范学院学报, 2018, 34（5）: 102-107.

[6] 徐志国. 男幼师的缺乏、流失与其职业优势的矛盾 [J]. 学前教育研究, 2006（5）: 55-57.

[7] 彭才根, 钱丽萍. 学前教育男幼师学生培养机制的内涵解析——以常州幼儿师范学校为例 [J]. 职教通讯, 2017（11）: 34-36.

[8] 罗香群. 男幼师的心理健康状况调查与教育对策分析 [J]. 陕西学前师范学院学报, 2016, 32（10）: 119-123.

[9] 李培. 论大学教师角色冲突: 因应与调适 [J]. 教育探索, 2016（1）: 31-34.

[10] 格林伯格. 组织行为学: 第 5 版 [M]. 王蔷, 译, 上海: 上海人民出版社, 2011: 103.

[11] 雅斯贝尔斯. 什么是教育 [M]. 邹进, 译, 北京: 生活·读书·新知三联书店, 1991: 157.

社交媒体语境下思政教育短视频传播效度研究——以共青团中央官方抖音账号为例

刘世玲* 黄秋秋**

【摘要】 抖音作为时下学生喜爱的音乐社交短视频平台，给思政教育工作带来了新的活力和挑战。擅长利用新媒介进行思政教育方法创新的共青团中央，在入驻哔哩哔哩、微博、知乎和网易云音乐等平台成为网红机构媒体之后，又入驻抖音平台，进行短视频领域的思政教育实践。本文以共青团中央抖音官方账号为例，结合传播学"5W"理论，解析新时期思政教育的传播效度，思政教育工作者应如何顺应发展趋势，掌握融媒体背景下信息传播的特点及思政教育的传播特点，拓展传播介质，提升传播效率。

【关键词】 共青团中央；抖音；思政教育；传播效度

---

* 刘世玲（广西民族师范学院）。
** 黄秋秋（北京印刷学院）。

思想政治教育作为精神文明建设的重要内容，是培养良好价值观的重要途径。但是，思政教育一直面临着传而不授的境况，受教育者面对思政教育存在着抵触心理。媒介技术迅猛发展，各种新兴媒介平台有了各自独特的内容表现形式。日新月异的信息传播环境，对于思政教育而言，是机遇也是挑战。笔者认为，思政教育应该转换思路，转思想教育为思政信息传播，将思想政治教育中的受教育者作为信息传播的受众，用传播的思维去革新教育方式，或许能为提升教育效果开辟新的研究路径。

一、社交媒体传播语境下思政教育传播变化

（一）社交媒体平台下的信息传播特点

1. 信息的海量化和交互化

社交媒体平台上信息呈现海量化和交互化的特点。信息海量化的特点，使得信息传播不再局限于单一的文字、图片或者视频的形式，而是可以将文字、图片和视频同时呈现，给受众更丰富的信息感官体验。同时，互联网海量的信息延展性，使得信息的传播不再囿于篇幅，可以对传播主题进行更加全面的传播解读。社交媒体增强了传者和受者之间的互动，有助于信息的二次传播或多次传播，优质内容极易在社交媒体平台上凸显出来，实现传播价值。

2. 传播过程的碎片化

碎片化已经成为社交媒体时代信息传播的一个特点。媒体技术的发展，促

使信息传播更加便捷，为信息传播者以多元的观察角度、简单的叙事方式进行信息的碎片化传播提供了便利。碎片化的传播首先体现在由点对点或者点对面的单一传播模式向多点对多点交互传播转变，以传统媒体为"中心"的传播格局被打破，受众对信息的评论更加随意、自由，评论内容亦出现异质性的特征。碎片化的另一个体现在于传播渠道的碎片化，媒介技术的发展促使传播渠道日益丰富，每个传播者都可以针对传播内容进行传播渠道的适配选择，受众也可以针对自己的爱好，自主选择信息获取的渠道。社交媒体碎片化特点的又一表征体现为受众的碎片化，信息的多元化促使大众的意识形态和价值观日趋多元化，社会和阶层等受年龄、教育背景、职业等影响，呈现出逐步分化的状态。适应受众个性特征、兴趣爱好与价值追求的"小众"媒体应运而生。而受众就分流在这些小众媒体中，呈现碎片化的特点。

（二）社交媒体时代思政教育传播变化

1. 传教中心旁落，单向灌输转向双向互动

信息技术快速发展致使信息的获取变得更加便捷多元。受教育者与教育者之间的信息不平衡性逐渐被打破。同时，社交媒体传播语境下受众的自主性不断增强，传统的思想政治教育传授关系变得模糊。"在网状结构的媒介平台上，每个使用自媒体的个体，既是网络信息的传播者，也是信息的接受者和再次传播者。"教育者"知识权威"的信息传播中心地位被打破。

传统的思想政治教育以课堂为主要的教学场景，以教育者为主导，传授受教育者价值观念和道德规范。"填鸭式"的教学方式不仅不利于受教育者对内容的消化和吸收，甚至会引起受众的逆反心理，产生对思政教育的抵触心理。受

教育者普遍轻视思政教育内容，反感其教育方式。现下，思想政治教育者应该从过去的主导角色转变为引领、辅助受众的角色，教育方式应由单向灌输转变为双向互动，为广大学生提供思考方式、问题分析方面的引导，引导学生综合、全面、理性、辩证地看待问题。

2. 传受主体模糊，"受教育者"地位提高

在社交媒体语境下，传统的传者和受者边界模糊。多点对多点的传播模式，使得信息的传者和受者双方身份得以实现循环。受众的地位得到提高，在首次信息传播中的受众，可以成为二次传播的传者；同理，首次信息传播中的传者，也可能成为二次传播的受众。在传受主体模糊的传播语境下，"受教育者"不再是传统教育模式中的"失语者"，"受教育者"也掌握了话语权，因为在社交媒体平台上，"受教育者"们也可以成为教育者所传播信息的二次传播者。这种二次传播或多次传播的方式，赋权"受教育者"，让他们对于信息处理有了更多的自主性。同时，在二次传播的过程中，"受教育者"会评论，会反馈，这有利于教育内容的传达和吸收，达成教育目的。

二、共青团中央抖音官方账号的思政传播效度分析

（一）共青团中央对抖音的应用

1. 抖音概述

抖音作为中国最大、最受欢迎的原创音乐短视频分享平台，2016年9月26

日开始上线，是一个专注年轻人的 15 秒音乐短视频社区。用户可以通过这款软件选择歌曲，拍摄 15 秒的音乐短视频，形成自己的作品。用户群覆盖未成年至 40 岁的群体，29 岁以下的年轻用户占主要部分。

作为时下最受欢迎的音乐社交平台，抖音自发布以来就受到了年轻人的追捧。抖音用户多为大学生，该阶段的受众是进行思想政治教育的主要对象。西安工程大学的王丽丽所撰写的《浅析抖音对高校思政教育工作的影响及对策》一文，采用问卷调查法，共发放问卷 200 份。回收有效问卷 200 份，调查结果显示，有 178 人使用抖音，占总人数的 89%。其中，有 47.19% 的人平均每天刷抖音在 3~4 次，平均每次刷抖音 30 分钟左右。如何生产适配的传播内容，在该类平台进行信息传播及思想导向、价值观培养，对于思想教育工作而言是个富有创新意义的实践。

2. 共青团中央官方抖音账号概述

共青团中央抖音账号 2018 年 3 月 22 日上线，以"团团"自称。截至 2018 年 10 月 15 日，团团上线 203 天，已经发布了 255 条动态，获赞 3761.4 万，"粉丝" 204.6 万，其中获赞量超百万的有 6 个视频，超过十万赞的有 138 个。因为有了之前微博、微信公众号、哔哩哔哩和网易云音乐这些社交媒体运营的经验，出战抖音，不管是从内容还是运营上，团团都显得轻车熟路。

团团的作品大致分为两类——剪辑和动画。但万变不离其宗，其核心均为宣扬爱国主义精神。作品中剪辑占据了大多数，内容也相当庞杂，涵盖了军事、时政、社会新闻、历史和文化等类型。动画主要来自国产动漫《带你认识不一样的马克思》，以解构马克思理论的形式，通过动漫人物马克思来解说中国的一些现状。通过结合富有讨论价值的中国社会现象，以极具中国元素的场景结合理论大师马克思的解说，传达主流价值观，契合而不突兀，观感流畅。出乎意料的是，团团的作品中受欢迎程度较高的是军事、时政社会新闻和历史题材等弘扬主旋律的题材，而观感轻松的调侃性作品获赞量却偏低，动画、古风等年轻化内容获赞、转发、评论量也较少。

在常规内容运营之外，团团还联合抖音发起名为"我要笑出'国粹范'""这是你的第几个劳动节"等的挑战，通过引导用户模仿或上传话题挑战视频来进行社会主义价值观的价值导向。"我要笑出'国粹范'"通过录制短视频的方式让用户感受国粹的魅力，截至目前共有 25.8 亿的播放量，主打京剧生旦净丑不同行当中的独特笑声。有着"瑜老板"之称的著名京剧演员王珮瑜录制抖音，向用户介绍了京剧老生的开怀大笑、阴笑、冷笑、暗笑等不同笑法，并亲自演示。王珮瑜在录制视频中表示："是不是跟你印象中的京剧不一样呢？快来参加挑战吧！京剧其实也可以很好玩。"普通用户在录制模仿视频的过程中，感受国粹的魅力。"这是你的第几个劳动节"的挑战，号召各行各业的劳动者用抖音记录下劳动的美好瞬间。挑战中有"见证百米高楼平地起"的建筑工人，有在岗位上坚持了十年的幼儿园教师，有"一天 7~10 台牙科手术，让自己颈椎疼痛加剧"的口腔医生，还有我们平时很少接触到的消防员、火车司机、货运核算员等。截至目前，共有 18.7 万用户参与挑战，平安徐州、宿迁警方、连云港警方、国网江苏电力、江西气象等组织也纷纷参加。

通过在抖音平台的运营，团团不仅强化了自身"意见领袖"的地位，还成功塑造了新型意见场。首先，以时下最热的传播渠道进行思政教育内容的输出，浸染在流量池里，就能够吸引到一批原始关注；而短视频的形式，能够在最短的时间内通过音像的形式吸引受众的注意力。通过优质作品的广泛点赞、转发和评论，团团的个体话语权得到有效强化；再通过发起挑战等活动，吸引更多人群关注、模仿、转发，进而影响抖音主流意见走向，变相发挥宣传主流价值观和思政教育的作用。其次，团团通过抖音打通了两个"意见场"，塑造了新型的公共领域。团团的作品代表了领导者以及他们通过媒体传达的声音，点赞、转发和评论是公众的声音，抖音作为民间的意见场，为团团提供了与公众对话的平台。

（二）基于"5W"理论的抖音思政传播效度分析

思想政治教育传播属于传播阻力较大的一类主题，但共青团中央把握住了抖音的用户群体特点和需求，抓住了目标用户心理，再辅之以适配的沟通方式和理念，达到了超乎预期的理想效果。经过符合平台热点和用户需求的包装和再加工，该账号收获了大量粉丝。共青团中央对抖音的应用，也为其他政府机构的平台运营方式提供了一个参考。

从传播渠道上看，共青团中央选择了当下最热的年轻文化聚集地抖音，在这里才能够接触到年轻人。而它之所以能成为掷地有声的"意见领袖"，在于共青团中央对网络土壤的适应能力很强，掌握了网络文化的"密钥"和网络对话技巧。

从传播内容上看，配乐风格简洁有力，传达信息清楚幽默，要点明确，且语言犀利，使作品本身具有了煽动性，直指目标受众的心理。这种放低自身姿态的方式可以使用户在第一时间卸掉防范心理或者逆反心理，得到用户的认同。共青团中央除了自制视频作品外，还会转发其他用户的内容，像"常州警察""汉服变装"等作品，就是转发了抖音用户的作品，这种视频能够消除观众的抵触心理，因为是第三方制作的；同时，通过转载用户的一些视频，能够满足用户被认可的心理，从而使用户对这个平台产生亲近的感情，消除距离感；而在发起"国粹"等挑战过程中，充分挖掘了挑战内容等趣味和情感元素，激发用户参与"挑战"，按照共青团中央发布的挑战主题，录制上传作品。在这个过程中，用户会认同共青团中央想要表达的价值观念，实现自我意识的转变，同时，在用户之间相互转发、点赞、评论的过程中，也在促进着这个价值观念的传播与扩散。

从传播者来看，社交媒体上的传播注重人格化，要让受传者知道自己面对的是一个人，而不是一个冷冰冰的机构。就这一点而言，共青团中央的抖音形象可以说是很亲民，很可爱了。首先，以"团团"自称，所发布的文案都经过拟人化处理，比方说在发布天安门仪仗队的军姿时配文"被这个弯腰帅到了"，介绍武直10飞机时配文："大家好，我是武直10，真好！"同时，团团还很接地气，它有自身的关注对象，而不是像很多官微一样不关注任何对象。团团关注的对象中既有像"观察者网"之流的主流视频网站，也包括"杉泽""小捕阿汤哥"等有态度的用户或组织。这就让共青团中央更像是一个真正的用户，而不是一个"假人"、一个抽象的用户。和其他"大咖"相互关注，不会让团团局限在狭小的空间里，反而能让团团充分了解外界环境和网民整体。这是成功应用社交媒体的一个重要方面。凭借这些已经存在的"意见领袖"的支持，团团的作品能够更快获得用户的关注；而一些本来在传播过程中可能遇到阻力的信息，也能通过这些"意见领袖"的助推而达到更广的传播面。这样一来，团团就营造了一个良好的关系链。

从认知效果上看，团团清新可爱的形象和它所发布的作品，转变了受众对共青团中央"红"和"专"的形象的固有印象，它所发布的弘扬主流价值观、有思想导向作用的内容，受众也不会排斥了，吸引了一波波"粉丝"。从心理和态度上分析，受众开始接受团团的引导，在"我爱你中国"的历史视频剪辑作品中，6582条评论都在感慨祖国的强大，热爱祖国。从行动效果上看，最突出的是"挑战"系列中，受众按照相应的挑战主题，进行视频的创作录制，在创作过程中了解并接受和传播相应主题观念，并在录制过程中帮助和影响更多人。比如，"这是你的第几个劳动节"的录制者在录制自己的同时也会关注其他的劳动者，在这一过程中，"爱岗敬业"的价值理念，不仅影响着受众当下的录制和观看，也会持续影响他们的工作。

三、社交媒体平台思政教育传播效度的提升对策

（一）更新传播符号，扩大意义共识空间

符号学认为："沟通建立在符号的能指和所指的基础之上，即传受双方不仅对媒介符号的能指有意见共识，还应对其所指即深层含义形成共识。"在短视频社交传播时代，思政教育传播不仅要即时更新传播符号，使用年轻人喜闻乐见的传播符号，诸如表情包、二次元专有名词等，还应不断拓展意义共识空间，通过表情包、动漫人物等隐喻扩大与青年的意义共识，从而达到良好的传播效果。

（二）变革传统以"教育者"为中心的传播格局，传受角色的互动和平衡逐步达成

社交媒体平台，发布什么以及如何发布，决定权都在传播者，新媒体平台

的平等与交互优势并未真正实现。共青团中央在其知乎、哔哩哔哩、抖音和网易云等新媒体平台中，都打破了"传者为王，受者被动"的传播格局。例如，在抖音平台，通过转发、点赞、评论等方式，用户能够做到即时反馈，而且因为匿名性，用户并不存在传统教育模式中对于教育者的畏惧，可以随心随性地说出自己的观点，满足了受众的表达欲望。而抖音挑战、知乎网友提问官方回答等形式，传者和受者皆可根据自身需求发布信息进行讨论和交换意见，传者和受者的角色也可随时互换，传受之间的角色互动和平衡开始逐步达成，这种平等的传播地位为构建共青团中央与青年受众之间的共识奠定了结构基础。在这层关系下，思政教育传播能够更容易被受众所接受。

（三）优化传播技巧

优化传播技巧需要结合自身定位、平台调性和受众心理。在以抖音为代表的短视频平台，15秒的短视频，共青团中央除了发布常规的视频动态以外，还结合平台特色，以及受众的好奇、从众和表现欲，发起了系列挑战活动，最大限度地调动了受众的参与积极性；在传播过程中，会转发普通用户的视频，这也是一个"亲民"的传播技巧，给予被转发用户"荣誉感"的同时，被转发用户还会起到"示范"作用，激发其他用户想要被转发的心理，刺激其创作更好的作品。

参考文献

[1] 范涛，梁传杰，李辉鹏. 论新时期高校研究生思想政治教育体系等构建[J]. 武汉理工大学学报（社会科学版），2016，29（2）：288-293.

[2] 顾玉军，马成乾. 社会互动论视角下的师生交往[J]. 现代教育科学，2011（6）：34-35.

[3] 余晓菁，叶志清. 研本互动式大学生教育管理模式探索[J]. 教书育人，2009（33）：26-28.

[4] 高延安. 研本互动式思想政治教育模式探究[J]. 学校党建与思想教育，2012（30）：21-22.

浅析图书品牌"理想国"的新媒体运营

任长玉 *

【摘要】随着互联网的发展,众多传统行业商业模式面临着巨大的冲击,适者生存。出版领域进行新媒体运营的先行者——广西师范大学图书品牌"理想国"借力微博、微信、豆瓣等信息传播和社交平台,成功实现新媒体营销,对国内其他图书品牌的新媒体运营有很强的借鉴意义。

【关键词】理想国;新媒体运营;图书品牌

"理想国"是现今国内出版界备受瞩目的人文社科类图书品牌。"理想国"的口号是"理想国——想象另一种可能"。"理想国"在创立之初,就非常重视品牌的打造,我们可以看到"理想国"策划出版的大都是内容优质、装帧精美的精装书。"理想国"陆续收录了木心、陈丹青、梁文道、董桥、柴静等诸多知名人士的著作,并邀请曾获设计金奖的陆智昌做书籍装帧设计。打开"理想国"出版的图书,我们可以看到一些令人欣悦的新鲜与活力,无论是书籍的封面设

---

* 任长玉(青岛科技大学)。

计，还是排版印刷，都匠心独运，连内附的书签也充满韵味。从出版高品质的人文社科类图书出发，"理想国"在此基础上又在视频节目、直播、线下文化沙龙方面取得了非常好的成绩。作为国内民营出版品牌的代表，其在新媒体运营方面也走在了出版界的前列。

一、"理想国"微博运营模式及分析

（一）"理想国"微博运营数据抽样分析

"理想国"于 2010 年 2 月 22 日在新浪微博开通了自己的官方账号。"理想国"根据受众类型注册了多个官方微博。其中有理想国 imaginist、理想国书房、理想家会员计划，以理想国 imaginist 为主要账号。截至 2018 年 3 月 23 日，理想国 imaginist "粉丝"为 350378 人，微博为 18480 条。国内部分知名出版机构微博运营状况详见表 1。

表 1 国内部分知名出版机构微博运营状况统计

官方微博	机构认证微博数量	主体微博"粉丝"数	主微博总数量	主微博日均更新
中信出版社	19	32 万	21359	1~2
清华大学出版社	19	28 万	1529	<1
人民文学出版社	12	88 万	6199	2
长江文艺出版社	4	4 万	3543	1
读客图书	5	30 万	14272	9
理想国	4	35 万	18480	12
磨铁	24	16 万	13771	6

从表 1 统计结果可以看出，国内一些知名出版机构的微博平台都已经建设完毕，但是大多数传统出版社的微博并未进行日常性的运营维护，其微博关注数、评论互动数远低于民营书商，传统出版社的微博更新频率并不高。作为民营出版新秀的"理想国"文化品牌和读客图书，在微博的运营上明显要优于同类老牌出版社，新兴的民营出版公司很显然在微博运营上花费了更大的精力，这从日更新微博数就可看出。此外，民营出版机构的官微注册数量相对较少（磨铁侧重于发行，有其特殊性），可以集中用户，减少运营成本，带来规模效应，还可以更好地激发受众的互动热情。各大传统出版社的微博往往作为新书推介的途径，以图文的方式发布本出版社的图书出版信息，内容多为图书产品的推广。此外，传统出版机构习惯用心灵鸡汤作为早晚安的用语，而以"理想国"为代表的民营出版公司则更注重微博内容的多样性、建设性和互动性。以"理想国"官方微博为例，其在 2018 年 1 月共发布微博 150 条，从内容上看，大概可以分为以下几类。

一是发布并转发由"理想国"主办或者联合主办的活动预告。其中 1 月份主要推介由"理想国"主办的贾樟柯的新书发布会和知名书籍设计家吕敬人的文化沙龙，密集且多次地直播预热，并发布活动入口链接，有效地推广了活动，并有效地提升了"理想国"的品牌形象。

二是评论转发文学、音乐、电影相关资讯并推荐相关内容。在这部分内容上，"理想国"很注重推荐内容的质量，所推荐的内容十分贴合"理想国"图书读者的气质。1 月份，"理想国"多次推送小红莓乐队主唱去世的消息，引发了"粉丝"大量的评论和转发。对于具有相似风格的节目，"理想国"也进行了推荐，如许知远的访谈类节目《十三邀》。

三是发布相关话题，引导读者购买书籍和文创产品。在微博中加购书链接,通过各种有趣的话题引导,让读者对相关图书产生浓厚的兴趣,从而产生购买欲望。借由"理想国"主办的线下活动,定制相关文创产品,引导用户参与,增强用户的归属感。与读者的良性互动,有效地拉近了品牌与读者的距离。

四是与关注者的互动抽奖。对于微博中所推荐的热门图书,除了开放购买渠道之外,"理想国"往往也采取互动抽奖的方式来赠送。除此之外,"理想国"还在微博中号召"粉丝"就某一话题进行留言分享,引导用户参与。在1月26日推荐电影话题中,收获了105份留言,证明这是一种很好地与用户互动的形式。

五是发布和推介《看理想》的节目信息,这是"理想国"微博中极具特色的内容。《看理想》网络视频节目是"理想国"于2015年推出的一个影像计划。这是一次从文字到影像的延伸,与"理想国"一脉相承,视频内容包括音乐、电影、绘画、读书,吸引了包括窦文涛、贾樟柯、陈丹青、梁文道等众多文化名人的加盟,引起了极大的反响。《看理想》以其独特的视角和高水准成为网络视频节目的一股清流。微博这一平台具有很好的分享性和互动性,能够有效地进行受众导流,引发互动讨论。

(二)对于"理想国"微博运营的可行性建议

第一,注重用户体验,满足并创造用户需求。出版社的微博运营不能流于形式,恶劣的内容和生硬的营销会伤害关注者的情感,从而对出版品牌产生不良的印象,对出版品牌产生负效应。从"理想国"的微博运营实践来看,虽然引导购书类的微博非常多,但是并不易引起读者的反感,因为"理想国"

微博在导出购买链接的时候，并不是生硬地推销图书，而是创造一个适当的情景，或与一定的时事热点话题相结合，抑或是有名人推荐，从而引发读者强烈的购买兴趣。在此，营销变成了满足消费者需求的活动，甚至是为消费者创造了需求，让人更易接受。出版社的微博订阅者大多是出版社品牌的忠实拥护者，要切实关注用户的情感需求，把站在用户的角度思考问题作为运营的基础。

第二，注重参与话题讨论，保持微博的活跃度。对比发现，虽然大多数出版机构都创建了自己的官方微博，但大部分流于形式，内容长期不更新，即使更新也是简单地硬广推送或者是转发一些名人名言。对出版机构而言，微博是建立出版社或者图书品牌形象的良好平台，微博兼具内容传播和社交双重功能，用户基数十分庞大，用户黏度也十分高，出版社要充分利用这个平台来为自己创造价值。基于笔者实际运营微博的经验和观察热门微博大号的特征发现，要想获得"粉丝"的持续关注，必须保持微博的活跃度并创作出符合用户需求的微博。出版机构要努力把微博建设成为图书营销和品牌宣传的重要平台。

第三，利用名人效应，建立高效的互动机制。微博历来是名人"大V"的展示舞台，出版机构要有效联合相关知名作者，利用他们的影响力，实现互利共赢。我们可以看到，"理想国"在这一方面做得非常到位。"理想国"旗下多名签约作者在微博上的活跃度都很高，"理想国"官方微博在宣传他们的新书时，作者本人也会在微博上和读者进行互动，甚至借用当下非常流行的网络视频直播的形式与"粉丝"互动。"理想国"也经常举办线下作者签售会和交流会，实现线上、线下读者和作者的良好互动。而微博上作者和出版机构之间的互动，也有助于提升双方的知名度，实现共振效应。

二、"理想国"微信运营策略研究

(一)"理想国"微信公众平台架构分析

"理想国"对于新媒体的运营一直走在行业的前列,"理想国"的微信公众号名称为理想国 imaginist,微信号为 lixiangguo2013,它于 2013 年 2 月 21 日推出自己的第一条消息为"理想国"图书品牌所宣传的口号——为了人与书的相遇。

对比其他出版机构的微信,"理想国"的微信公众号可以说做得已经非常成熟了,几经改版,现在微信公众号首页共有三个一级菜单,分别是文章目录、理想家和年华2017,界面文字简约,涵盖的内容却非常广泛,如图1所示。在文章目录和"理想国"这两个一级菜单栏下又设有多个二级菜单,总目录会精选一些文章和活动推广文案,这里的文章都是深度长文,给人以沉浸式的阅读体验,能够留住用户,让用户有所收。在书讯中,每期作者都会推介一些"理想国"出版的书籍,提供图书简介、图书评论和购买链接,有的也会附上相关的电子版购买链接和优惠活动。特色书单则会策划一些主题,提供相关图书,为用户创造阅读需求。摄影作品则会介绍一些有趣的、有故事性的照片集,在移动端就可以满足用户对于优质内容的阅读需求。理想家是"理想国"推出的一个付费制会员社区,申请加入之后,用户可以参与作家交流等线上活动,申请成为志愿者,组织、参与专属的线下活动,收听理想国讲堂,观看往期精选沙龙等独家视频,也可享受购书优惠。理想家的设立培养了一群核心用户,这些用户可以为其各种线下活动助力。在注重"粉丝"经济的今天，对"理想国"的文化品牌推广起到了非常重要的作用。在一级菜单理想国里，公众号增添了许多功能性的设置，如微店和理想国 LIVE（见图1）。利用腾讯的微店，"理想国"在微信公号里增加了线上销售渠道，而且是情景式销售渠道，效果非常好。系统来看，一个小小的微信号，却可以容纳非常多的内容，可见经营好一个微信公众号对于培育品牌是非常重要的。

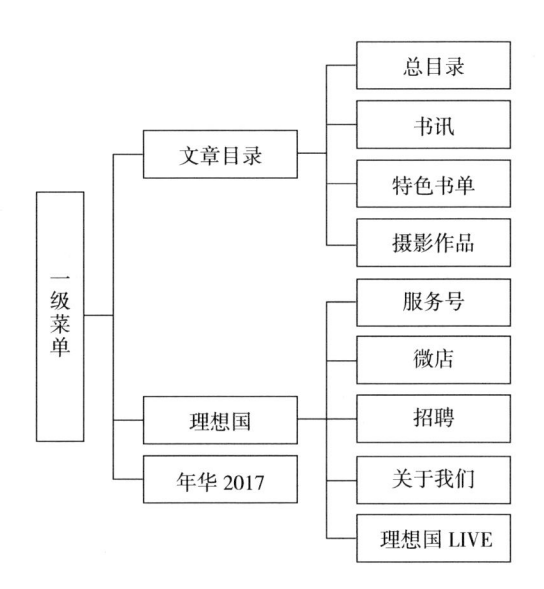

图 1 "理想国"微信界面结构

（二）"理想国"微信公众平台推送内容案例分析

为了更好地研究"理想国"微信公众号运营的实际效果，笔者选取了2018年1月"理想国"推送的文章。2018年1月，"理想国"官方微信公众号共推文 65 条，笔者选取每天首推文章进行分析。从推送内容的形式上看，"理想国"推送的文章多为图文形式，必要的还会添加音频、视频，形式丰富。附有视频的推文多来源于"理想国"原创的视频节目，起到了推广旗下产品的作用。推送的内容，也是排版精美。不同于微博推文的短小精悍，"理想国"微信公众号推送的文章都是千字以上的长文，多数文章达到两三千字，所以，文章的排版设计丰富多彩，配图也很丰富。

"理想国"微信公众号的推文主体多样，多是讨论音乐、电影、绘画等艺术题材，也会推送"理想国"所出的图书。从统计得到的数据看，"理想国"在推送音乐、电影和书籍相关的主题时关注和互动数更高。例如，其推送的《这首曾被大陆、台湾地区、日本都禁过的"黄色歌曲"，是中国摇滚的启蒙》是一篇介绍音乐的文章，阅读量达到当月最高，点赞数也名列前茅。但是与之对比，微信公众号中推送的《如何看懂一幅现代绘画：文史哲艺四青年，各显其能说培根》和《肖斯塔科维奇，没有魔法杖的哈里波特》这两篇介绍高雅艺术的文章，阅读量在当月排名垫底，这说明大众还是很难接受较为高深枯燥的深层次文化。与此同时，我们可以看到带有名人效应的《718 天后，我打算将书店关闭了》和《王小波孤独地死了，不用再参加这个世界为他举办的各种盛宴》阅读量最高，第一篇是民谣歌手钟立风所撰，第二篇中王小波也是话题度很高的知名作家，所以名人效应和引人入胜的标题对于一篇文章的传播十分重要。

（三）对于"理想国"微信运营的可行性建议

第一，内容为王，注重打造原创精品内容。原创不易，但是原创也必有其回报。作为一个用户，我会把一个微信账号原创文章的比例多少作为衡量其实力和价值的重要标准，原创内容更能让用户对其品牌产生忠诚度。一个没有原创内容的公众号很难有长久的生命力。一个微信公众号就是一个品牌，要有自己的特色才能留住用户。微信公众号相较于其他平台更讲求内容为王，依靠虚假标题必然会迅速消耗用户的信任而自取灭亡，辛勤躬耕于内容创作，才能获取用户的信任和自发的传播。微信公众号的内容要注意把握热点，借助名人效应，才容易造就热文。实体书店倒闭已不是新鲜事，然而关于民谣歌手钟立风开书店的一篇文章，竟是"理想国"当月推文中阅读量最大的，可见名人还是很有影响力的。微信公众号功能强大，可利用的元素非常多，出版机构在运营公众号时，可以结合音频、视频，推送丰富的原创内容。

第二，注重行文排版，把握细节。有营养、有价值的文章往往都是字数较多的，出版机构的微信文章可以推送深度长文以区别于微博上的文章。在内容为王的基础上，微信的文章要更加注意排版，因为文字信息量过大加之阅读终端显示屏幕较小，会增加用户阅读的负担，可以利用秀米等微信排版工具，做出精致的排版。目前比较流行的长文模块化，可有效减轻用户的阅读负担，注明文章字数和预计用时也是照顾用户体验的做法。另外，图片的运用也非常重要，合适的配图既能够增加文章的信息量，又可以起到对文章内容进行分割的作用。文章的发布也不能忽略一些细节，例如推送时间。统计数据结果显示，"理想国"公众号推文时间集中在18时至21时，这是人们一天中最放松的时段，会有时间和心情来阅读长文，进行互动。其他时间推送，如果用户当时没有打开阅读，其后再浏览的概率就非常小了。

第三，注重互动、互推。首先，微信公众号之间互推、转发与分享是众多出版社共同的选择，也是提高推广效率的一条捷径。例如，青岛本地的内容很容易引起本地人的共鸣，青岛出版社就与青岛本地微信公众号进行合作，将制作的内容授权给他们进行传播，一书在上市之初，就凭借朋友圈的热度实现了话题与销量的双赢。其次，要保持互动。保持微信公众号中读者的黏性也是营销中的重要举措。据万雪介绍，接力出版社平常会在文章中策划一些可以与用户进行互动的环节，增强用户黏度。部分项目还会与线下活动相结合，如为著名作家秦文君的彩虹书系寻找书模的活动，接力出版社与北京图书大厦合作，用户转发活动文章即可获得限量超低价购书折扣。

第四，引导用户转发朋友圈，实现基于熟人关系的口碑营销。微信的定位是社交平台，微信公众号则是信息传播平台，如何利用微信的社交功能，实现推送信息的病毒化传播，是出版机构运营微信公众号需要重点考虑的问题。引导用户转发朋友圈也是吸引用户关注、建立公众号品牌的最优方法。如何实现用户的海量转发，咪蒙也许是一个值得学习的对象。咪蒙的成功与其精准的用户定位是分不开的，据统计，咪蒙用户85%是青年女性，其文章内容紧紧抓准了用户的痛点，大量涉及情感、心灵鸡汤、职场规则等话题，这也是其文章引起大量转发的原因。出版机构要准确定位目标用户，以满足目标用户的需求为宗旨。"理想国"致力于打造成为开启民智的出版机构，其微信公众号也一直致力于传播优秀的文化内容，满足知识青年的需求。作为一个出版机构，"理想国"并不只是宣传图书，从其微信公众号推送的内容来看，其推送的内容广泛涉及电影、音乐、讲座等更易于为用户所接受的大众文化。

三、"理想国"豆瓣小站运营模式及分析

（一）豆瓣社区的特色和功能

豆瓣网是主要以书评、影评、乐评为特色的 Web 2.0 文化产品推荐引擎。豆瓣的主要内容是 UGC（用户原创内容），主要为用户编写的关于图书、影视的评论。刷豆瓣看电影已经成为众多文艺青年的选择，同样，豆瓣也成为人们分享读书心得、探讨文化产品的平台，可以称得上国内文艺青年的聚集地。用户可以自由地在豆瓣网上表达自己的观点。豆瓣网拥有两大模块：豆瓣小站和豆瓣小组。豆瓣小站类似于官网，出版机构可以展示自己的产品和服务，来吸引用户关注；豆瓣小组类似于微博的话题讨论，通过话题小组的创立，来吸引用户交流，进行线下活动。

（二）"理想国"豆瓣小站的运营模式

"理想国"一直以出版精品文化图书作为自己的使命，从而拓展至文化活动的组织。从事影视文化产品开发的出版机构，当然不能错过豆瓣这样一个优秀的社区。早在 2010 年，广西师范大学出版社理想国就在豆瓣设立了小站，如今已经积累了 5 万余名小站成员。其后，又设立了广西师范大学出版社北京贝贝特小组。"理想国"出版的图书主要是人文社科类，很好地契合了豆瓣这样一个拥有浓郁文化氛围的平台特点，"理想国"的豆瓣小站主要由理想国

扉页、书香阁、活动场、小小理想国和理想国沙龙组成。"理想国"充分利用了豆瓣这个图书交流的平台，设立了书香阁，在这里，用户可以检索到"理想国"最新出版和推荐的图书，并提供了图书简介、图书评论、图书购买链接等一体化的服务，充分满足了用户的需求；除此之外，利用豆瓣的文化属性，"理想国"也在豆瓣上设立了活动场和理想国沙龙来发布理想国主办的线下活动，这是一个有着天然优势的平台，也是"理想国"发布线下活动最重要的渠道之一。

由于豆瓣用户是个相对小众的群体，所以"理想国"在豆瓣网站上的运营活跃度远没有微博、微信公众号高，互动参与的人数也比较少，但是它仍保持了不断地更新。2018年1月，"理想国"广播站共更新状态30条，多是发布新品图书和活动。与此同时，"理想国"在豆瓣上把精力重点放在了图书的推广而不是社交上，因为豆瓣是一个UGC的产品，用户为王，"理想国"需要做的只是展示。例如，小小理想国页面的设计，是针对图书出版中比较热门的少儿图书；理想国沙龙，不言而喻，会吸引大量的文艺青年关注、讨论。在豆瓣这个以用户为主的平台上，可以看到，用户的活跃度、参与度明显要高于其他社交平台。

（三）对于"理想国"豆瓣小站运营的可行性建议

无论是在微博还是豆瓣小站进行运营，都需要精准的定位，并做好效果评估。目前，豆瓣小站上做得好的营销品牌还不是很多，因为豆瓣小站区别于其他社群的最大特点就在于它的纯粹，所以笔者建议，图书出版机构做豆瓣小站运营不要那么商业化，进行过多的硬广推送。豆瓣用户在这个平台上的身份不是顾客，也不是消费者。图书出版机构要利用豆瓣在推广方面的天然优势，使推广的文化产品与用户的兴趣、需求相契合。而图书品牌需要做好的是社区板块的搭建，产品的展示，让用户自己去交流，不需要过多地参与、指导。

四、"理想国"给图书品牌的新媒体运营带来的启示

（一）增强用户意识，服务意识

传统出版机构的营销观念更多的是和批发商进行商品交换活动，和读者联系较少，关系较弱，普遍服务意识不强。在互联网时代，利用新媒体营销，可以有效建立和用户的互动交流。在前期就要求编辑在编发内容时，不应只适应自己的口味，而应该琢磨用户的口味、需求与立场，要适应不同平台，不同用户的消费习惯。

（二）引导用户分享，进行口碑营销

在新的生活方式下，用户获取信息的方式发生了很大的改变，用户的消费习惯也在发生着改变。有人甚至提出"渠道已死，口碑为王"的口号，虽有些夸张，但是我们确实可以看见，过去读者喜欢去书店和书籍相遇，如今读者的信息往往是从互联网上获得的，读者的购买意愿往往来自"意见领袖"或者社交圈子的推荐。如今，各种社交平台占据了人们大量的时间，如何有效通过社交平台，引导用户分享与推荐，是出版机构需要重点考虑的。

（三）线上线下联动，注重"粉丝"效应

从线上到线下的互动会有更好的延续性，用户在参与过程中体验感会大大增强。从操作层面来讲，直接走渠道铺货会比做互动要来得简单快捷，但是成本高昂，延续性较差。内容运营看起来是苦差事，需要长期运营才可能收获回报。"粉丝"运营能更好地拉近用户与品牌之间的距离，建立沟通的桥梁，借助"粉丝"经济挥发能量，达到传播裂变的效果。

参考文献

[1] 谢沁宜.从传媒定位视角看出版文化品牌营销策略——以广西师范大学出版社"理想国"品牌为例[J].青年记者，2014（11）：67-68.

[2] 向潇.传统出版社微信图书营销策略研究——基于重庆出版集团和广西师范大学出版社"理想国"的比较分析[D].合肥：安徽大学，2016.

[3] 秦叶青."理想国"图书品牌研究[D].长沙：湖南师范大学，2016.

[4] 简小军.论我国大学出版社的品牌建构——以广西师大出版社"理想国"为例[D].重庆：西南大学，2015.

数据时代下新闻价值对新闻类 App 的发展要求探析

张博文 *

【摘要】作为信息产业的分支，新闻业从诞生之日起就与技术密不可分，其承载的介质由实体的泥石板、纸张一步步走向了看不见摸不着的电磁波和电子信号。如今，变化不仅表现在新技术方面——测量、抓取远超传统数据库的海量数据，并能对其进行统计、分析和呈现的计算能力，更显著地体现在新闻的接收方式上：由场景固定的新闻获取渠道转向随身携带的移动终端，而装载在这些移动端上的应用程序（Application，App）则成了新的网络信息入口，这些变化无疑将给新闻生产带来新的思考与改变。然而，新闻价值——这个被新闻学者和传播理论家讨论过无数次的专业术语，却始终警告着每一个新闻从业者，无论身处何种时代，有些新闻要素始终是新闻人所必须坚守的价值灯塔。考虑到目前国内还缺少探讨新闻价值与新闻类 App 之间关系的相关研究，本文便从当今数据时代的大背景出发，探析新闻人该以何种新闻价值为导向，做好新闻

---

* 张博文（武汉大学新闻与传播学院）。

类 App 的经营与管理工作。考虑到资料收集的便捷性以及中国移动互联网发展的特殊性和代表性，本文将以中国新闻类 App 为分析样本，分析新闻价值对该类 App 的现实指导意义，并借此为新闻类 App 经营人员提供相关决策的理论依据。

【关键词】新闻价值；应然；实然；新闻类 App；数据时代

当变动的信息能被最大范围地检测、记录并进行数字化计算的时候，一个理论上囊括全样本的海量数据就这样出现了。被《科学》《经济学人》双双奉为大数据领域最权威发言人的维克托·迈尔-舍恩伯格便将这个变革的时代称为"大数据时代"。尽管人类的计算能力尚处在襁褓之中，人们对大数据的狂热也让这一切看起来像个骗局，但不得不承认，大数据对人类生活、工作乃至思维的变革已经愈渐昭彰，处于信息行业最敏锐位置的新闻业也注定不能对它的到来视若无睹。无论是数据驱动新闻（Data Journalism，对不同领域、层面的大数据进行分析、处理后，可以通过可视化和叙事化的手段，创作出一种新的新闻报道方式）还是更细分的传感器新闻（Sensor Journalism 通过传感器获得数据信息，经分析整合，将其以一定的方式融入新闻报道，进而完成"讲故事"的新闻生产模式），无不显示着新闻业在数据时代下的新尝试和新作为。当然，这一系列的尝试还包括机器人新闻（Robot Journalism）、预测性新闻和个性化新闻等。除了考虑技术、新闻呈现等现实因素，媒体从业者也应该把"应然"因素（如公共价值）纳入新闻类 App 运营的思考之中，毕竟这是具有公共属性的信息传递者天然自带的责任。笔者以应然与实然为考虑点，从新闻类 App 现状、新闻价值再思考，以及新闻价值对新闻类 App 的发展要求三个方面进行论述。

一、撕裂之下的不对称生长：中国新闻类 App 的三种基因

在移动互联网逐渐深入社会生活的当代，所有的媒体都开始寻求"移动"之路，移动传媒已经渐入佳境。其中，App 为移动的个体提供了最便捷的网络信息入口，它附着在每一台移动终端的"身上"，并为其赋予"灵魂"。新闻业若想在移动端存活下去，也必须在此占据一席之地。除了入驻若干流量巨无霸 App（如微信、微博等）并在其中搭建新闻分发站点，新闻类 App 的开发及运营也成为传统媒体、网络公司巨头，以及有意进入新闻业的民营公司所必须接受的选择。

2018 年 8 月 20 日，中共中央网络安全和信息化委员会办公室发布了第 42 次《中国互联网络发展状况统计报告》。报告显示，在 2017 年 12 月至 2018 年 6 月，中国网络新闻用户规模为 6.62 亿，网民使用率为 82.7%。在赛诺市场研究公司 2014 年《手机新闻客户端用户研究报告》和 iiMedia Research（艾媒咨询）《2015—2016 中国手机新闻客户端市场研究报告》《2018 上半年中国 App 排行榜》中，排名前五的综合资讯类 App 的月活榜单均包括了腾讯新闻、今日头条、网易新闻、搜狐新闻和新浪新闻。笔者对比数据后发现，趣头条、一点资讯、ZAKER 等成为"后起之秀"，而百度新闻、人民新闻和即刻新闻却滑落"神坛"，一跌再跌。这意味着，在数据时代，传统媒体新闻客户端的发展不容乐观，门户类新闻客户端地位较为稳固，影响力依旧强大，而以算法技术为代表的新闻类 App 则是市场宠儿。艾媒咨询在《2017—2018 中国手机新闻客户端市场研

究报告》中指出，尽管手机新闻客户端用户量已经趋于饱和，媒体行业准入门槛及同行竞争力度不断提高，但多媒体融合以及算法推荐等技术的冲击使得媒体格局仍有变化空间。

不过，这种变化空间显然是撕裂的，不同属性的媒体机构拥有截然不同的生存土壤和丛林法则。2017年5月，国家互联网信息办公室公布《互联网新闻信息服务管理规定》（以下简称《规定》）。根据《规定》，通过互联网站、应用程序、论坛、博客、微博、微信公众号、即时通信工具、网络直播等形式向社会公众提供互联网新闻信息服务（包括信息采编发布、转载和传播平台三类服务）的，应当取得互联网新闻信息服务许可；其中，申请互联网新闻信息采编发布服务许可的，应当是新闻单位（含其控股的单位）或新闻宣传部门主管的单位。还有一点需要注意的是，《规定》将"信息服务"定义为"政治、经济、军事、外交等社会公共事务的报道、评论，以及有关社会突发事件的报道、评论"。这意味着只有官方属性的新闻机构才有合法的"新闻信息"采编权，而其他类型的媒体机构只有转载权和平台经营权，其原创内容也只能是以娱乐、游戏、音乐等为代表的偏离乃至打擦边球的非公共性话题。毫无疑问，这种政策阉割术将使得非官方属性的媒体集团面临更多的生存压力。民间对这两者最粗略的划分方式便是国家队与商业队，前者主要由国家和地方政府主导的媒体单位组成，如人民网、新华网、东方网等；而后者则主要是指能在海外上市的媒体巨头，如新浪、搜狐等新闻门户网站和今日头条、天天快报等媒体新秀。

由此可知，对不同属性的新闻类App而言，某某新闻价值要素的重要程度也不尽相同，这是新闻从业者所必须警惕的。考虑到当今中国新闻传媒业的新生态、新业态——"以混合所有制为标志的传媒新体制基本成型""以互联网为中心的传播新格局已经形成，传统媒体更加式微"等，笔者在本文中简略地将新闻类 App 分为纯官方、官方与资本混合和纯商业三类。

二、现实世界的坚守与改变：再论新闻价值

自西方学者提出新闻价值的概念至今，关于新闻价值的讨论从未停止。新闻价值作为一种富含意义评价的抽象概念，从未得到学者的一致认可。新闻的内涵和新闻价值的标准通常会因为时间感、空间感、速度感和社会关系的重构而发生变化。仅在中国，就有从标准、效应、关系范畴、能量和主客体关系五个方面来界定新闻价值的。黄顺铭随机抽取总跨度为 20 年的 84 篇新闻类学术论文和 36 本新闻学教材样本后发现，学者们对新闻价值要素的"数量共识度"（由某某学者持"几要素"，从数量方面来比较）总体很低，对"构成共识度"（如趣味性构成共识度 = 42 个新闻价值中含趣味性的样本 /64 个含新闻要素的样本 = 65.6%）较高。因此，笔者认为，与其在构成共识度中寻找新闻价值要素的合法性，倒不如将新闻价值拆开，先分析新闻要义，后在诸多构成新闻要义的要素中从"实然"的实用角度与"应然"的学理角度选取价值量大的要素。

（一）新闻的反思

关于新闻定义，无论是"新闻者，乃多数阅者所注意之最近事实也""新闻是新近发生的事实的报道"，还是王中的"新闻是新近变动的事实的传播"，新

闻始终离不开新近和事实。对于前者，有些学者甚至要求"全时"。然而在现实的语境中，非新近发生的"旧闻"的影响力甚至有可能远超"新闻"，比如2018年流传于朋友圈的爆款深度作品《1986，生死漂流》和《太平洋大逃杀》，相信没有人会不把它们归属于新闻之列。此外，真实也绝不是个客观朴素的词汇。人类有限的认知及内生的价值偏好注定新闻从业者对现实的描写做不到面面俱到，而每个独特的个体所看到的世界虽谈不上千差万别，但注定各有所好——这也是新闻业将读者进行"分众"二次售卖的根本原因。更不用说一些哲学家，如柏拉图提出的"洞穴隐喻"（allegory of the cave）以及鲍德里亚、德波笔下的"超真实"（hyper-reality）和"景观社会"（society of the spectacle）所带给我们的极富思想深度的反思了。

（二）价值的幽灵

讨论新闻价值的前提是界定价值的概念。有的学者认为价值就是作为客体对主体的效应，存在着普遍性、无条件性、恒常性和客观性。甚至有的学者还以计算的形式，认为新闻价值即"事实本身所具有的足以构成新闻的种种特殊素质的总和。素质的级数越高，价值就越大"。但从符号学来看，作为一种概念表征符号，即使是同一个事物，它的价值也会因为时代的不同而有所不同——这是因为符号是约定俗成的。更何况价值还因文化的不同、权力方的介入，以及个性化解释等现实因素而产生各种变体。因此，有的学者明智地承认，新闻价值作为一个概念，除了绝对性的一面，还有其随着社会历史变化而变化，因时因地因具体情况而变化的相对性的一面。因此，关于新闻的价值研究，一定要从注重价值个体向注重价值群体，从注重新闻本身的价值取向向注重传播渠道（媒介形态、媒介方式）的关系等新的方面进行调整或转换。

对新闻与价值的分析可以发现，应然（学理认知）并不等于实然（现实情况），更不能绝对地指导实然。面对现实世界的复杂性与不可预测性，一条让所有人认为"客观真实"且具有"新闻价值"的新闻是绝对不可能存在的。这是新闻专业主义者与媒体从业者所必须认识到的新闻以及新闻价值天然存在的局限与矛盾。

正因如此，阿兰·德波顿在《新闻的骚动》中直率地提出"新闻要有立场"，这也是新闻评论暗地里默默坚守的圣经——提供一套逻辑通畅、是非分明的观点和立场，而"客观事实"在此处也只是作为盾牌来使用的。这本质上与"情绪的影响力超过事实"的后真相（post-truth）有异曲同工之处，因为情绪无非也是一种观点和立场而已，陈力丹也由此写下了对新闻人的善意提醒：新闻报道的是"持续变动"的事实。而持续变动意味着不一定有终点，这一点无疑也是马克思新闻观最闪耀的思想之一。况且新闻还与政治和资本联姻了，前者作为现实世界合法性的唯一来源强制规定了媒体要为谁服务、提供何种信息，以及哪些是不可触碰的红线。后者作为附着在每一个以营利为目的的传媒组织头顶上的幽灵，它在保证传媒业自身生长的同时，却又无时无刻不在输出着自己的贪婪与私欲，这也是身处市场的传媒业所必须遵守的丛林法则。

基于以上的考虑，笔者并不想对新闻价值做一个包括某某要素的囊括，因为这本身就是一个见仁见智的事情。相反，笔者将选取一般意义上的新闻价值要素，这些要素不仅见于中国学界的诸多讨论，也反复出现在中国传媒高校众多新闻传播学教材的页面。它们是被美国新闻界所公认的价值要素，代表着绝大多数新闻从业者的新闻价值认知，对现实的指导作用及意义毋庸置疑。当然，笔者也将在文末讨论若干新的新闻价值要素，这些要素是当今学者所讨论的重点。

三、应然与实然的考量：新闻价值对新闻类 App 的发展要求

在武汉大学夏琼教授看来，事实是新闻的本质，变动是新闻的灵魂。这其实隐含着新闻之所以能被称为新闻的前提——真实性。尽管前文对真实进行了一番反思，但这并不妨碍把真实作为新闻的前提，这是因为现实之中存在着一种比较客观实用的描述现实世界的方法与实践。此外，我们也不能因为真实的不完美而把对它的底线要求及追求拒之门外。在真实的社会构建理论中，阿多尼和梅尼把现实分为客观现实、符号现实和主观现实，新闻所要遵守的当然是客观现实的要求（如遵守制度、习俗和传统等常识），尽管它参与营造了一种不同于客观现实的符号现实，并且或多或少隐藏着新闻人的主观现实。

"报刊是自由的市场，任何人拥有出版自由而不必经过当局的允许。"在保证新闻真实性的建议上，或许没有什么比新闻业中的自由主义理论更让人信服了。当然，这种自由也伴随着责任、理智与公共价值理念。因此，新闻类 App 从业者要始终把提供真实可信的新闻作为首要前提，这一点是毋庸置疑的。即使是洋葱新闻（The Onion）——美国一家提供讽刺新闻的媒体，它因以真实新

闻事件为蓝本，加工杜撰假新闻，由此通过夸张、另类的评论表达对世界的观感而享誉全美——它也只是另辟蹊径地抓取隐藏在客观事实背后的"真相"而已，尽管这种"真相"与真实有很大的差别，但此两者的核心是一致的。这也反映了新闻真实的复杂性与必要性。

（一）时新性：由实时走向全时

数据时代下，新闻信息呈爆炸式增长，一篇新闻报道极易被海量的信息所淹没。最先的报道往往会在第一时间吸引受众，并在某种程度上使得该媒体拥有此次新闻事件的话语权，且自动为该媒体赋予一种影响力。由此，新与旧的时间差愈发成为衡量新闻价值的标尺，事实发生和公开报道的时间差越短，新闻的时新性越强，新闻价值就越大。如今，更多的学者用全时替代了实时，这也表现了新闻媒体对时效追求的极端苛刻。当然，该标准并不太适合以有深度、有质量、有权威保证为特征的某类新闻，但该类新闻之间的竞争依旧遵循着"以新制胜"的规则。

对拥有新闻采编权的纯官方类和官方与资本混合类的新闻 App 来说，它"貌似"缺少有力的竞争者（因为官方属性，有些新闻的报道是被"安排"的），但新媒体崛起所导致的"所有人对所有人的传播"，却在某些公共话题上给它带来了速度上的致命一击。这一点也说明，不论何种媒体属性，时新性始终是它与生俱来的、需要一直改进的要求之一，尽管这种要求由于公民新闻、自媒体等盛行显得越来越没必要。对纯商业的新闻媒体来说，时新性只有在某些新闻上才有竞争力，它们更需要的是全天实时更新的新闻容量，以及足够打动人的新闻标题。

（二）重要性：话语权争夺的重地

随着媒介赋权导致个体主动性的不断加强，更贴近并满足个人需求的个性化新闻逐渐进入传媒从业者的感官之中，新闻的重要性也呈现多元化的趋势。尽管这种认知没有问题，但媒体从业者需要警惕，作为新闻价值最重要衡量尺度的"重要性"并非此意。"重要性"意味着某种公共话题影响人群的范围及程度，它本质上是一种公共价值的体现。因此，"重要性的基本内涵包括以下几个方面：一是事实影响人的多少，二是事实对人和社会影响时间的长短，三是事实影响空间范围的大小，四是事实影响人们实际利益的程度"。

这种重要性天然地离不开重要事件，而这种重要事件又无外乎天然跟涉及公共利益的教育、医疗、食品和环境保护等密切相关，这使得拥有公共话题一手报道权的纯官方类、官方和资本混合类新闻 App 具有天然的优势，后者由于缺少行政壁垒及直接审查，在更广泛的公共话题上大有作为。李良荣就认为，新时代中的"老媒体"不是优势尽失，而是优势尽现："后真相"时代，碎片化信息泛滥，新闻反转频繁出现，人们对新闻真相的需求更加强烈。如果说网络媒体主要提供信息，传统媒体则提供"经核实的信息＋深刻的思想"。从这个意义上讲，当前"老媒体"的规模萎缩是一次新闻业的"供给侧改革"。这就像传播史告诉我们的那样，"新技术改变不了人性"，新技术同样改变不了新闻内容本身的价值，而这个价值脱离不了深度报道。这也是在信息碎片化时代，《纽约时报》旗下的"时代精选"网站依旧花高薪聘请资深专栏作家、评论家和社会专家撰写该网站核心内容的原因，这些深度内容每年给《纽约时报》增加了 1000 万美元的收入。

当然，对纯商业类 App 来说，话语权争夺的要素——重要性也是其重中之重，而且它们拥有弯道超车的资本和能力。比如，2015 年腾讯上线天天快报，在信息资讯领域广泛布局；2015年淘宝推出"内容开放"计划，第二年阿里则通过UC实施"媒体赋能计划"，打造"懂你的UC"；百度"百家号"也随之上线，等等。尽管这已经远远超出新闻领域，但它们也是想通过深度有质量的UGC、PGC等使得其内容拥有深度的优势，瓜分新闻市场。它们由此培育了越来越多的、优质的自媒体深度新闻报道。

（三）接近性：个性需求走向最大化

接近性指的就是对受众生活有影响的程度。它既可以是距离上的接近（发生在受众身边的），也可以是生活上的接近（跟自己相关的），甚至包括心理上的接近（情感上的共鸣）。也就是说，"新闻事实的信息与新闻主体在地理、利益、情感、心理、年龄等方面越接近，其新闻价值越高"。从以传者为中心到以受者为中心，新闻接受者的自我需求得到了更为理性的对待，正是基于此，新闻更像是受众挑选喜爱的食材，而不是以往菜单上有限的菜品，这一点使得个性需求达到最大化。

具有官方属性的App在这方面尝试很大，比如北青传媒旗下的OK家平台——通过对社区领域内容、渠道、平台、经营、管理的深度融合，致力于打造一个为社区定制、具有媒体属性的社区综合服务平台。此外，接近性更显著地体现在App的内容分类上，如澎湃新闻App"时事"板块中的港台来信、长三角政商、浦江头条等分类。不过，纯商业的媒体显然在此拥有绝对强劲的后发力，依靠算法技术的它们由此大步快速跨入新闻类App"名人堂"，这一点显著地表现为以今日头条、趣新闻、一点资讯和即刻新闻为代表的新闻类App的强势崛起。

(四)显著性:愈加复杂多变

显著性是用来描述新闻事实知名度或显要性的一个概念,对新闻的某些要素而言,它可以是新闻地点或事实中的人物,比如备受关注的地点或著名的人物;也可以是特殊的时间节点或事件,比如中国春节或国家间的战争。总之,"一件事实的知名度或显要性是由构成这件事实的各种要素的知名度和显要性决定的"。不过,在当今风险社会,显著性因素开始愈加复杂多变。不出名的人物、不离奇的事件以及不特殊的地点都可能变得显著,比如路人碰瓷新闻、成都女司机事件,以及高铁"霸座"事件等。这说明,只要大多数受众觉得显著,那它便是显著的。因此,区分显著性新闻的标准应更多地转向"关注度",受关注程度越大,则越显著。相较于以公共利益为核心的重要性,显著性更偏向非公话题,这一点在将来会更加明显,这也使得纯商业性媒体以及官方与资本混合类媒体更有发展空间,前者更应把突出显著性作为 App 运营的重要方针之一。

(五)趣味性:与时俱进的口味

虽然移动终端的便捷性极大地增加了新闻阅读的时间,但阅读长篇新闻报道的时间并未有所增长,相反,零碎的信息充斥着人们的头脑,"一切都在朝着娱乐化的方向迈进"。而娱乐化信息又与趣味性密不可分,在新闻领域,趣味性不单是指报道事实的类别,如相较于硬新闻的软新闻,它也包括文本的可读性,如语言风趣、结构明快、形式新颖等。在娱乐化时代,趣味性是吸引受众眼球最直接的利器。比如,《纽约时报》设计部发布的大数据新闻《雪崩》,它用视频、照片、图表等多媒体手段将内容展现得非常自然，不仅能够黏着用户，还能够让用户获得独特的体验，看后觉得新颖、有用和过瘾。承载在新技术之上的多媒体平台，显然能够提高新闻的趣味程度，趣味性在技术水平逐渐提高的数据时代将大有作为。

针对三种不同属性的新闻类 App，趣味性重要性程度各有不一。纯官方性媒体为了保证新闻权威真实，且受特定的话题、有限的资金投入等限制，因此在趣味性上难有创新之举。与此相比，官方与资本混合类新闻 App 显然具有更大的优势，而纯商业类新闻 App 在此之上的尝试可谓花样繁多。

（六）关于个性化、互动性、人情味与透明度

在文献阅读的过程中，笔者发现有些学者将个性化、互动性、人情味与透明度纳入"新闻价值"中，笔者在此对其做简要分析。

个性化即受众对不同类型新闻的需求程度，个体间的差异造就了个性化，而以个性作为新闻价值显然不符合价值的普遍性与恒常性；此外，它作为一种类似于"个性化推荐"的销售模式，在广义上属于接近性范畴。简言之，它着眼于适应个体的新闻价值，而非新闻价值。还有被热议的互动性，它是指接受新闻的受众与受众或传者与受者的双向讨论，尽管这种讨论给受传双方带了巨大的效益，但这种讨论独立于新闻之外，并不属于新闻自身的价值。而人情味更多地从新闻是否包含情感的角度去考量其价值。虽然有人情味的新闻报道能引起更多的关注与共鸣，创造更大的价值，但在目前机器人新闻（Robot Journalism）尚未占据新闻生产领地的时候，对人情味的要求显得有些操之过急了，由此，本文暂不将人情味归类于新闻价值。

近几年，学界对"透明度"的讨论比较火热。不论是美国媒体学者凯莉·麦克布莱德和汤姆·罗森斯蒂尔在2014年提出的"媒体有必要将新闻采编的决策过程向公众公开，尤其当新闻报道引起社会各个方面不同凡响或争议的时候"，还是林永年的观点"对理应让人民群众知道的重大事件、重大情况和重大问题，新闻媒介应及时地、如实地、公开地进行报道，让广大受众都知道"，透明度均强调新闻生产的公开透明程度，它本质属于对新闻事实的再评估，是新闻价值的前提，而不是新闻价值的范畴。此外，将它应用于实践层面可能火候还未到，因为揭开新闻生产的"遮羞布"不但需要更深入人心的新闻专业主义，可能还需要一个由过度娱乐化所倒逼的生存危机。但笔者坚信，以传播真实的变动信息为己任的新闻业迟早会走向这一天，而那个时候如果还有App，透明度一定会成为它们新的准则。

受时间、精力与自身能力所限，笔者对新闻类App发展现状的描述十分简略，也未能面对面采访相关从业人员。考虑到传媒市场上新闻类App的丰富性，笔者将其简要分为三类肯定还远远不够。此外，本文对新闻价值要素的讨论只是择其大要，这主要是因为随着时代变革，新闻价值点也或将发生结构变化。最后，笔者主要是从学理层面提出对新闻类App发展的建议，缺少可操作性，有待后来者补足。

参考文献

[1] 陈力丹，李熠祺，娜佳. 大数据与新闻报道 [J]. 新闻记者，2015（2）：49-55.

[2] 许向东. 大数据时代新闻生产新模式：传感器新闻的理念、实践与思考 [J]. 国际新闻界，2015，37（10）：107-116.

[3] 周志懿. 大传媒时代 [M]. 北京：中国书籍出版社，2013.

[4] 中共中央网络安全和信息化委员会办公室. 第42次中国互联网络发展状况统计报告 [R]. http：//www.cac.gov.cn/hysj.htm. 2018-08-20.

[5] 艾媒咨询. 2017—2018中国手机新闻客服端市场研究报告 [R/OL].（2018-03-22）[2019-01-01]. http：//www.iimedia.cn/60894.html.

[6] 中共中央网络安全和信息化委员会办公室. 互联网新闻信息服务管理规定 [R/OL].（2017-05-02）[2019-01-01]. http：//www.cac.gov.cn/2017-05/02/c_1120902760.htm.

[7] 李良荣, 袁鸣徽. 中国新闻传媒业的新生态、新业态 [J]. 新闻大学, 2017（3）：1-7.

[8] 胡翼青, 李子超. 重塑新闻价值：基于技术哲学的思考 [J]. 青年记者, 2017（4）：11-13.

[9] 方延明. 关于新闻价值的学术思考 [J]. 当代传播, 2009（2）：25-28.

[10] 黄顺铭. 新闻价值理论研究在中国——一个文献研究的维度 [D]. 成都：四川大学, 2002.

[11] 徐宝璜. 新闻学纲要 [M]. 上海：上海三联书店, 2014.

[12] 陆定一. 我们对于新闻学的基本观点 [J]. 解放日报, 1943.

[13] 方汉奇. 中国近代报刊史 [M]. 太原：山西人民出版社, 1983.

[14] 余家宏. 新闻学词典 [M]. 杭州：浙江人民出版社, 1988.

[15] 冉慧勤. 新闻价值的相对性研究——以"中国质量万里行"与《每周质量报告》为例 [D]. 开封：河南大学, 2007.

[16] 杨保军. 准确认识"新闻的价值"——方法论视野中的几点新思考 [J]. 国际新闻界, 2014, 36（9）：108-121.

[17] 刘冰. 融媒体时代新闻价值新思考 [J]. 编辑之友, 2015（1）.

[18] 杨保军. 新闻价值论 [M]. 北京：中国人民大学出版社, 2003.

[19] 卡瓦奇, 罗森斯蒂尔. 真相：信息超载时代如何知道该相信什么 [M]. 陆佳怡, 等译. 北京：中国人民大学出版社, 2014.

[20] 孙志刚, 吕尚彬.《纽约时报》付费墙对中国报纸的启示 [J]. 媒介经营管理, 2013（3）.

[21] 吴鑫，赵媛媛.北青社区传媒OK家客户端的实践探索[J].青年记者，2015（6）.

[22] 波兹曼.娱乐至死[M].章艳，译.南宁：广西大学出版社，2004.

[23] 孙志刚."新"新闻产品的设计思路和评价[J].传媒评论，2015（3）.

[24] 孙志刚.新闻传播教育应遵循媒体发展规律[N].社会科学报，2015-08-06.

[25] 林永年.提高新闻报道透明度是新闻改革的大趋势[J].新闻大学，1989（1）.

浅谈新时代出版产业、传媒产业、文化产业的区别与联系

韦慧超 *

【摘要】21世纪是高度信息化的时代，知识经济和信息经济快速发展并逐步占据了主导地位。在信息化时代，产业融合是信息传播发展的必然趋势，在信息技术、网络技术等的推动下，产业融合极大地改变了出版、传媒、文化产业等的发展。当今世界的扁平化使产业融合成为一种新趋势，跨界融合模式的逐步发展也为各产业发展指明了新方向。本文将分析出版产业、传媒产业、文化产业的区别，从产业融合的角度，浅谈出版产业、传媒产业、文化产业之间的联系。

【关键词】出版产业；传媒产业；文化产业；产业融合

---

* 韦慧超（北京印刷学院）。

一、文化产业、传媒产业、出版产业的区别与联系

（一）文化产业的概念

产业在经济学中，可以从多个角度来定义。从生产角度来看，它是指同类产品或服务以及可替代产品或服务的生产活动的集合；从生产者的角度来看，产业是指生产和经营同类产品或服务及可替代产品或服务的企业集合；较为通行的定义是生产同类产品或服务以及可替代产品或服务的企业群在同一生产上关系的集合。而从逻辑概念来说，产业是指相关行业以一种有序的价值流动结构进行排序的集合。

联合国教科文组织对文化产业的定义包括可以由工业化生产并符合四个特征（即系列化、标准化、生产过程分工精细化和消费的大众化）的产品（如书籍报刊等印刷品和电子出版物有声制品、视听制品等）及其相关服务，而不包括舞台演出和造型艺术的生产与服务。而世界各国对文化产业并没有统一的说法。例如美国没有文化产业的说法，他们一般只说版权产业，主要是从文化产品具有知识产权的角度进行界定；日本政府则认为，凡是与文化相关联的产业都属于文化产业，除传统的演出、展览、新闻出版外，还包括休闲娱乐、广播影视、体育、旅游等，他们称之为内容产业，更强调内容的精神属性。

2003年9月，中国文化部制定下发的《文化部关于支持和促进文化产业发展的若干意见》，将文化产业界定为"从事文化产品生产和提供文化服务的

经营性行业。文化产业是与文化事业相对应的概念,两者都是社会主义文化建设的重要组成部分。文化产业是社会生产力发展的必然产物,是随着中国社会主义市场经济的逐步完善和现代生产方式的不断进步而发展起来的新兴产业"。2004年,国家统计局对"文化及相关产业"的界定是:"为社会公众提供文化娱乐产品和服务的活动,以及与这些活动有关联的活动的集合。"所以,中国对文化产业的界定是文化娱乐的集合,区别于国家具有意识形态性的文化事业。

尽管世界各国对文化产业从不同角度进行了不同的定义,但文化产品的精神性、娱乐性等基本特征不变,因此,文化产业是具有精神性、娱乐性的文化产品的生产、流通、消费活动。

(二)传媒产业的概念

传媒是传播信息的媒介,它延伸于世界的各个角落,能连接人与人在精神方面的交往,也涵盖了物与物的交往领域。而传媒业经历了漫长的发展,到目前已衍生了两个发展形态,有以报纸、期刊、广播、电视等为主的传统媒体,也有以网络、移动终端等为主的新媒体。

传媒产业是生产和制作文字、图片、音像等,并对此类产品进行营销的企业组织和市场关系的集合,它是一种以传播媒介为主的信息传播行业群体。传媒产业是指围绕文字、图像的生产、制作和营销,为广大受众和消费者服务的媒体行业和附属产业,包括报纸、广播电视、出版、新媒体等主要媒体产业,并涉及为之配套的相关产业。

2017年中国传媒产业发展报告对传媒产业的定义是:从事内容生产和传播,

运用服务等业务的企业和实体机构的集群。传媒产业是一个聚合了传媒产品、传媒企业、传媒市场和用户、传媒行业等多种经济元素的集合体，主要包括纸质媒体、电波媒体、互联网媒体、移动媒体等，也可以细分为若干行业，如报纸、期刊、图书、电视、广播、电影、门户网站、视频网站、游戏、搜索引擎、社交媒体等，还可以细分为文字、图形、艺术、语言、影像、声音、数码等不同符号形态对应的信息内容产品的企业与行业。

传媒产业属于精神产品生产和再加工的领域，所以传媒产业在发展中既要兼顾经济效益，同时也要为物质文明建设服务。传媒本身就有着极强的人文、文化特征，同时也属于文化产业的一个重要组成部分，而如今，"媒介融合"的路径已经成为我国传媒产业发展的重要思路。

（三）出版产业的定义及与传媒产业、文化产业的关系

20世纪90年代以来，虽然出版产业在出版文件、专家学者的论著中时有出现，但是其定义及其内涵鲜有共识。例如，国内有较多论著将之称为出版业，也有论著称其为出版行业或出版事业，如《辞海》《出版词典》都称出版产业为"出版事业"，认为它是组织著作物生产或收集整理已有著作物，使之转化为出版物的社会生产部门。

《中国大百科全书》提出："出版事业，有广义和狭义之分，广义是泛指出版企业单位（包括出版、印刷、发行）、出版事业单位（包括出版教育、研究部门）和出版行政管理机关，即包括了出版企业和管理部门；狭义就指出版企业。"而西方发达国家一般称其为出版业，较少使用出版事业的说法。日本《出版事典》认为出版业是指把出版作为常规经营的营利企业，非营利的不能称为出版业。

英国《不列颠百科全书》认为，出版是一项涉及印刷品的选择、编辑和销售的活动，是一个综合性的行业。

虽然国内外专家学者没有就出版产业的定义达成共识，但是对出版行业还是有一个比较一致的看法，认为出版产业是出版、复制和发行出版物而形成的一种行业，即一般是指营利性的、经常性的出版事业，而非营利性的出版不能称为出版产业。

1. 出版产业的内涵

出版产业的概念内涵可归纳为两个方面：① 出版产业是生产图书、期刊、音像制品、电子出版物等多种传播媒介的信息产业，是国民经济体系中一个不可缺少且相对独立的重要部门；② 出版产业是以知识、信息为主体元素的特殊产业，它具有文化累积和思想传播的重要功能。根据国际上通行的产业划分标准，出版产业中的出版、印刷属于第二产业的制造业，出版产业的发行属于第三产业的批发零售业，所以说，出版产业横跨了第二、第三产业。

出版产业由处于产业链上游的印刷复制产业和处于产业链中下游的出版产业共同组成。印刷复制产业具体包括：出版物印刷、包装装潢印刷、其他印刷品印刷、专项印刷、打字复印、复制和印刷物资供销。在当代出版产业中，传统出版包括图书出版、期刊出版、报纸出版、音像电子出版物出版、出版物发行、出版物进出口、版权管理和贸易等；数字出版包括电子书、数字期刊、数字报纸、手机出版、网络广告、网络游戏等。如表1所示。

表1　出版产业结构表

出版产业		印刷复印产业
传统出版	数字出版	
①图书出版	①电子书	①出版物印刷
②期刊出版（发行、广告）	②数字期刊	②包装装潢印刷
③报纸出版（发行、广告）	③数字报纸	③其他印刷品印刷
④音像电子出版物	④手机出版	④专项印刷
⑤出版物发行	⑤网络游戏	⑤打字复印
⑥出版物进出口	⑥网络广告	⑥复印和印刷物资供销
⑦版权贸易	⑦其他	

2. 出版产业与文化产业的联系

出版产业是文化产业的重要组成部分。出版产业具有文化属性，出版与文化有着直接的联系，是提高、发展和增进文化交流的重要手段。在出版产业中，作者、经营者生产出的产品或作品，是文化产品的同时也是商品，既有经济属性，也有文化属性。所以出版产业是一种文化产业，是民族文化和世界文化发展的重要组成部分。

3. 出版产业与传媒产业的联系

出版产业具有传媒产业的特征，出版产业是生产书籍、报刊、音像、电子等出版物的单位，无论是书籍、报刊等以纸张为介质的传统出版物，还是电子、数字出版物，都是各种知识和信息的载体。在传媒时代，人们在工作、学习、生活中，习惯通过电子、移动终端等手段来获取信息和知识。作为具有传播媒介特征的出版产业，势必要适应这种先进的传播模式。在西方发达国家将包括通信、纸张、广播、电视等在内的多个行业归为传媒产业，出版产业也在其中，因为图书是记录科学文化信息的物质载体，出版产业作为生产和传播信息产品的专业部门，具有传媒产业的一般特征。

二、从产业融合的角度看出版产业、传媒产业、文化产业的联系

产业融合是当前产业经济学研究的一个重点领域，产业融合是由数字技术的扩散和信息产业发展所带来的产业边界的变化。产业融合的内容包含多个层次，既包括技术、产品和服务，也包括市场、产业组织和政府规制等多个方面。

如今，我国处于努力促进文化产业大发展、大繁荣的关键期，文化体制改革正在向全面推进，从党的"十六大""十七大""十八大"到近期召开的"十九大"中，都明确提出了要全面深化文化体制改革。而产业融合是推进全面深化文化体制改革的重要途径。产业融合有利于诞生新行业，推动产业的转型升级。

站在产业发展的角度，产业融合孕育在产业的发展中，也推动着产业的不断改革、创新和发展。出版产业、传媒产业是文化产业的重要组成部分，出版产业和传媒产业的融合将使出版产业和传媒产业的边界模糊化，同时形成新的复合型产业。在科学技术、新媒体等的推动下，出版产业和传媒产业之间的联系更为深入，出版、传媒的产业界限也更为模糊。而在产业界限不断模糊后，

出版产业、传媒产业、文化产业会形成新的技术和市场基础，从而通过创新改变市场需求和供给，大大提升产业的核心能力。

参考文献

[1] 徐春生. 我国出版产业竞争力研究——以图书出版为例 [D]. 南昌：南昌大学，2008.

[2] 吴昊天. 中国传媒产业发展研究——基于产业融合的视角 [D]. 成都：西南财经大学，2014.

[3] 何筼，宋思嘉. 产业融合视角下中国传媒产业发展研究 [J]. 江西社会科学，2016（11）.

[4] 李军. "十二五"新闻出版产业发展特征分析 [J]. 科技与出版，2016（2）.

[5] 崔保国. 中国传媒产业发展报告 [M]. 北京：社会科学文献出版社，2017.

[6] 张峰辉. 传媒经济学——理论、历史与实务：第3版 [M]. 北京：人民日报出版社，2015.

[7] 肖洋. 我国数字出版战略研究 [D]. 南京：南京大学，2013.

[8] 国家体改委经济体制改革研究院，等. 中国国际竞争力发展报告1997 [M]. 北京：中国人民大学出版社，1998.

[9] 王旭东，史朝，吴楚克. 知识经济全书 [M]. 北京：中国经济出版社，1998.

[10] 高书生. 我国文化产业发展的总体状况及特征 [J]. 经济与管理，2015.

短视频行业 MCN 生产模式探究

李津宇 *

【摘要】目前，国内的短视频行业作为一个新兴的产业已成为互联网上新兴的数字视频形式，与以前的数字视频格式相比，内容生成相对容易，传播速度更快，社交属性特别强。2013 年 MCN 生产模式开始逐渐在国外兴起，国内一些视频网站也纷纷开始了对 MCN 生产模式的探究。而 2016 年 MCN 模式骤然兴起于短视频行业，受到了各方平台和从业者的追捧。对于这一现象的出现，本文对短视频行业当中的 MCN 内容生产模式进行探究，主要探究其生产模式路径，以求对 MCN 生产模式有一定的认知，同时对其存在的问题进行简要分析。

【关键词】MCN 生产模式；互联网；用户；可持续性

---

* 李津宇（北京印刷学院）。

尼尔·波兹曼曾说："一种信息传播方式所带来的社会变迁，绝不止于它所传递的内容，更大的意义在于它本身定义了信息的传播速度、来源、传播数量，以及信息存在的语境，从而深刻地影响着特定时空的社会关系、结构与文化。"

MCN生产模式目前成为各大互联网平台瓜分线上流量红利的新型方式，由短视频形式衍生出来的一系列平台也开始逐渐融入大众生活的各个角落，如抖音、快手、秒拍等。同时也衍生出了一系列短视频类型的网络KOL（关键意见领袖），如papi酱、何仙姑夫等。而各大平台和新型的网络KOL也在采用一种短视频的新型生产模式——MCN模式。

一、MCN生产模式定义

MCN（Multi-Channel Network，多渠道网络）是一种多频道网络的产品形态，主要结合PGC（专家生产内容），在资本的有力支持下，为中高端内容创作者提供IP版权管理、招揽广告和品牌赞助、挖掘营销推广机会等各类服务，保证内容的持续输出，最终实现商业的稳定变现。

MCN模式实质上是一种在资本驱动下保障优质内容能够持续输出，从而实现稳定的商业变现的一种新型数字短视频生产模式。信息价值和效率价值是其模式的主要价值。MCN模式是一种垂直领域深化的生产模式，从不同的门类进行信息的深度发掘，发现其中的价值，进行信息加工，再以短视频的形式呈现在用户的面前。同时，其和网红行业的深度融合，也增加了整个模式的可拓展性。

MCN 模式更类似于平台和内容生产者之间的中介，因为其存在内容合作联盟，能够帮助内容生产者最大限度地实现商业变现，而生产者可以专注于自己的内容生产和制作。

二、MCN 生产模式研究现状

MCN 模式产生于美国著名视频网站 YouTube，早在 2013 年的资本市场作为一个比较红的概念开始被提出，如当时专门制作青少年垂直内容的 Awesomeness TV 被梦工厂收购，成交价为 3300 万美金。其 MCN 多媒体频道公司由 Brian Robbins 于 2012 年创立，最初是青少年的 YouTube 频道，主营 2~5 分钟的视频，提供各类主题的内容，从美容谈话节目到啦啦队迷你真人秀节目。其频道的推出作为 YouTube 的原创节目举措的一部分，成为 YouTube 表现最佳的阵地之一，其 MCN 网络吸引了来自包括 YouTube 在内的世界各地的创造者 9 万余人。其 MCN 的商业模式价值在于规模化，在规模化之后，关注广告收入，获得利润，进而形成后期的良性循环模式。由于 MCN 商业模式是由一个垂直领域的多个频道组合而成的，所以符合"长尾理论"，即从人们需求的角度来看，大多数的需求会集中在头部，而这部分我们可以称之为流行，而分布在尾部的需求是个性化的、零散的、少量的需求。而这部分差异化的、少量的需求会在需求曲线上面形成一条长长的"尾巴"，而所谓长尾效应就在于它的数量上，将所有非流行的市场累加起来就会形成一个比流行市场还大的市场。

此类 MCN 模式的公司还是有很多,最大的应该是 Maker Studios。Maker Studios 成立于 2009 年,专门做 YouTube 上的短视频生意。在被收购之前,已经拥有近 4 亿的用户,拥有 6 万多个 YouTube 频道和创作者。同时作为网红助推器,捧红了 YouTube 第一网红 PewDiePie(订阅人数 4300 多万,累积点击率已经超过 100 亿次,2016 年收入 1200 万美元),作为最成功的 MCN 厂商,被迪士尼收购之后的 Maker Studios 触达的全球互联网用户群将仅次于谷歌和 Facebook。因为 MCN 模式最早兴起于国外,因此现在国外对于 MCN 模式的研究主要是针对 YouTube 等平台上的视频垂直类目和一些依托于平台形成的 MCN 公司。

目前,国外 MCN 生产模式正处在一个非常微妙的关系当中。MCN 生产模式依托于 YouTube 才能够形成一种平台效应,离开了平台,MCN 生产模式很难形成规模。而在中国,传统的视频网站如优酷、爱奇艺、腾讯等也开始效仿这种生产模式,并已经形成了规模。如优酷的自媒体频道,这种 MCN 生产模式依赖于优酷强大的平台和背后的整个阿里生态系统,形成了创作者、MCN、平台三者之间的生态链。

中国的短视频行业由于处于刚刚起步阶段,所以并没有出现所谓的行业巨头,处在一种并驾齐驱的情况当中,所以对于 MCN 生产模式也处在一个探索的阶段。目前一些短视频应用,如秒拍、抖音、快手都在这场 MCN 战争当中寻找一席之地。因此,许多 MCN 公司也如同雨后春笋一般萌发。目前,国内对于 MCN 的热度日益高涨,但是对于相关领域的针对性研究较少。

三、MCN 生产模式基本路径

作为一种新兴的内容生产模式，MCN 生产模式主要是从资本、平台、内容创作者和用户四个方面进行相关内容的生产（图1）。

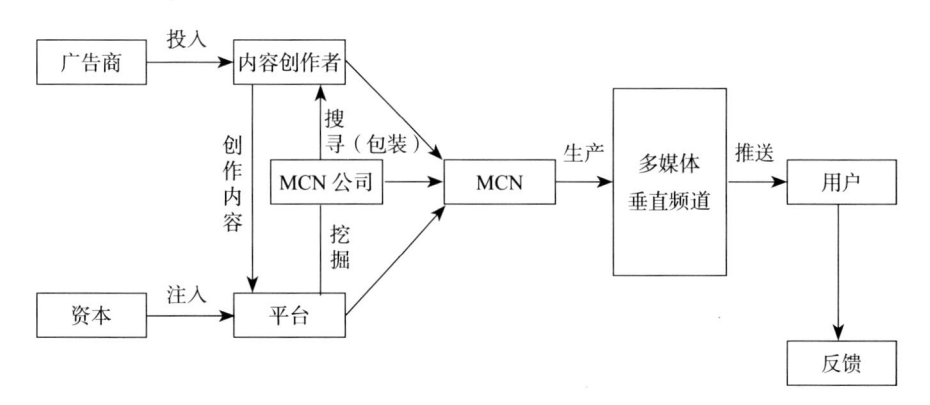

图1 简略 MCN 生产模式路径

（一）资本运作

任何一种新兴内容生产模式的兴起都源自资本的运作。易观数据显示，资本无疑是推动 MCN 风口大热的驱动力中最强劲的因素之一。易观根据网络公开资料统计，2017 年针对中国短视频 MCN 市场的投资约有 19 笔，涉及金额超过 2.8 亿元。从融资轮次来看，由于短视频 MCN 市场处于发展初期，参与者多为初创企业，因此获得投资的案例也更多集中在 A 轮之前。而随着企业的发展对于资金、资源的依赖加剧，多需要融入额度更高的资本作为新的内容生产模式产生的强劲动力。当前互联网状态下，以内容为核心竞争力的传媒业在吸引用户方面存在着巨大的优势，而这种优势给予资本在互联网时代关于盈利模式的无限想象。所以，作为一种新兴行业，短视频行业当中的 MCN 模式无论是在影响力还是在盈利能力方面都对资本有着难以抗拒的吸引力。

在资本方面，中国的 MCN 商业模式起步较晚，由于早年间国外一些 MCN 商业模式较早的兴起和成功，资本对于这个新兴的商业模式存在着一定的憧憬，有利于中国 MCN 商业模式公司更好地吸引到资本。例如，Awesomeness 正是通过在垂直领域的各个频道不断扩大其订阅量和影响力，从而形成良好的规模化和用户黏性，得到了迪士尼的青睐。中国的起步较晚，而一些具备高素质的投资人对于这一商业模式在国外成功的案例接触较早，能够更好地利用资本对于这一商业模式进行复制，从而加快 MCN 商业模式的发展（图 2）。

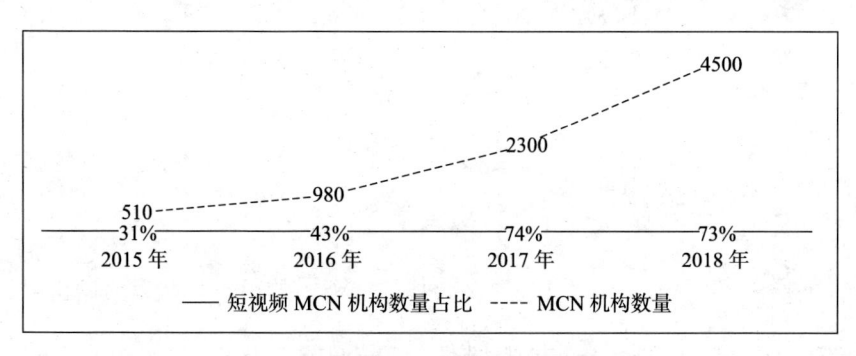

图 2　中国互联网泛内容 MCN 市场规模

创作优质内容，同样需要资本的大量注入。一方面，能够提高内容创作者的生产积极性，毕竟优质内容的价值越高，其创作的成本也会相应增加；另外一方面，资本的注入能够保证内容创作者创作的持续性，扩大内容生产主体，鼓励优质内容入驻平台，从而形成一种良性循环。

（二）平台打造

国外最早的 MCN 生产模式公司的产生就是依赖于巨大的平台。由于当前许多内容生产者无法对自身进行包装，致使许多优质内容无法产生规模化效应，仅仅是单打独斗，很难在市场当中立足。反观由平台进行包装，通过 MCN 生产模式，内容生产者能够依赖平台强大的用户池，来提升自己的知名度；通过平台这一中介，内容生产者也能够有更多时间投入内容的创作当中，提高内容的质量。各大平台依靠自身的资源优势和技术，为短视频 MCN 提供了一系列扶持计划。如 2017 年 11 月 28 日晚间，今日美图旗下短视频平台美拍宣布 2018 年战略，将聚焦女性化生态，打造多元化 MCN 生态，引领潮流文化，预计将投入 5 亿资本。

对于平台而言，不断深度发掘优质的内容生产者，能够吸引用户。通过 MCN 模式当中的一些网红和 KOL 对"粉丝"进行引流，从而深度挖掘平台的潜在用户，使其成为平台用户。同时能够运用大数据对于用户喜好内容进行算法推荐，从而保持用户黏性，转化为经济效应。

总体而言，平台与短视频 MCN 的合作将极大促进互联网内容市场的内容价值提升和内容升级，它将产生更大的商业价值，同时帮助更多原创内容和 IP 孵化操作。

谁是 2016 年全球第一网红？无疑是一个叫 PewDiePie 的小伙子。Maker Studios 作为全球最大的 MCN 网红公司，根据每个网红的"粉丝"量、流量、影响力和变现能力将数万网红分为三类：小网红能得到公司提供的技术工具和培训，实现自我管理；中级网红由公司帮忙接单；大咖则能获得更高级的服务，比如在 Maker Studios 内部创业，成立个人工作室或开发个人 App 等，其大数据和专业级别的制作成为培养网红的重要武器。

在中国，推出了基于此模式的新工作室，于 2012 年年初面世，2015 年挂牌新三板，公司从"V电影"更名为新片场，并于 2016 年获得 7000 万 C 轮融资。目前，新片场基于创作人社区，聚集了 400000 位创作者，创作出 170 万部作品；短视频 MCN 业务已吸引超过 380 名联盟成员加入，并创造除了《造物集》《尖叫耐撕男女》《理娱打挺疼》《混剪队长》等十余个头部内容。新片场致力于从制作、运营、发行等方面扶持旗下视频制作者和短片项目。此外，新片场还以商业合作或签约的形式引入了大量网红，帮助他们从传统网红成为视频类网红。

（三）提供优质内容

对于内容生产者来说，在互联网当前形势——"内容为王，渠道制胜"的大背景下，一个基本点就是要不断创作出优质的内容，保证内容的优质才能够吸引用户，形成垂直频道的独特优势。反观粗制滥造的低俗内容，一时可能吸引用户关注，但是终究在相关监管之下很难形成长久的个人品牌，同时也不利于短视频行业和 MCN 生产模式的发展，甚至会损害个人的信度和"粉丝"影响力，也会对整个平台造成损失。

有了优质的内容之后，更重要的就是有好的传播渠道和推广平台。具有强大运营能力的平台，能够对内容进行推广，制订一系列计划，相较于以往

UGC（用户原创内容）和 PGC（专家生产内容）内容的推广，具有降低成本、提高效率的作用。因此，内容创作者在选择与具有强大运营能力和资源的平台进行合作时，也应该使自身内容创作与之匹配。例如喜欢音乐的内容创作者可以参与抖音"看见音乐计划"扶持原创音乐。该计划旨在挖掘和扶持原创、独立音乐人。MCN 生产模式旨在发挥内容创作的持续性，同时提高整个用户创作内容的生命周期。

例如，以色列有一个发展成 MCN 公司的频道——Yoola。其内容生产模式是，作者提出与内容相关的需求，Yoola 会提供相关培训，并帮助寻找可以利用的资源；当作者想要接触一些创作资源时，Yoola 会帮助对接；更进一步，当创作者遇到了版权或者技术上的问题，Yoola 也会无条件地帮助解决。

MCN 模式本身是源于国外成熟的网红经济的运作，其是指将 PGC 内容联合起来，在资本有力的支持下，保障内容的持续输出，从而实现变现。内容成为吸引用户的重要一环，我国从国外引进这种模式时，应该注意与本土文化相结合，瞄准大众对于精神生活的追求，从而避免出现水土不服的现象。内容作为短视频 MCN 模式的立足之本，其重要性是不可忽视的。

（四）注重用户反馈

在当前的互联网时代，主要平台实际上正在竞争用户。作为平台生存的重要基础，用户在整个平台的发展中起着至关重要的作用。如罗辑思维公司旗下的得到 App 实际上就是使用一种用户回归体验模式，其 App 的成功正体现了整个 App 对于用户的重视。

短视频行业当中，对于用户使用习惯的了解同样是一个平台是否能够脱颖而出的关键点。与用户进行行之有效的沟通，有利于改进内容当中存在的不足。在美国社会科学家伊莱休·卡茨提出的使用与满足理论当中，从用户角度出发，通过分析用户的使用动机来满足其需求，对于考察平台的效用有重要作用。

同时，将通过大数据得出的用户使用习惯及时反馈给内容创作者，也能够使其创作出大众更加喜闻乐见的内容，利用短视频行业本身的特点和优势，从而能够保持用户群体的稳定性。因此，在整个MCN生产模式当中，用户反馈是一个促使其持续发展的重要环节。

四、MCN生产模式存在的问题

首先内容运营方面，对于第一梯队的短视频管控力和约束力低。而且一旦内容创作者不满平台的一些行为，随时可能跳槽。其次，现在整个短视频行业正处在不断变动当中，没有形成所谓短视频行业的巨头，各方平台争抢瓜分线上红利，无法保证资源的准确输出。最后，就是技术方面的壁垒，虽然各平台方都有自己独特的技术优势，但是纵观整个短视频行业，其技术尚处在发展期。

平台运营方面，对于平台的相关政策过分依赖，使得创作者可能形成惰性，从而不利于优质内容的创作。短视频行业目前处在投入阶段，并且平台之间相互竞争，导致运营成本较高，无法在真正意义上有效利用资源和深度挖掘资源。

用户运营方面，MCN模式垂直领域的特性，导致各个频道的"粉丝"相对分散，无法形成导流，因此难以形成规模化效应。整个短视频行业目前都高度依赖于平台流量，其利用用户、"粉丝"变现的能力和效率还需提高。

五、总结

在整个互联网大潮当中，内容作为目前最受关注的焦点之一，吸引了很多人的目光。具有信息密度、内容创意、用户互动等多方面优势的短视频这种备受认可的新兴内容形式，使得 MCN 内容生产模式在这一行业当中有了良好的发展土壤和拓展空间。短视频 MCN 生产模式通过其发展，在对内容、受众、广告主的需求方面都存在着较为深刻的理解，能够为短视频行业打开更加广阔的空间。

同时，短视频 MCN 的出现对围绕短视频的互联网行业的产业链环节分工也带来了影响，这种一体化模式，在一定程度上是对新型内容生产模式的探索。

虽说现在 MCN 机构签约了众多内容创作者，但其实真正能够成为头部的种子选手并不多，平台把好的资源和精力更多地放在头部选手身上，从而忽略了腰部和尾部选手的发展，所以"辅助养成"模式就这样衍生出来，用头部大号带动腰部及尾部作者发展，让整个 MCN 机构以及内容创作者能够发展得更长久，更稳定。

所以说，在短视频市场已经日益成熟的今天，最受资本青睐的 MCN 模式一定要在某一垂直领域深耕做大，然后把成功的经验不断运用到其他更多更细分的领域。

最后，短视频行业应该具有大局意识，参照国外一些 MCN 案例，对于成功部分应当积极吸取经验；对于失败的案例，应该探究原因，同时制定对策，及时止损，以此促进整个行业的良性发展。

参考文献

[1] 田嘉祺. 中国本土化 MCN 模式在网红经济链条中的应用研究 [J]. 当代经济，2018（14）：15-17.

[2] 邓子薇. 移动互联网时代下短视频 MCN 模式研究 [D]. 成都：西南交通大学，2018.

[3] 梁雯欣. MCN 模式对网红经济的推动分析——以 papitube 为例 [J]. 传播力研究，2017，1（12）：191.

[4] 李梦楠. MCN 模式在中国短视频行业内的兴起 [J]. 新媒体研究，2017，3（20）：51-52.

[5] 匡婷. 我国短视频新闻的发展与传播研究 [D]. 南昌：南昌大学，2017.

[6] 栾萌飞，薛可. 基于 5W 模式的短视频新闻传播特征研究——以梨视频为例 [J]. 新闻研究导刊，2016，7（24）：40.

[7] 王晓红，任垚媞. 我国短视频生产的新特征与新问题 [J]. 新闻战线，2016（17）：72-75.

[8] 赵昱，王勇泽. 短视频的传播现状分析 [J]. 数字传媒研究，2015，32（5）：54-58.

基于自媒体出版的网络直播实践与创新研究——以尔雅讲堂为例

崔玉可*　黄秋秋**

【摘要】当今，技术的发展带来了出版方式的变革与创新，自媒体出版作为新兴出版形态，正受到越来越多的关注。而随着网络直播技术的蓬勃发展与日益成熟，自媒体如果能够有效利用这一新载体，探索"出版＋直播"模式，利用或搭建相关直播平台，一定程度上能够为自媒体出版的未来发展带来新的思路与机遇。文章主要以尔雅讲堂为例，详细介绍该自媒体在各平台搭建直播栏目的思路，以及具体的实施过程与经验，以求对自媒体出版这一新兴出版形态进行分析和展望。

【关键词】自媒体出版；出版＋直播；尔雅讲堂

---

*　崔玉可，北京印刷学院新闻出版学院2017级新闻与传播专业研究生。
**　黄秋秋，北京印刷学院新闻出版学院2017级新闻与传播专业研究生。

一、研究缘起

随着数字技术和移动互联网技术的不断发展，网络直播技术随之产生。作为一种新兴的传播形式，网络直播凭借其实时互动性强、门槛低、表现力明显等优势，迅速聚集一大批用户并产生极大的社会影响力，因此 2016 年被称为"网络直播"元年。根据艾媒咨询提供的数据显示，2017 年中国在线直播用户规模达到 3.98 亿，预计 2019 年用户规模将突破 5 亿。表明在政策监督力度不断加大，社会需求日益理性化的大背景下，未来直播行业将趋于稳定，并具有极大的发展潜力。

同时，技术的发展正在突破传统以特许机构为中心的出版模式，改变以往的出版业格局，以自媒体为核心的出版活动蓬勃发展，自媒体出版已逐渐成为新兴的出版形态。而此时，自媒体如果能够加快与直播技术相融合，在发展出版的同时，积极探索"出版＋直播"模式，极有可能掀起新一波自媒体出版发展的热潮。

二、何谓自媒体出版

（一）定义

自媒体即普通大众经由数字科技强化与全球知识体系相连，提供并分享真实想法、自身新闻的途径，它具有平民化、自主化、数字化、去中心化等特点。根据这一定义，笔者以为，自媒体出版即作者在多种形式的自媒体平台上，利用其自主传播并出版图书或多媒体产品的一种出版形式。在这一过程中没有第三方的介入，作者享有绝对的主动权和决定权，全程参与图书或多媒体产品的策划、设计、编辑、宣传、销售等各个环节。

自媒体出版作为新兴出版形态，赋予了个体更大的权利，每个人都可以通过相关平台获得更加自由、开放的表达权利和机会。此外，与传统出版业相比，它的成本更低，内容生产和传播方式更为灵活，促使作者与读者和市场更好地交流和对接，极大地推动作者的创作实践。

（二）自媒体开展"出版＋直播"的优势分析

1. 重构内容生产形态

网络直播作为一种崭新的传播方式，其强烈的沉浸式体验，能够极大地缩短人与人之间的距离，将使用者与用户有效地连接起来，进而满足双方互动交流的需要。自媒体如果能够借助这种传播方式，则可以避开许多中间环节，与受众进行精准、垂直对接，进而重构内容生产形态。具体表现在以下两方面：一是可以通过直播活动精准定位受众，深度挖掘选题内容；二是可以通过直播活动了解市场动态，及时调整营销策略，并提升自身的影响力。

2. 贴近用户的消费习惯

对于自媒体而言，利用网络直播技术开展出版活动，其角色已发生转变——既扮演着内容生产者，又充当着集编辑、发布于一体的传播者。况且当今用户的使用场景日益多样化，消费行为更加碎片化，利用网络直播技术开展出版活动，既可以实现生产与传播的便捷性、即时性，又符合现代社会受众碎片化的消费需求。

3. 促进营销手段变革，提升自身品牌形象和经济效益

与大型出版社相比，绝大多数自媒体出版方在开展营销活动时，囿于其经济实力、经验等方面的不足，效果上远不及前者；且由于时空限制，影响范围也相对狭小。而网络直播技术的兴起，一定程度上能够给自媒体开展营销活动带来机遇。网络直播具有用户基数大、传播迅捷方便、交互性更强、成本低廉等优势，一方面能够提高营销的速度和效率，降低成本，在短时间内汇集大量客户；另一方面网络直播所具有的多渠道、跨平台、跨终端等优势，能够轻易实现垂直化、细分化，在直播过程中通过与用户的互动，直接掌握其兴趣及需求，以便及时作出调整。同时，网络直播所带来的强烈的感官体验能够使用户更真实、更立体地感受品牌，有利于树立自媒体出版方的品牌形象，提升其经济效益。

三、自媒体开展网络直播的规划与实践——以尔雅讲堂为例

尔雅讲堂作为一档主要从事教育资讯类服务的自媒体，于2018年3月中旬成立。它以各类教育产品为内容，以网络直播技术为纽带，以微信公众号、微博等社交媒体为工具来拓展影响力，在吸取当今出版社内容生产和营销经验的

基础上，更多地从用户的角度出发，生产出论文训练营、基金项目申报、考研辅导班、澜湄研习社、博士论文写作与发表等原创精品直播课程。入驻相关直播平台一个月来，已积累过百万人气，吸引上千名学员来此学习。从一定角度上看，尔雅讲堂目前的实践活动，是对"出版+直播+教育"的融合性探索。笔者参与了尔雅讲堂从酝酿到构建，再到运营的整个过程，下文就此分享经验和教训。

（一）目标设定：打造牢牢的学术命运共同体

当今，社会以令人难以想象的速度发展着，各种新概念、新知识层出不穷。为了更好地把握这些新概念、新知识，仅仅从单一学科进行审视已远远不够，需要从跨学科和多角度出发。而尔雅讲堂的目标则是在各个学科之间搭建沟通平台，即通过线上直播和线下交流相结合的方式，欢迎各个学科领域的学者在此进行学术交流，在此过程中迅速提高自身的专业能力和科研水平。"尔雅讲堂"的目标是鼓励学员在相互交流和互相监督的过程中，打造牢固的学术命运共同体。

（二）平台选择：兼顾大众性与专业性

尔雅讲堂的用户定位主要是高校教师或者学生，由于内容生产的严肃性，因此在平台的选择上，偏向于专业化且垂直性比较强的直播平台，而不是像斗鱼、哔哩哔哩等娱乐色彩浓厚的直播网站。但为了能在短期内建立品牌形象，吸引用户，因此在保持专业化的同时，大众性也是其不得不考虑的问题。为了在两者之间保持平衡，现阶段主要选择荔枝微课和CCtalk作为主要的直播平台。荔枝微课作为微信公众号平台，能够利用微信庞大的用户基数优势，实现用户引流。用户在微信上关注此公号，即可利用其开展直播。因此在荔枝微课上，尔雅讲堂设立了"高校不搞笑"直播栏目，利用其开展语音类直播并实时生产相关音频类产品。此外，荔枝微课还能够提供直播回放加密和收费功能，为后期的二次推广提供了便利。而CCtalk作为沪江旗下的实时互动教育平台，发展较为成熟，主要用于开展视频直播。除了上述直播平台，腾讯课堂和哔哩哔哩也是尔雅讲堂目前的主要运营平台。

（三）直播的策划与安排

1. 时间的选择

在直播时间上，尔雅讲堂根据所选平台的特性，安排的时间段也相异。荔枝微课主要是音频类直播，且具有永久回听的功能，由于声音具有强烈的伴随性，对收听条件的限制较小，故而在时间的选择上也比较随意。与音频直播相比，视频直播对收听条件的限制较为严格，因此在CCtalk上面的直播往往固定在某个具体的时间段，从而便于观众定期、及时收看。现阶段直播时间，主要固定在19:00~22:00之间，原因在于此阶段用户较为活跃，媒介接触率最高，是开展直播的最佳时段。此外，根据用户的实际需要，也会在此时段之外开展直播，时间较为随意。在直播过程中，也欢迎观众参与其中，因而每次直播的结尾，都会及时收集用户反馈，以便对下次的直播时间作出及时调整。

2. 主持人及嘉宾的选择

尔雅讲堂主要从事各类教育资讯类服务，故而会选择有一定学术经验的人来充当主持人和嘉宾。同时，根据课程的不同，嘉宾的选择也各有侧重。如基金申报课程，由于用户大多为老师，且是刚需，故而会邀请有丰富基金申报经验的专家前来做嘉宾，讲解从选题到撰写报告这一系列流程，为大家分享经验，并在后期提供一对一指导。而考研课程，则大多邀请有考研成功经验的学生前辈，站在学生的角度，给大家分享自己的成功经验，帮助其制订科学高效的考研计划，使他们少走弯路。

3. 直播内容：坚持原创并进行全方位的内容开发

对于自媒体而言，要想有效发挥网络直播的优势，内容生产是决定直播效果的必要因素。主要指两大方面，一方面，内容生产质量很大程度上决定能否有效维持用户黏性；另一方面，持续的内容生产能力也是决定未来能否继续发展的重要因素。基于以上考虑，尔雅讲堂在内容生产领域，尽最大可能在两者之间维持平衡：一方面内容坚持原创，要求定位精准，一丝不苟，精益求精；另一方面根据用户实际需求，坚持全方位的内容开发，并保持内容扎实有趣，形式轻松灵活。具体体现在，一方面将论文营作为主打课程，并相继推出论文陪练和众包计划，吸引学员前来参加，将其作为维持用户黏性的策略；另一方面，在前期拓展品牌影响力和集聚"粉丝"的基础上，又相继推出澜湄研习社、基金大牛申报等精品课程，不断在内容生产领域开拓新成果。此外，每次直播都会及时收集用户反馈，并邀请部分用户作为嘉宾，以便后期的内容生产能够适时满足用户的需求。

此经验对于其他自媒体出版方而言，如想涉足直播领域，具有很强的参考价值。即在自身直播品牌和影响力还未建立，"粉丝"缺乏的情况下，要专注于自身具有优势的内容生产领域，集中精力打磨高质量的内容，并适时制定和推出有效的营销策略，然后依靠网络传播的优势，迅速赢得观众的认可，打造自己的特色品牌和核心竞争力。

（四）营销推广

按照操作流程，直播可分为前期准备、中期执行和后期推广三大阶段，尔雅讲堂根据此三大阶段的任务安排，相应地推出了一系列营销推广手段。在直播前，为了让更多人知晓，尔雅讲堂设立了相应的微信公众号、微博等，利用其进行前期的宣传预热；同时还与相应的合作方，如社科学术圈等，进行合作，帮助尔雅讲堂进行宣传和推广。在直播前的几个小时，一方面在直播平台设置自动提醒功能，另一方面还会有专门的课程小助手对已经关注直播的"粉丝"进行及时提醒。

在直播过程中，主持人或者嘉宾会设置一些福利环节，如发红包、抽奖等，提高用户的参与度与关注度。而在直播结束后，为了维持前期直播效果，会将直播内容生成相应的音视频产品，通过微博、微信公众号、淘宝、社群、合作媒体、"粉丝"等渠道进行二次推广，将影响力扩展至最大。此外，社群维护是重中之重，为此还相继推出了日报、周报等附加服务，鼓励用户在相应的QQ或微信群中，进行学术或生活经验分享，提高大家的积极性与参与度。

四、网络直播浪潮下自媒体出版的未来将走向何方

（一）挑战

1. 受制于各类直播平台

当今，直播技术的发展给自媒体出版人带来的是内容生产和传播门槛的降低，但技术不是万能的，自媒体出版人仍面临重大挑战，即不得不受制于各直播平台。尔雅讲堂目前虽然已入驻较多的直播平台，但通过一定阶段的实践经验总结，还未发现较为适合自身的直播平台：腾讯课堂直播体验性极差，不易反馈；哔哩哔哩直播不易操作，且观看哔哩哔哩直播的用户往往基于娱乐诉求，一些自媒体出版人若想利用哔哩哔哩开展直播，如何引导用户观看是最大的问题；其他平台也各有缺陷。

2. 缺乏资本且专业素养匮乏

原创内容的推广是制约众多自媒体出版人发展的一大瓶颈，要破解渠道和平台问题，就需要加大资本的投入，如罗振宇创立的得到 App。但对于大多数自媒体人来说，仍缺乏足够的资本支持。同时，专业素养也是自媒体出版人非常稀缺的一种特质，内容生产的专业性和权威性很大程度上决定自媒体出版人开展直播的效果。与传统出版相比，自媒体人的专业素养是匮乏的，内容浅薄且同质化严重是其表现。

（二）未来

1. 搭建自身直播平台，注重社群维护

搭建自身的直播平台，意味着可以更好地掌握经营主动权，方便内容生产和营销推广。虽然哔哩哔哩、腾讯课堂等直播平台各有优势，依托这些强势平台进行内容生产和营销推广可以取得良好的效果，但这些平台都有自身的运营规则，寻求这些平台的支持，就意味着要受其约束，这在某种程度上限制了自媒体出版事业的发展。因此，随着自身影响力的扩大以及用户的积累，可以尝试打造自身的直播平台。

而注重社群维护则可以增加受众黏性，逐渐建立起信任机制，方便得到更直接的用户信息反馈，更好地实现双向沟通。但社群并不是一个完全固定的群体，需要自媒体不断地进行强化和维系，保持自身与社群成员，以及成员之间的交流沟通，使社群一直处于积极活跃的互动状态。这样做有利于建立自身的品牌形象，把握用户，创造经济价值。

2. 内容仍为王，但营销的地位将日益凸显

当今，优秀的自媒体出版人依靠其稳定且优质的内容输出，换来了源源不断地流量，如高晓松、罗振宇等。其他自媒体出版人也在加大投入，提高自身内容生产的专业化程度，争先恐后地进行优质内容资源的生产与囤积。从这股浪潮可以看出，"内容为王"仍是自媒体出版领域的金牌法则。

但是当自媒体出版人的内容生产水平得到普遍提升之后，过多的优质资源将出现，那么此时营销的地位将日益凸显。整个自媒体出版行业的发展趋

势也将从如今的内容导向，走向营销导向，增长动力也将从产品驱动迈向营销驱动。

率先进行此尝试的是罗辑思维，他们依靠自身知名度和影响力，采取饥饿营销的方式，于 2013 年推出了"史上最无理会员方案"，尝试招募第一批会员，以普通会员 200 元会费、铁杆会员 1200 元会费的价格，6 小时内便招募满 5500 名会员。这种限时特抢模式，无形中给消费者一种危机感。其他有名的自媒体出版人，也进行了营销手段的尝试。

从这种尝试可以看出营销的重要性，"酒香也怕巷子深"，好的内容若是缺少营销的维系，依旧会使用户体验大打折扣。如果想有效利用网络直播技术，好的内容固然重要，但把用户留下来还是要靠"好内容＋好营销"的组合，也只有这样，才能更好地进行口碑传播和品牌塑造。

五、结语

综上所述，网络直播作为当下一大浪潮，其发展潜力是巨大的。但是自媒体出版者由于实力的局限和缺乏相关经验，与相关网络直播平台合作时必将处于弱势地位，即不得不扮演着内容资源提供方的角色，将自身的优质内容让渡给相关平台，但是在很大程度上却没有扭转自身的生存窘境，可谓"赔了夫人又折兵"。因此，未来如何有效扭转这种颓势，还需要自媒体人进行艰苦探索，并不断总结经验和教训。

参考文献

[1] 艾媒咨询. 2017—2018 中国在线直播行业研究报告 [EB/OL].（2018-01-25）[2019-01-01]. http：//www.iimedia.cn/60511.html.

[2] 周凯伦. 自媒体时代下搭建知识服务新平台思路研究——以"罗辑思维"为例 [J]. 出版参考，2017（11）.

[3] 王安乐. 自媒体出版的范式探析——以"罗辑思维"的出版之路为例 [J]. 出版大观，2017（4）.

[4] 魏江江. 出版社直播平台的规划与实践——以"清华科技大讲堂"直播栏目为例 [J]. 科技与出版，2017（4）.

中国电视剧的跨文化传播解读
——以《楚乔传》在海外传播为例

闫业萍 *

【摘要】 2017年,中国古装电视剧《楚乔传》在世界网络视频平台YouTube上引发追剧热潮。本文试图从跨文化传播角度对《楚乔传》一剧进行解读,以期为中国电视剧的海外传播提供参考。

【关键词】 《楚乔传》;跨文化传播

《楚乔传》是由慈文传媒旗下的蜜淘影业、华策影视集团克顿传媒旗下的上海辛迪加影视有限公司联合出品的一部古装电视剧。该剧改编自潇湘冬儿所著的古代言情小说《11处特工皇妃》,主要讲述的是女主角楚乔从一个身份卑微的女奴成长为一个心系苍生的巾帼将军的故事。《楚乔传》自2017年6月5日在一线卫视和主流互联网视频平台开播,至2017年8月1日收官。在播出期间,其收视率和播放量持续走高。在国内引发全民追剧热潮的同时,《楚乔传》在海

---

* 闫业萍(北京印刷学院)。

外也非常受欢迎。慈文传媒于2017年6月5日在YouTube上主动开设频道且同步更新，截至2018年8月5日，订阅用户达36.6万，未删减版累计播放次数已超过359万，先行版累计播放次数已超过167万。在全球权威影视数据库IMDb上，《楚乔传》的评分高达7.8分。据慈文传媒副总裁赵斌透露，《楚乔传》的海外版权价格是《花千骨》的三倍以上。本文试图从跨文化传播角度对《楚乔传》一剧进行解读，以期为中国电视剧的海外传播提供参考和借鉴。

一、《楚乔传》海外走红的跨文化传播解读

（一）题材的流行性

《楚乔传》之所以能够克服地域文化的水土不服，受到海外观众的喜爱，关键在于其题材的流行性。情感和信仰是跨越文化、跨越国界的永恒主题。《楚乔传》以人物情感为经线，以社会政治的演变为纬线来结构全剧。该剧的历史背景是南北朝时期，楚乔、宇文玥、燕洵等主要人物的身份地位注定他们的个人情感会与政治风云产生纠葛，楚乔的爱情建立在政治信仰一致的基础之上。爱情作为个体精神生活的重要内容之一，本应有自己的权利和自由，无奈楚乔的爱情一直处于门阀争斗的背景之下，而且她的身份地位也决定她的爱情必须受制于当时的政治形势。楚乔和燕洵相伴三年,楚乔心系天下苍生,希望释奴止戈；而燕洵身负血海深仇，立誓血洗长安，二人最终因为政治信仰不合而分道扬镳。楚乔和燕洵价值观的碰撞构成电视剧的矛盾之美，这种情感和信仰的矛盾、个人情欲和家国责任的冲突，容易引发海外观众的情感共振。而宇文玥与祖父宇

文灼之间的祖孙之情也容易触发人类共通的情感。宇文玥希望获得自由的爱情，但是又不能违背祖父的期望，不能放下家族的重任，爱情和亲情、自由和责任的冲突触及海外观众内心深处的困境与挣扎，具有现实关照意义，容易打动海外观众。此外，《楚乔传》所宣扬的释奴止戈、诚实守信、人人平等、追求自由等基本理念，具有普世价值，容易引发海外观众的共鸣，实现在海外的跨文化传播。

（二）符号码本的国际化

瑞士语言学家索绪尔将语言分成"能指"和"所指"两部分，两部分合在一起产生符号。❶ 只有当传受双方对传播符号拥有共同码本时，编码与解码这个过程才能顺利进行。中国电视剧在进行跨文化传播时，难免会与海外观众产生疏离感，采用国际化的符号码本，能够快速拉近与海外观众的距离。《楚乔传》的英文剧名为《Princess Agents Trailer》，因为考虑到外国观众可能无法像中国观众一样直接领略"楚乔"二字的美感，所以英文剧名特地加上"特工"和"皇妃"来表明楚乔的身份。一个能当皇妃的女特工，这种角色容易吸引海外观众的眼球。长期以来，特工题材的影视剧凭借剧情的起伏跌宕深受广大海外观众的喜爱，"Agents"对海外观众而言是一个较为熟悉的文字符号。此外，《楚乔传》的海报不仅视觉冲击力颇强，而且颇具国际化风格。以《楚乔传》的"剑由心生"海报为例，不仅遵循"Less is More"的国际化设计原则，而且采用海外观众熟悉的"剑"这一图像符号作为海报的核心元素，能够有效降低海外观众解码的难度，进一步提升传播效果。

---

❶ 斯道雷. 文化理论与通俗文化导论 [M]. 南京：南京大学出版社，2006：102.

（三）中国元素的新鲜性

　　文化差异未必是一种缺陷，有时反而是一种优势。对海外观众而言，中国元素具有天然的新鲜感和吸引力。《楚乔传》巧妙地将中国优秀传统文化元素进行收编，在人物形象和故事场景方面均以中国元素为主。在人物形象设计上，主角楚乔身上具有中国优秀传统文化的色彩，导演将爱好和平、勤劳勇敢、自强不息等中华民族传统美德融入楚乔身上，使楚乔这一充满正能量的中国女性形象深入人心。在故事场景上，影片以南北朝时期为背景，其建筑、服饰以及饮食均充满中国本土元素。例如，《楚乔传》的女主角楚乔为保护家人，不惧世俗的眼光，参加青山院婢女择选。比赛的第二个环节是烹茶，机智的楚乔另辟蹊径，选用新鲜井水泡茶，并用银丹草（即薄荷）过滤以祛除井水的火气，最后泡出来的茶不仅茶香四溢，而且消暑败火，最终获得主考官宇文玥的赞赏，赢得此轮比赛。中国是茶文化的发祥地，这一情节是《楚乔传》娴熟运用中国元素的一个缩影，对中国茶文化的对外传播起到一定的助推作用。此外，《楚乔传》是一部与中国功夫相关的电视剧，精妙绝伦的武打动作配以气势恢宏的武打场景，能够直接吸引海外观众的眼球。

（四）现代意识的传递

　　中国电视剧在进行跨文化传播时要适当融入现代元素，做到推陈出新，与时俱进，才能吸引更多的海外观众。仿古而不泥古是《楚乔传》的一大特色，与传统古装电视剧相比，《楚乔传》所传递的价值观更具备现代意识。以女主角楚乔的感情线为例，虽然楚乔周旋于宇文玥和燕洵之间，但是在爱情的选择上，她始终坚守自己的价值观，没有因为爱情而丧失自我。与《甄嬛传》《琅琊榜》等传统古装电视剧相比，《楚乔传》在语言方面更为通俗化和现代化。《楚乔传》的编剧之一嘉纹曾表示，这是一部快节奏的周播剧，每集有很多入戏点，所以不希望设置很多观看障碍。这样一来，与《甄嬛传》《琅琊榜》等热播古装电视剧相比，《楚乔传》的翻译难度较低，也更容易被海外观众所理解。

（五）舆论领袖效能的发挥

传播学四大奠基人之一拉扎斯菲尔德认为，"观念常常先从广播和报纸流向舆论领袖，然后从舆论领袖流向不太活跃的那部分人"。舆论领袖往往是他人熟识、尊重和信赖的人，舆论领袖所传递的信息更易被他人接受和信赖。热门的明星无疑是非常重要的舆论领袖，他们作为大众崇拜、追捧的符号，所产生的"粉丝"效应不容小觑。《楚乔传》利用明星效应，首先吸引一批海外"粉丝"。赵丽颖因主演《陆贞传奇》《花千骨》等电视剧被海外观众喜爱，林更新也因出演电视剧《步步惊心》被海外观众熟知。除了明星效应外，具有舆论领袖效能的权威媒体《人民日报》（海外版）于2017年6月19日发表《偶像的价值回归——评电视剧〈楚乔传〉》一文，对《楚乔传》予以肯定，这对进一步提升该剧的海外影响力起到重要的推动作用。

（六）海外传播渠道的创新

YouTube是全球最大的视频分享网站。2017年6月5日，慈文传媒在YouTube上开设专门的官方频道"特工皇妃楚乔传 Princess Agents"，与国内同步更新，截至2017年6月底订阅用户已超过10万，累计播放次数已超过3200万。《楚乔传》能够在海外掀起追剧热潮，YouTube平台功不可没。一是YouTube固定的收视群体能够保证《楚乔传》在海外的传播总量；二是新媒体平台快捷、便利、免费的特点能够扩大《楚乔传》在海外的传播范围；三是新媒体平台互动性强的特点能够提高《楚乔传》在海外的传播效率。

二、对中国电视剧海外传播的启示

（一）深挖IP价值，讲好中国故事

《楚乔传》改编自潇湘冬儿所著的古代言情小说《11处特工皇妃》，这部小说共292章，约98万字，自2011年12月开始在潇湘书院连载。截至2018年8月5日，《11处特工皇妃》在潇湘书院的点击率达到5.6亿人次，收藏数达到10.3万人次。在以白领和大学生为核心用户的豆瓣上，《11处特工皇妃》评分达到7.9分，和《步步惊心》（桐华著）、《三生三世十里桃花》（唐七公子著）等经典网络文学作品的评分基本持平。由此可以看出，原著《11处特工皇妃》在被改编成电视剧之前，已经具有良好的口碑，是一个优质的网络文学IP。在IP大热的环境下，慈文传媒保持理性，重视对《11处特工皇妃》故事精神内核的发掘，在其文本基础上进行创新性改编，将民族文化与国际语境相结合，将历史故事与青春热血相结合，借古装励志女性讲述中国故事，这一点值得借鉴。一直以来，中国不乏优秀的故事和题材，但是对于经典IP的胡乱改编也成为当前国产电视剧所面临的一大问题。国产电视剧是国家形象对外传播的重要载体

之一，也是国家软实力的重要体现方式。如何将五千年的优秀传统文化传播出去，是电视剧从业者所要完成的重要任务。国产电视剧要真正走向世界，必须深入开发优质 IP，学会讲好中国故事，做好文化输出。

（二）传递普世价值，降低"文化折扣"

跨文化传播的关键在于找到不同文化的契合点，实现社会文化心理的接近。《楚乔传》所宣扬的主题积极向上，所传递的是释奴止戈、诚实守信、人人平等、追求自由等普世价值观，容易引发海外观众的共鸣。题材的普世性是中国电视剧"走出去"的关键。中国电视剧应重点探索人性、爱情、亲情、成长等普世性主题，以现代语言和思路创作能够让全世界接受的中国电视剧，让中国故事通过世界表述，使全球观众接受。中国电视剧在进行跨文化传播时，还应从细节着手提升文化品质，努力降低"文化折扣"，着重考虑其他国家的制度、历史、价值观、行为方式等因素，为不同文化背景的受众展现共同的价值观，最大限度地拓展海外观众的接受空间，最大化地实现传播效果。

（三）运用国际化符号码本，推动偏好性解码

当代文化研究之父斯图亚特·霍尔认为，受众在接受信息后会对信息进行解码，受众在进行解码时具有主观能动性。解码方式一般分为三种，即偏好性解码、协商性解码和对抗性解码。最理想的解码方式是偏好性解码，它是指受众按照编码者给媒体赋予的意义来解读信息。《楚乔传》注重与受众建立共同的传播符号码本，努力推动偏好性解码，为中国电视剧的海外传播带来诸多启示：

在翻译电视剧的剧名时要考虑到海外观众的收视习惯，尽可能采用海外观众熟悉的文字符号；在电视剧海报的设计上也要考虑海外观众的审美体验，尽可能采用海外观众感兴趣的符号；电视剧的叙事母题是否具有全球性也很关键，"爱情""信仰"和"权力"等国际共同符号，可以成为推动中国电视剧海外传播的有力筹码。

（四）借力舆论领袖，充分发挥"粉丝"效应

电视剧《楚乔传》的海外走红，主演赵丽颖功不可没。赵丽颖作为海内外观众熟悉的明星，凭借其海外知名度对《楚乔传》的海外传播起到重要的助推作用。在新媒体环境下，舆论领袖在电视剧的对外传播方面的影响力不容小觑。中国电视剧在拍摄时可以选择具有海外知名度的中国明星参演，进而利用明星的海外影响力和新媒体传播速度快、辐射面广、影响力大的优势对电视剧进行宣传，充分发挥"粉丝"效应，助推中国电视剧的跨文化传播。此外，中国电视剧也可以邀请海外知名演员参与拍摄，以此扩大中国电视剧的全球影响力。

（五）创新传播渠道，充分运用新媒体平台

慈文传媒在YouTube上主动开设频道且同步更新的做法值得借鉴。在现如今高速发展的信息化时代，中国电视剧在进行跨文化传播时，应该充分运用国外的新媒体平台。一方面，可以在国外视频网站上开设专门的官方频道，主动更新，扩大中国电视剧的传播范围。另一方面，可以在Facebook、Twitter、

Instagram 等多个国外新媒体平台上同时进行电视剧的宣传推广，多个国外新媒体平台联动将成为中国电视剧跨文化传播的重要力量。

（六）发掘和继承中华优秀传统文化，努力实现文化创新

近年来，在国内外引起广泛关注的女性古装电视剧，如《步步惊心》《甄嬛传》等，虽然使中国传统文化元素受到世界的瞩目，但是令人忧虑的是，《步步惊心》《甄嬛传》等电视剧涉及大量宫廷争斗、夫妻反目、骨肉相残等情节，缺乏对中华优秀传统文化的展现。相较而言，《楚乔传》在发掘和继承中华优秀传统文化方面更胜一筹，身处权力漩涡与战乱时局的女主角楚乔是该剧的灵魂人物，楚乔的坚韧果敢、侠骨柔肠、心系苍生、大爱为先，无一不体现出对中华优秀传统文化的继承。在发掘和继承中华优秀传统文化的同时，还需要不断进行文化创新，既致力于出新出奇，又坚持打造精品。

大卫·芬奇电影中黑色元素的运用

郭奥博 *

【摘要】大卫·芬奇被誉为好莱坞导演界的"鬼才",他的作品多为社会意义十分深刻的"黑色电影"。大卫·芬奇出生在 20 世纪 60 年代"垮掉一代"文化风靡一时的美国,他选择用脱离世俗的方式来表达自己对电影的诉求。在他的"黑色电影"里,展现出浮华社会阴暗暴力的一面,将人性中最深处的黑暗毫无顾忌地表现出来,却又不正面向观众进行理论解释。这种极具讽刺和批判意味的电影作品,能给观众带来十分强烈的震撼,还能让观众主动去思考影片所蕴含的深刻哲理。

【关键词】黑色元素;人性;暴力

---

* 郭奥博(北京印刷学院)。

所谓的"黑色电影"是法国影视评论家尼诺·法兰克基于"黑色小说"一词的启发所提出的概念,之后它作为一个电影类型在美国好莱坞等地盛行至今。从内容上看,"黑色电影"一般借助悲观、低沉、阴郁的调子,以城市昏暗的街道为背景,通过对社会犯罪和世界多堕落场面的关注,来表现愤世嫉俗和人性危机的主体思想。"黑色电影"影响了诸多导演,大卫·芬奇就是一个颇具黑色风格的导演。

一、大卫·芬奇式黑色电影

(一)关于黑色电影的探索

黑色电影是一种被人们精心制造出的概念。它以人类社会为创作背景,充分展现出这个社会的丑恶和残酷。"黑色电影这样一个宽泛得不同寻常的概念,很大程度上是在电影业本身已产生之后被精心打造出来的。"人们不再关心什么是黑色电影,而更关注它通过黑色元素本身所想要表现的东西。

"鬼才"大卫·芬奇作为好莱坞中具有独特风格的导演,他的电影总是能引起观众的深思,对人性、对现实都有深刻的考究。他以惊悚、犯罪等为主题的电影,配以他独特的剪辑手法和技巧,形成了自己独特的风格。人们在观影时也在不断考量着人性的尺度和真实世界的价值所在。他运用多变的剪辑手法将主角情绪表现至极致,这正是他最为人所津津乐道的地方,也是他在好莱坞所立足的根本。他在表现黑暗时却加入了一丝光明,使人们能够看到一丝的希望,而人性最挣扎的莫过于在黑暗看到一丝光亮的时候,也将人性表现得淋漓尽致。

这就是大卫·芬奇，也是他独特的表现手法所在。

大卫·芬奇与以往黑色电影所表现的不同之处，就是他电影中的主角没有以往传统中的宿命，他的主题和人物独特的表现形式，有着明显的大卫·芬奇式的标记。他不仅融入了社会生活，更有着自己的理念，在影片创作中形成独特的美学形态。而电影"黑"到什么程度，则主要根据电影的主题风格和对人物的精准定位来确定，以便让观众更好地感受作品。

（二）大卫·芬奇式黑色电影对主题内容的选择

一部电影的主题，是指一类事物或者是执行某种动作的综合性的程序。每一部影片的主题都是暗含在这部影片的结构之中的，我们通常把影片的主题看作整部影片的核心支柱，有着举足轻重的作用。大多数时候，当观影者全身心的投入电影当中，才能够全面地领悟到电影当中所蕴含的真正意义。在过去的黑色电影中，大部分影片的主题都是在当时特定的背景之下，将当时社会的黑暗和人性对欲望的放纵作为主要宣泄内容，淋漓尽致地表现出来；通过塑造的一个又一个具有悲剧色彩的角色，讲述主人公生活中的每一个遭遇，来达到深化主题的目的。在世人看来，大卫·芬奇是一位出色的黑色电影导演，由他创作的每一部影片都散发着特殊的灵魂感召力，使观众在观影过后犹如经历了一场圣洁的灵魂洗礼。

大卫·芬奇大多数的黑色电影主题都有一个共同的特点和风格，那就是无政府主义。"无政府一词并不代表混乱、虚无，或道德沦丧的状态，而是一种由自由的个体们自愿结合，互助、自治、反独裁主义的和谐社会。"

在大卫·芬奇的电影作品《搏击俱乐部》中，由组建搏击俱乐部开始，是男人间一对一的肉搏,帮助诺顿用肉体的痛苦发泄了内心的憋闷,使它得以安眠。并以同样的原理,吸引了一群生活压抑却无法发泄的男人。他们齐聚酒馆地下室单挑,直到头破血流,然后出门搞各种破坏来发泄情绪,来彰显不同,美其名曰"寻找自我"。搏击俱乐部因此"粉丝"迅速增加,羽翼渐丰。而诺顿则发现,搏击俱乐部里原本简单的个人发泄,已经逐渐发展成了极端的个人崇拜和国家机器式的绝对服从,这种趋势到大破坏时期已经达到了顶峰。搏击俱乐部成立时强调的个人主义已经荡然无存,军事化、组织化的搏击俱乐部所代表的,正是俱乐部成立时所反对的——不容置疑、千篇一律、盲从主义、集体主义和极权主义。搏击俱乐部最终变得和诺顿憎恨的那个旧世界别无二致,甚至更糟。我们从中可以感受到很强的无政府主义,它通过大卫·芬奇独特的表现手法展现出来,引人深思。

二、大卫·芬奇黑色电影的叙事结构

拍摄商业广告才让人们开始认识大卫·芬奇,所以人们理所当然地认为他的电影也会有浓厚的商业气息。他会成为下一个斯皮尔伯格么?作为电影界的"鬼才",他没有让我们失望,他有着自己独特的表现方法,建立了属于自己的影像世界。他利用自己独特的剪辑手法,成功地将梦境与现实相结合,将观众带入虚拟的属于自己的领地。他精准地把控着电影的节奏,叙事方式有进有退,让观众对影片中的故事有着无限的遐想。

（一）非线性叙事结构

线性叙事作为最基本的电影叙事手法，已经被大卫·芬奇谙熟于心，这种规矩的表现手法能让观众对电影有更直观的感受，让故事的情节合理正常地发展。但对于"鬼才"大卫·芬奇而言，他更喜欢用非线性叙述的方法来表现自己的影视作品。

非线性叙事，在结构上与线性叙事截然不同，它不再循规蹈矩、墨守成规地讲述单一的故事，而是通过跳跃式的剪辑来穿插诸多线索，所以其时空线自然也不是顺时延续的。

（二）非线性叙事结构的运用

大卫·芬奇在《搏击俱乐部》中所展现出的非线性叙事的表现手法，广受观众的好评。他不仅打破了黑色电影中主角悲愤且无奈的宿命，而且通过独具一格的剪辑手法让观众对影片有了更深层次的见解。大卫·芬奇导演的剪辑干净、冷峻、爽利、紧凑而又松弛有度，影片视觉冲击力十足，情节编排很有趣味。在皮特未出现在电影中时，导演就把他的影像剪辑到画面中去，这种多次一帧的皮特一闪而过的画面，用的就是影片中皮特洋洋自得讲述的，把 AV 剪进动画片的手法。当我们把画面放慢，诺顿一晃神的时候，就闪现过几次皮特的身影。导演用这种一帧影像的剪辑，暗示着人格分裂的倾向，人格分裂绝不是突然爆发，皮特早就出现在诺顿身上，只是被大众和拒绝给诺顿开药的医生忽略掉了而已。

而《搏击俱乐部》上映于1999年，同同时期其他佳作来看，这部电影几乎没有年代感，这不仅是因为导演高超的剪辑手法和对电影的掌控能力，更是因为大卫·芬奇运用了诸多在当时十分先进的特技技术，以作品的程度来看，不得不说这归功于他之前拍摄商业广告所比别人更成熟的电脑特技水平。

三、大卫·芬奇黑色电影视听语言的分析

很多学者认为，黑色电影的影像风格是大于他的主题思想的，它呈现给观众的黑暗的形式是大于它自身的表现内容的。这种看法是对黑色电影风格的极大认可。但是形式与内容二者是不可分离的。当我们看到形式的表现手法时，更要明白的一点是，在形式背后引人深思的地方。但是作为黑色电影，它更需要用自己独特的表现手法来展现自己所要表达的东西。而大卫·芬奇对自己所想要表现的东西更是不遗余力，他通过对色彩、镜头、声音、构图等方面来给电影贴上属于自己的独特标签，使观众过目不忘。

（一）独特的黑暗场景设定

大卫·芬奇的电影中黑暗元素充斥着各个地方，就连在梦境与现实的切换中也显现得淋漓尽致。他几乎在电影制作的每个阶段都将独特的黑暗调性掺杂其中，电影场景有现实和非现实的区分，这两种环境在选景等方面就是为了更好地进行叙事，角色的出现多在阴暗的街道、夜色下的城市、酒吧、夜总会这样多有暴力案件发生的地方。而梦境的明亮与现实的黑暗有着更加

鲜明的对比。在《搏击俱乐部》里，失眠患者爱德华·诺顿，为了见识比自己更惨的人生，伪装身份，加入病患互助组，开阔眼界，不料意外宣泄了情绪，而得以安然入眠。但这种恶趣味的催眠咒语，在遇到臭味相投的海伦娜·凯特后就顷刻失灵了。诺顿再次失眠，他在梦境中见到一只企鹅，企鹅其实就是他自己，黑西服白领带的自己，庸庸碌碌，了无生趣，礼貌封闭了自己，与万千企鹅别无二致。曾经没有癌症的他是那么独一无二，与众不同，而海伦娜的出现破坏了他的独特，他因独特产生的优越感也一并被消解殆尽，于是他再次焦虑，直到布拉德·皮特的出现。而这种空间与现实的频繁切换，也将观众带入更深层次的思考之中。所以，电影场景作为表现黑色影像风格的语言，是具有一定代表性的。

  当所有人都身处黑暗之中时，诺顿作为唯一的光明，他想极力挽救这个即将颠覆的世界，他通过自己的实际行动，从思想上改变这个即将颠覆的世界。而当俱乐部初具规模时，俱乐部会员和他曾经的同事们一样，都没有思想，他们多出的不过是手上被强碱灼伤留下的疤痕而已。诺顿开始疏远皮特，某天皮特消失，而在二人之间游走的海伦娜不小心说出一个事实——从来都没有什么皮特，或者说皮特就是诺顿自己。此时此刻，诺顿摆脱皮特的唯一方式就是自尽，于是诺顿当头一枪结束了幻境中的皮特，和海伦娜手拉着手看爆炸。由于光芒万丈的皮特太过于深刻人心，相较于这个现实社会中的切格瓦拉的振臂一呼，诺顿的奋起反抗就稍显狼狈。急转直下的救赎式结局，虽然代表着光明和希望，却也使得这个结局稍显无力。搏击俱乐部的核心矛盾，是现代人被物质奴役下的百无聊赖，以及由此所引发的渴望解放和最终导致的人格分裂。

  而其中日景与夜景的表现对突出电影的主题功不可没。在日景中紧凑的物品和枯燥的生活使诺顿产生极强的压抑感，用单调的配色可以表现诺顿的无趣和内心世界。而夜景在影片中更是占了很大比重，夜景中人物的互相打斗和白天的无聊相对比，形成鲜明的反差，很好地突出了人性中疯狂和黑暗的一面。

大卫·芬奇的拍摄具有十分鲜明的个人风格，他的布景相对于其他佳作没有那么的绚丽多彩，而是用最简单的电影语言来展现电影中的"黑暗"。而他对电影的拍摄可谓不惜成本，这样严格要求自己的拍摄方式，使他能够更好地表达自己所想，也让观众记忆更加深刻。

（二）变化的光影效果

视觉和听觉完美结合，才能构成一部好的电影。在视听语言中，光线作为不可或缺的元素之一，运用得好与坏，也是衡量一部作品的重要因素。在大卫·芬奇的电影中，我们不难看出色彩运用对黑色电影的表现尤为重要。

比如，在影片《搏击俱乐部》中，大卫·芬奇非常注重将自然光线的阴影投射到人物的面部，从而形成反差。无论是在阳光充足的日间，还是在原本就漆黑的夜里，剧中人物都是一半脸十分灰暗而且眼窝深陷，这也充分暗示着大家内心的不安。这种别致的表现手法在其他电影中很难见到。而演员表达内心想法的另一个途径就是眼睛，这一点被大卫·芬奇充分运用。在某些镜头中，他将人脸的光降到最低，使眼睛在黑暗中十分明显，从而使观众在人物眼神交流中对电影产生更深的理解。大卫·芬奇希望通过简单的灯光，来让观众对影片叙事有更好的理解。

电影画面中的灵魂——光线，是人们生活中最常见的东西，所以人们对它再熟悉不过。作为画面造型中不可或缺的一部分，大卫·芬奇在这一方面的创作在技术和技巧上有着一个全新的境界，并且向观众传达影片内容的时候产生了一定的影响。他运用光线和叙事的完美结合，使得画面更有深意，这便是他对其黑色电影审美要求的充分体现。

大卫·芬奇导演之所以被称为"鬼才"导演，也是因为他对电影的完美追求和对黑色元素得心应手的运用，给观众留下一部部引人深思的作品。

参考文献

[1] 张智华. 影视文化传播 [M]. 北京：文化艺术出版社，2004.

[2] 周月亮. 影视艺术哲学 [M]. 北京：中国广播电视出版社，2004.

[3] 吴贻弓，李亦中. 影视艺术鉴赏 [M]. 北京：北京大学出版社，2004.

[4] 许南明，富澜，崔君衍. 电影艺术词典 [M]. 北京：中国电影出版社，2005.

[5] 张会军. 电影摄影绘画创作 [M]. 北京：中国电影出版社，2008.

[6] 楚戈. 大卫·芬奇：拒绝世界在先 [J]. 世界电影之窗，2008（12）：126-128.

[7] 毛斯. 大卫·芬奇的黑魔法 [J]. 电影新作，2009（2）：29-35.

[8] 苗渲. 大卫·芬奇："伤痕累累"的哲学 [J]. 大众电影，2009（5）：58-59.

中国文学海外译介策略研究
——以《射雕英雄传》英国版权输出为例

张晓曼*

【摘要】 中国文学在海外的译介与输出已经成为推进我国国际传播能力建设的一支劲旅,在讲好中国故事、提高国家文化软实力方面发挥着重要作用。本文以英译版《射雕英雄传》为例,着重探讨中国文学对外传播过程中应把握的原则。英译版《射雕英雄传》之所以能够取得一定的成功,在于选材上重视读者审美需求,采用外国译者模式,翻译策略上侧重平衡读者与原作的关系,以及在推介时寻求原作与读者的认知交汇点。

【关键词】 中国文学"走出去";受众意识;英译版《射雕英雄传》

---

* 张晓曼(北京印刷学院)。

一、国家文化软实力语境下的中国文学海外传播

随着我国在世界上政治经济地位的不断提升，我国的综合实力也在不断增强，我们的党和政府逐渐认识到增强国家文化软实力是当前建设社会主义强国的一项重要举措❶。文化软实力是一个国家或一个地区的民族精神产品的吸引力和感染力。对于一个国家而言，文化软实力是综合国力和国际竞争力的重要组成部分，它能营造出宽松、和谐的社会环境，制定出民主的制度，创造出优秀的文明成果等，以此来增强自己的实力，提升自己的影响力❷。

党的十九大报告指出，要推进国际传播能力建设，讲好中国故事，展现真实、立体、全面的中国，提高国家文化软实力❸。中国文学是传播中国文化的重要载体，中国文学在海外的译介与输出已经成为推进我国国际传播能力建设的一支劲旅，在讲好中国故事，提高国家软实力方面发挥着重要作用。

自 2003 年新闻出版总署提出实施我国新闻出版"走出去"战略以来，中国对外版权输出成绩斐然。2016—2017 年中国版权输出情况的相关数据如图 1 所示。从数据来看，2017 年，全国共输出版权 13816 项，增长 24.1%，增速提高 17.8 个百分点，高出引进版权增速 19.1%。其中，输出出

---

❶ 刘红.中国文学"走出去"现状和对策研究——以《三体》版权输出为例[J].科技与出版,2018（7）：132-137.
❷ 廖建军,雷鸣,蔡彬.从文化软实力角度看出版"走出去"战略[J].出版发行研究,2010（2）：5-9.
❸ 习近平.决胜全面建成小康社会,夺取新时代中国特色社会主义伟大胜利——在中国共产党第十九次全国代表大会上的报告.[EB/OL].（2017-10-18）[2017-10-28].http://politics.people.com.cn/n1/2017/1028/c1001-29613514.html.

版物版权 12651 项，增长 29.0%，提高 18.3%，高出引进出版物版权增速 24.0 个百分点❶。由此看出，我国版权输出正处于提速阶段。党的十八大以来，在"中国文化走出去"的国家政策框架下，中国文学在"走出去"的进程中也获得了可喜可贺的成果。2012 年，莫言荣获诺贝尔文学奖；2014 年，阎连科荣获弗兰茨·卡夫卡奖，同年，余华的《活着》获意大利朱塞佩·阿切尔比文学奖；2015 年，刘慈欣的《三体》荣获科幻大奖雨果奖，另外还有麦家的《解密》、姜戎的《狼图腾》等作品在国外的热销❷。

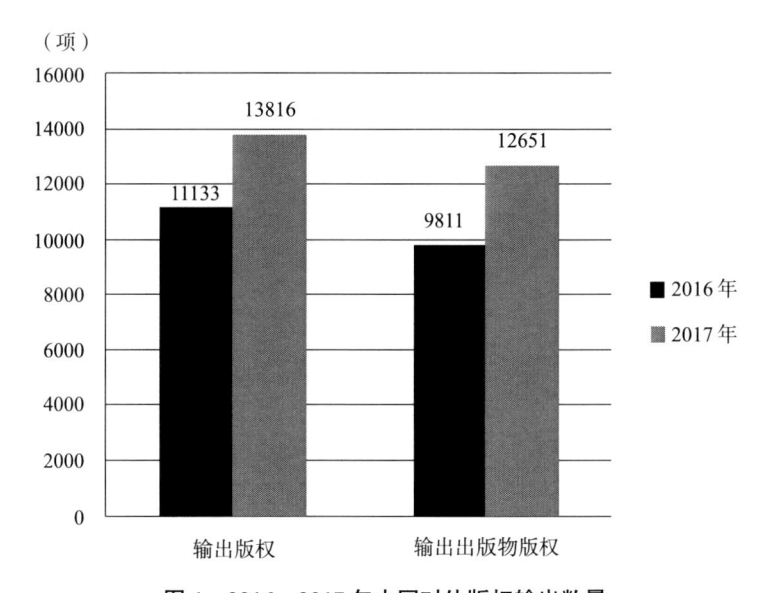

图 1　2016—2017 年中国对外版权输出数量

数据来源：2017 年新闻出版产业分析报告

---

❶ 出版发行研究. 2017 年新闻出版产业分析报告：营收增长规模壮大 [EB/OL]. https://mp.weixin.qq.com/s/YUXYjy0BLkmPJm5JN9KiRQ. 2018-07-30.

❷ 郭竞. 也谈中国文学翻译"走出去"：以中国网络文学欧美热为例 [J]. 出版广角，2017（2）：85-87.

随着中国文学作品在海外翻译出版和获奖的数量不断增加，许多中国作家的作品开始获得海外读者的持续关注和喜爱，但与欧美等文化输出强国相比较，中国文学的国际竞争力、影响力及传播力方面仍然存在较大落差❶。为此，我们有必要探讨如何使中国文学更有效地译介与输出，以此促进中国文学更好地走出去，增强中国文化软实力。

本文以《射雕英雄传》在英国的首次出版为例，通过重点研究该书的译介与输出过程，总结中国文学对外传播过程中应把握的原则。

二、《射雕英雄传》英国版权输出历程综述

自 1957 年刊载，时隔 61 年，金庸武侠小说《射雕英雄传》（以下简称《射雕》）终于迎来首个英译本，该书第一卷日前由英国麦克莱霍斯出版社面向全球出版发行❷。英译版《射雕》的译者叫郝玉青，是来自瑞典的职业翻译家，同时也是文学经纪人。英译版《射雕》第一卷《英雄诞生》（*A Hero Born*）在英国出版首月即加印到第 7 次，销售火爆。近日美国知名出版社 St. Martin's Press 高价购得该书英译本版权，将于 2019 年正式推出美国版；另有西班牙、德国、芬兰、巴西、葡萄牙、匈牙利等国家也相继买下了版权。❸毫无疑问，英译版《射雕》获得了成功，推动了中国文学"走出去"，也是为讲好中国故事、传播中国

---

❶ 李英珍. 我国图书版权输出现状浅析 [J]. 出版广角, 2013（10）: 22-24.
❷ 魏沛娜.《射雕英雄传》"飞"向英语世界 [N]. 深圳商报, 2018-03-08（B08）.
❸ 国际出版周ября. 郭靖黄蓉 CP 走红英国，《射雕》成欧美爆款……背后译者的故事值得点赞 [EB/OL].（2018-06-08）[2019-01-01]. https://mp.weixin.qq.com/s/gQ5U9lqW-iEvSxswzwlI_Q.

文化助力。正如英国《卫报》评论:"就是说这部小说可能会激励更多西方人去了解中国,看更多中国文学。"

《射雕》作为一个极其"中国化"的故事被国际市场广泛接受,并非理所当然,一方面源于原作品自身在内容、知名度等方面的显著优势,这为译介版在英国的输出提供天然的保障;另一方面则源于译者优质的译介水准,这为《射雕》的海外传播保驾护航。《射雕英雄传》英文版第一卷的翻译和出版历时近6年,郝玉青目前正在翻译另外3卷。她认为,翻译金庸作品是一个浩大的工程,她想要通过自己的方式去解读金庸的小说。在把中国图书介绍给世界读者的道路上,郝玉青已经走过7年。她为此总结的心得是:把中国文学图书版权卖到国外需要耐心,每一本成功翻译的书都会对下一本书走向世界有所帮助。《射雕》英国版权输出获得的巨大成功对中国文学海外译介提供了新视野和新路径。

三、受众意识视阈下的中国文学海外译介策略分析

"使用与满足"研究起源于20世纪40年代,其间H.赫卓格、B.R.贝雷尔森、麦奎尔以及E.卡兹等众多学者都基于不同视角展开对这种受众行为理论的深入研究。"使用与满足"研究把受众成员看作有着特定"需求"的个人,把他们的媒介接触活动看作基于特定的需求动机来"使用"媒介,从而使这些需求得到"满足"的过程。因此,任何传播活动要取得良好的传播效果,传播内容和形式都必须以满足受众的需求为核心。中国文学的海外传播亦是如此。

中国文学的海外传播是用海外读者乐于接受的方式向世界讲好中国故事,其目的是助力中国文化走出去。因此,中国文学"走出去",要取得最佳传播效果,传播者首先要具备受众意识,即我们要知道"读者是谁,读者有何需求,以及读者需求如何满足";其次要在具体的译介与输出过程中予以落实。郝玉青在译介《射雕》的过程中正是遵循了受众意识。

(一)符合读者审美需求的选材策略

选材作为中国文学海外出版过程中的第一环节,其重要性不言而喻。选择符合海外读者审美需求的文学作品,不仅利于中国出版物打开海外市场,也有助于中国文化走向世界。综合学者们对该领域的研究成果,国外受众通常对以下选材需求较多、较感兴趣:其一是关于中国文化的题材,如语言文字、传统艺术、中医武术、文化典籍等,这是汉语爱好者、华人华侨、亚洲受众及汉学家通常比较感兴趣的题材;其二是关于旅游、教育、影视、社会方面的题材,这是国外普通大众所希望了解的中国内容;其三是体现人文关怀和共同价值观的题材,如对爱情的向往、对自由的渴望、对环境的关心、对苦难的怜悯等,这些作为各国受众都能接受的题材,是中外对话交流的基础。❶ 幸运的是,《射雕》符合上述三点。

《射雕》的传播优势体现在传播内容所具有的"中国性",其作品无论是题材、内容还是视角都包含了鲜明的中国文化特色,利用中国文化特色可以与海外读者产生从快感、好感再到亲近感的共鸣。《射雕》的多个影视剧版本为文学传播锦上添花。同时,《射雕》所展现的江湖儿女的快意恩仇、侠肝义胆的故事

---

❶ 胡兴文,巫阿苗.中国文化走出去:面向受众的翻译出版路径 [J].中国出版,2014(2):34-37.

情节正是中外读者取得共鸣的关键所在。从文学经纪人的视角来看,郝玉青认为金庸作品中有三个元素对于外国读者非常具有吸引力:第一个是蒙古草原等异域情景,第二个是故事角色的情感表现,第三个是具有浪漫色调的武侠题材。在郝玉青眼里,金庸作品里的侠肝义胆、江湖情仇,是全世界读者都喜欢的内容,"现在有许多西方人在练武术,也喜欢看功夫电影,这说明武侠小说在西方一定会有一群'核心'读者"。

(二)重点采用外国译者模式

学界将译者模式归纳为三种形式,即中国译者模式、外国译者模式和中外合作译者模式。三种模式各有所长,但从受众接受程度而言,外国译者模式则最适合中国文学的海外译介。在外国译者模式中,译者身为英语世界的公民,深谙英语文化,他们又多为翻译家和中国文化研究者,具有较强的英语写作和表达能力,对中国文化又怀有浓厚兴趣且深入了解,因而他们翻译的中国文学作品易获得国外主流读者的认可。

《射雕》的英译者郝玉清,她的母亲是瑞典人,她的父亲是英国人,她自幼生长在英语文化环境中。2006 年,郝玉清怀抱对中国文化的热忱开始在牛津大学学习中文,之后分别在中国的北京和台北两市深造,最后又返回英国,在伦敦大学亚非学院攻读中国文学硕士学位。2010 年,郝玉青参加了英国文学翻译中心举办的严歌苓与著名翻译家尼基·哈曼的研讨会,并入选为英国文学翻译中心的第一批学员之一。毕业后,她选择翻译为职业,致力于将中国文学推向国际市场。英译版《射雕》的成功问世,使郝玉青实现了自身价值,也为出版人在译者模式选择上提供了良好启示。

（三）翻译策略：注重平衡读者与原作的关系

施莱尔马赫曾经将文学作品的翻译策略概括为两种，第一种是使翻译"不打扰读者，让原作者走近读者"；第二种是使翻译"不打扰原作者，让读者走近原作者"❶。换言之，前者是借用外国读者熟悉的文化意象，从而达到方便国外读者阅读和理解的目的；而后者则是尽可能在翻译过程中保留原文的差异性，从而达到传播原语文化的目的。这两种翻译策略无所谓好坏，前者有助于降低读者在理解作品时的困难性，但无法让外国读者享受到作品的"原汁原味"；后者能最大限度保留原作品的文化意象，但增加了外国读者理解的难度。因此译者应将这两种策略有机结合，一方面适应外国读者的阅读习惯，另一方面尽可能保留原作品的原真性，达到读者与原作品之间的平衡。

郝玉青在翻译《射雕》时正是努力平衡了读者与原作之间的关系。《射雕》涉及大量中国历史背景、中国文化习俗、中国诗词，这些都加深了外国读者对《射雕》理解上的难度，因此需要通过郝玉青的翻译使"原作者走近读者"，从而达到方便国外读者阅读和理解的目的。郝玉青在翻译《射雕》时，不追求"字字对应"的准确性，而是更注重通顺易懂，希望达到"就像金庸在和读者用英文讲话"的效果。

郝玉青在总体上采取了"不打扰读者，使原作者走近读者"的翻译策略，而在局部上又适当保留了《射雕》的原真性。在"故事驱动大会上"，台下观众采访郝玉青时问道："金庸作品中的'江湖''武林'等特色词汇您是如何翻译的？"

---

❶ 杨柳.20世纪西方翻译理论在中国的接受史[M].上海：上海外语教育出版社，2009：98-99.

郝玉青答道："翻译的时候我会直接用拼音的方式呈现,但是会通过写序来介绍背景情况,帮助外国读者理解这些中国元素。"

总之,中国文学"走出去"整体上应该采取"不打扰读者,让原作者走近读者"的翻译策略,通过适宜的翻译让外国读者产生文化上的认同感,从而方便阅读、便于理解,这样才能让外国读者产生兴趣,主动接近中国文学,达到主动走进来的目的;而在局部上应该适度保留原作品的原真性,合理加入中国元素,增加阅读过程中的趣味性,让外国读者感受"异国风情"。

(四)推介策略:借用类比法寻求原作与读者的认知交汇点

所谓译介,可简单分为"译"与"介"两个阶段。目前关于这个问题的讨论,大多关注"译",即关注翻译过程中的具体问题,如翻译方法、翻译技巧等;相对而言则忽视了"介","介"可以被理解为介绍、传播。中国文学要"走出去"、走得远,还需更多地探讨如何更好地推介与传播❶。

20世纪70年代,英中了解协会主席费里·格林(Felix Green)就曾提出过忠告:"从事国际传播的每一个记者、翻译、编辑,都应该在他的写字台上放一个标牌,上面写着'外国人不是中国人'。"❷中国文学"走出去"面向的受众是外国读者,这要求传播者在推介作品的过程中通过关联法和类比法,借助外国读者已经熟知的文化元素介绍中国文学,减少传播障碍和传播隔阂,从而找到原作品与受众的认知交汇点。

---

❶ 滕梅,左丽婷.中国文学对外传播的译介途径研究——以《解密》的海外成功译介为例[J].外语与翻译,2018,25(2):22-27.

❷ 汪仁霖.谈谈对外新闻写作[M]//刘洪潮.怎样做对外宣传报道.北京:中国传媒大学出版社,2005:66.

寻找《射雕》与海外读者的认知交汇点是郝玉青向英国出版商推介时的努力重点，她将这部作品拿来和《指环王》作对比，推介语"这是中国的《指环王》"。这是中外文化之间的一种沟通方式，此时的郝玉青不仅是一名译者，还是一名致力于中外文学作品版权交易的"推手"。同时作为文学经纪人，她更清楚这部作品该有怎样的市场定位和基调。❶英国最大的连锁书店沃特斯通在其网站上如此介绍："如果你喜欢《指环王》，那一定不要错过《英雄诞生》……跟着郭靖和黄蓉踏上探险之路，看他们坠入爱河，和他们一起经历各种战争与打斗。一部交织着中国功夫、历史和爱情的小说，保证让你深陷其中无法自拔。"❷中国版《指环王》是郝玉青为《射雕》打造出的卖点，也成为推介过程中寻找到的原作与外国读者间的认知交汇点，通过类比等方式让更多的海外读者有兴趣去接触《射雕》，进而感受中国文化的独特性。

四、结语

中国文学的海外译介与输出是中国文化对外传播的重要载体，在中国文学"走出去"的过程中需具备受众意识，即在选材过程中重视读者的审美需求，多采用外国译者模式以减少传播障碍与隔阂，在翻译策略上侧重平衡读者与原作的关系，推介时应寻找原作与读者的认知交汇点，以此满足海外读者的阅读需

---

❶ 国际出版周报. 郭靖黄蓉 CP 走红英国,《射雕》成欧美爆款……背后译者的故事值得点赞 [EB/OL]. https://mp.weixin.qq.com/s/gQ5U9lqW-iEvSxswzwlI_Q. 2018-06-08
❷ 魏沛娜.《射雕英雄传》"飞"向英语世界 [N]. 深圳商报. 2018-03-08（B08）.

求,进而达到讲好"中国故事",传播中国文化,提高中国文化软实力的目标。《射雕》是对中国文学作品对外传播的累积,正如郝玉青所希望的那样:英译版《射雕》的"成功"不是指某一本书卖得好,而是能不断地累积影响力,甚至扩展到其他的文学作品类型,带动其他的中文作品"走出去"。

小龙坎微博公关得失评析

蓝晓莹 *

【摘要】 随着媒介融合时代的到来，微博因其方便、共享、实时传播等特点逐渐受到越来越多企业的青睐。企业将微博广泛应用于企业营销、公关等各个领域，宣传品牌理念、树立企业形象、推广营销产品、开展客户服务等，不断发掘微博的应用价值及商业功能。本文以危机公关 5S 理论为切入点，结合小龙坎微博在危机公关中的应用现状，综合分析微博公关的应用价值，总结出企业微博公关中应遵守的原则及具体的应用策略，以期达到指导企业公关实践、提升企业形象的目的。

【关键词】 微博；公关；小龙坎

---

* 蓝晓莹（北京印刷学院）。

一、微博公关的内涵

微博，即微型博客的简称，是一个基于用户关系的信息分享、传播及获取平台，用户可以通过各种客户端组建个人社区，以140字以内的文字更新信息，并实现即时分享。2018年3月5日，中国互联网络信息中心（CNNIC）发布《第41次中国互联网络发展状况统计报告》。报告显示，截至2017年12月底，我国微博用户规模为3.16亿，较2016年年底增长了4458万，增幅达到16.4%。微博已成为当下最为火热的自媒体平台和舆论聚集地。如此巨大的用户群体的聚集，使得微博成为组织网络公关的必争之地，微博公关也成为网络公关研究领域最受关注的一种全新形式。

微博公关即组织依托微博平台，与受众建立密切联系，搭建网络社会关系体系，进行实时信息沟通与监测，从而塑造组织形象，提高组织影响力的行为与管理活动。微博所倡导的核心价值观如"透明、信任、联系、分享"，也正是公共关系诞生之初所秉持的理念。在微博世界里，人们所有的关系都暴露在一个公开、透明的公共空间里，使之具有真正意义上的公众性、公开性、公益性和公共舆论性，而这正是公共关系的本质特征。微博公关对于企业而言具有双面作用：一方面它已经成为企业树立形象、推广品牌、创造销售的重要手段；另一方面它有可能给企业形象带来的重大杀伤力已开始凸显。

二、事件始末

2018年5月28日17时,拥有400多万"粉丝"的梨视频官方微博发布了一条关于网红火锅品牌小龙坎火锅的暗访视频。在时长4分11秒的视频中,拍客与服务员的对话披露了令状况堪忧的食品卫生问题:火锅油循环使用;发酸的肉用猪血上色再使用;抹布随手扔在肉上;回收顾客剩菜;应聘不需要健康证;洗杯子和洗拖把共用一个盆。成都小龙坎总部对拍客提出的"火锅油重复使用"问题的回应是"不能保证每个人的品德,只能尽可能做到我们的监管"。这段视频的爆出使得"小龙坎"这一关键词出现在了当天的微博热搜榜上。

5月28日18时,小龙坎首次作出回应,称其高度重视此事,并对此展开核查。

5月28日22时,小龙坎正式发布第一篇声明,将对旗下全国门店核查,并欢迎社会各界参观后厨,事件后续将第一时间向社会大众通报。

5月29日22时,发布题为"关于小龙坎老油反复用的情况说明"的微博。

5月30日,小龙坎连发两条微博公布配合政府检查的结果,并提出将在6月1日完成全国正版门店的后厨监控系统安装。

5月31日,公布30家门店的检查结果。

6月1日,公布22家门店的检查结果,同时完成小龙坎全国门店后厨监控系统的安装。

6月2日,小龙坎"明厨亮灶"上线·实地探访在成都举行。邀请全国20余家媒体参观,并派公司相关负责人在现场答复热点问题。

性使得事件也许会发酵到难以控制的地步。好的危机公关可以立即消除恶劣影响，减小负面信息的传播范围，甚至会赢得赞誉；而失败的危机公关不仅会放大引发危机事件的恶劣影响，更有可能波及整个企业品牌形象。

（二）最好的危机公关是防患于未然

传统的危机公关实践大多数将重点放在危机爆发之后的处理及善后工作方面，其实不然，将危机遏制在摇篮中才是最高境界的危机公关。因此，危机预防是危机公关的首要环节，如何避免危机的出现是企业危机公关工作的重中之重。对于企业而言，保持敏锐的洞察力，持续性搜集有关企业的各方面信息，制定和采取及时有效的防范措施是避免危机或尽可能减少危机损害的有效手段。小龙坎火锅作为"网红"火锅店，目前有12家直营店和600余家加盟店。随着小龙坎全国门店的快速扩张，更应把食品安全卫生放在首位。作为一家餐饮企业，食品的安全卫生是企业的安身立命之本，切忌舍本逐末。把好自身的关卡，才有底气从容不迫地应对各种可能出现的危机。

（三）提升企业的公关意识，树立良好的企业形象

组织形象对一个组织而言就像人的心脏一样重要。市场经济的基本特征是竞争。竞争的最高层次就是组织形象的竞争，谁拥有良好的组织形象，谁就能赢得公众的支持，进而拥有市场，并获得源源不断地利润，且能使产品和组织在激烈的市场竞争中立于不败之地。视频中拍客与基层员工的对话，可以看出员工没有企业责任感，不遵守规范准则，态度散漫。企业的公关意识不应该只

体现在公关部门或主要负责人身上，还应体现在每一个员工的身上。每一个员工的言行都代表着企业的形象，也构成了企业文化的一部分。

（四）善于跟媒体打交道

面对媒体的质疑应理性友好回应，避免陷入因交涉不善带来的二次危机。在梨视频爆出小龙坎后厨丑闻后，小龙坎方称"视频存在剪辑"，这一推诿态度引起了梨视频的有力反击，拥有400多万"粉丝"的梨视频将回击视频置顶，使得事件进一步发酵，小龙坎的公关陷入尴尬境地。

在媒介融合时代，公关危机一触即发，企业要重视新媒体在传播信息、引发舆论方面的重要地位；更要善待新闻媒体，善于同媒体打交道、做朋友。要把新闻媒体和记者当作"合作伙伴"和"助手"，而不能把他们看作"对手"和"麻烦"。平时注意与媒体联系、交往、沟通，战时处理危机、和媒体打交道就会得心应手。公共关系指的是组织机构与公众环境之间的沟通与传播关系，而媒体也是公众环境的一个构成体，公关关系的和谐也体现在与媒体的交往上。

参考文献

[1] 刘孟南.微博公关——《麦当劳微博公关案例分析》[J].商，2014（21）：183.

[2] 符翩翩.霸王洗发水的"微博公关"——基于公众流行心理定式的视角[J].新闻世界，2011（05）：89-90.

[3] 赵树梅.对企业公共关系危机处理的思考——以美国宝洁公司危机公关得失为例[J].中国经贸导刊，2013（14）.

[4] 韦婉容.企业微博公关探索性研究[D].南宁：广西大学，2012.

[5] 黄思捷.加多宝凉茶的微博公关研究[D].湘潭：湘潭大学，2016.

三、用 5S 原则分析小龙坎此次的微博公关行为

（一）速度第一原则

突发事件往往与公众的利益密切相关，事件被媒体报道出来后，公众的第一反应和最大需求都是获得真实、准确、权威的信息。危机事件发生后，企业如果能在第一时间以官方渠道发布权威信息，就能快速占据舆论的制高点，掌握主动权。同时，及时应对危机也能在公众心中树立具有责任心、敢担当的企业形象。

小龙坎官方微博在事件发生的一小时后，快速作出回应，用"高度重视"表明态度。4小时后发表第一份声明，回应视频中涉及的三家火锅门店将立即停业自查，并邀请政府主管部门监督检查；将第一时间向公众通报事件进展；邀请社会各界参观后厨。

（二）承担责任原则

危机爆发后，企业的一举一动都将成为公众和媒体评判企业的重要途径。企业面对突发性危机事件，如果能在有效时间内展现自己负责任的形象，就能收获人心；如果避重就轻、遮遮掩掩，就将使危机进一步恶化。

小龙坎在其发布的几条微博中一再提及"食品安全问题是我司坚决不可逾越的红线"，亦在声明中表示"我们深表歉意，对此事件造成的不良后果我们承

担全部责任"，这表明了企业勇于承担责任的态度。但对于视频中涉及的三家门店的卫生情况的最终调查结果和责任认定并未作出正面说明，只说"一切结果以官方公布为准"。查阅小龙坎官网的检查结果公示，发现视频中提及的哈尔滨会展店、江西南昌店的 2018 年 5 月 29 日的检查记录表，有关部门给出的检查结果均为合格，并无视频中提及的卫生问题。这使视频中涉及卫生状况的权责归属的问题显得暧昧不明，最终不了了之。

梨视频于 2018 年 5 月 28 日发布的短视频是此次危机事件的起源，在 5 月 30 日又发表了全国多地食药监局突查小龙坎火锅的结果。6 月 2 日，在成都举行的小龙坎"明厨亮灶"上线·实地探访活动中，小龙坎负责人现场回应热点问题时提及"视频存在剪辑"。对此，梨视频于 6 月 3 日发表并置顶了一条回应微博，并称从上百万兆的拍摄素材中，选取八段小龙坎老油回收的视频，11 分钟原始素材了解真相，并直接 @ 小龙坎老火锅。相比小龙坎的回应，梨视频的回应显得有的放矢，简明高效。这给不正面回应卫生问题并推诿"视频存在剪辑"的小龙坎一个有力的回击，迅速吹散了小龙坎丢下的烟雾弹，把公众的视野又拉回卫生问题本身。

危机公关处理中，应该对涉事问题、利益相关群体一一回应，就事论事，明确责任归属，这是企业承担责任的重中之重。然而，小龙坎避重就轻的回应不仅没有打消消费者的疑虑，反而使自己陷入了被动境地。

（三）真诚沟通原则

沟通是处理好企业与公众关系、企业与媒体关系的重要桥梁，无论是在危机的潜在期、爆发期、扩散期，还是解决恢复期，有效的沟通都十分关键。企业降低姿态，以真诚的态度向公众说明情况、主动承担责任，往往能赢得公众的理解与支持。

小龙坎在作出事件回应时用到"高度重视""绝不姑息""深表歉意"等词来表明自身立场和态度，但笔者对微博评论进行统计后发现大多数网友并不买账。原来，这已经不是小龙坎第一次爆出卫生问题。在2017年6月，乐山一家小龙坎火锅店就因涉嫌回收加工老油被勒令整改。当时，官方回应会好好整改。两个月后，小龙坎又在微博上发布声明，表明公司坚决不用回收油，严把食品质量关。而不到一年的时间里，小龙坎又爆出卫生丑闻，这让消费者对企业有了负面印象并质疑企业的诚信度。公共关系要义告诉我们，公众对事物的认知就是最高的事实，是超过事件本身的"印象事实"。低级危机公关是忽略受众所想，仅表达自己想要表达的；中级危机公关是让受众理解自己所澄清的事实并予以理解；高级危机公关则是化危机为机遇，逆风翻盘。企业在展开危机公关时应注意与受众的真诚沟通，打造有利于企业的"印象事实"。

（四）权威证实原则

危机发生之后，各种谣言和信息遍布人们的视野。与竞争对手不同，消费者希望看到的是事实真相，希望获得的是与事实真相相关的信息。此时，由权威部门发声公布的信息最具有权威性，也能在舆论声中掌握主动权，还原事实真相。若未获得权威部门的证实，发布更多的信息也只能是混淆视听，让真相变得更加扑朔迷离。

纵观"小龙坎事件"始末，致歉信、处理通报以及公告都是经由小龙坎公司官网、小龙坎公司官方微博发布的。由权威机构发声,一方面可以展现出具有责任意识的企业形象,另一方面也能够给公众一个确切的信号。

(五)系统运行原则

口径是基于事实呈现给媒体和公众的准确严谨的说法。危机发生之后,企业必须严格按照"口径一致"的原则发言,既包括前后信息的连贯性和一致性,也包含企业各个部门口径的一致性。否则,会导致企业公信力的丧失。小龙坎公司在信息发布过程中始终保证口径统一,整个公司一鼓作气地应对此次事件。

四、"小龙坎事件"给企业危机公关带来的启示

(一)把握微博特性,因地制宜进行公关传播

小龙坎此次危机公关在微博上爆发并发酵,其传播广度和速度、话题热度都不逊于传统媒体的头版头条。对于事件的还原,视频更能直观而迅速地抓住观众眼球。短短的4分11秒的视频囊括了大量的信息,通过画面的跟进、拍客与工作人员的对话,使观众对事件有了立体的解读和把握。微博的转发和评论功能也使得事件的传播有了多向对话,不再是传统媒体单向传播的"一家之言",而是一千个哈姆雷特的各抒己见。

微博的实时性有利于公关及时跟进并控制事态发展,但也正因为它的实时

[6] 巩毅.企业危机微博传播的公关应对[D].海口：海南师范大学，2017.

[7] 彭雅.企业微博公关现状及策略研究——以新浪微博中的B2C企业为例[D].北京：北京林业大学，2017.

[8] 马倩倩.企业微博营销公关的探索性研究[D].郑州：郑州大学，2014.

[9] 杨倩.社交媒体时代下的跨国企业在中国的危机公关启示——星巴克与"紫禁城"的遭遇战[J].中外企业家，2014（18）：17-18.

[10] 李文君，何岑成.对"海底捞"危机处理后的思考[J].经营与管理，2018（03）：22-24.

[11] 张运来，范姝君.海底捞"后厨事件"危机公关触动了消费者的哪根弦？[J].公关世界，2017（19）：56-59.

[12] 海底捞认错：这锅我背，这错我改，员工我养！这危机公关100分[J].公关世界，2017（17）：62-65.

[13] 黄沛."海底捞事件"的危机公关与舆情观察[J].传媒观察，2017（10）：18-19.

媒体融合背景下的纸媒创新分析
——以澎湃新闻为例

朱金花*

【摘要】移动互联网时代的到来为传统纸媒的新媒体转型创造了契机，研究澎湃新闻客户端在媒体融合方面的实践，有利于为纸媒新闻客户端的打造之路提供有意义的借鉴和启示，从而积极推动新旧媒体融合发展，帮助传统纸媒走出困境，重建网络话语权和影响力。

【关键词】媒体融合；澎湃新闻；创新

互联网技术的发展加速了信息化时代的来临，以电视、广播、报纸、杂志等形式为典型代表的传统媒体格局逐渐被改变。目前的媒介环境主要表现为传统媒体的转型发展和新兴媒介形式的相互融合与发展。信息化时代最典型的代

---

* 朱金花（北京印刷学院）。

表之一就是互联网,它已经成为人们获得各类新闻资讯、休闲娱乐等的主要途径,这些新媒体形式正在不断瓜分传统媒体的受众群体。

一、媒体融合的内涵

媒体融合一词最早由美国的浦尔提出,它最初的意思是各种形式的媒介呈现多功能一体化的趋势形态。究其概念,有广义和狭义之分。狭义上的媒体融合是指将不同的媒介具体形态融合起来,产生质变而形成的全新媒介形态,比如电子报、新闻客户端等形式都属于狭义上的媒体融合。广义上的媒体融合,顾名思义,它包括的内容范围更广,包含一切媒介和与其相关的要素的汇集。也就是说,广义上的媒体融合不仅是指具体的媒介形态之融合,还包括媒介功能、传播手段、组织结构等要素的融合。

从实质上说,媒体融合是信息传输渠道在多元化技术形态中的全新运作形式。换句话说,就是电视、报纸、广播等典型的传统媒介形式借助于信息化时代的产物——互联网、智能终端、手机等创新传播形式,展现出各式各样的信息产品,通过不同的媒介平台展示在受众面前。总而言之,媒体融合是信息化时代的媒介发展趋势,它的实质是基于互联网的飞速发展下所呈现出的传统媒体与新媒体形式在内容、技术和经营方式等方面的有机融合。

二、传统纸媒走向媒体融合的必要性

2014年4月,《人民日报》评论员在《在融合发展中担当使命与责任》一文中指出,"推动传统媒体和新兴媒体融合发展,需要对组织结构、传播体系和管理体制作出深刻的调整和完善,是国家在思想文化阵地上作出的重大战略部署"。

2017年1月22日,中国互联网络信息中心(CNNIC)发布了第39次《中国互联网络发展状况统计报告》(以下简称《报告》)。《报告》显示,截至2016年12月,中国网民规模达7.31亿,互联网普及率达到53.2%,较2015年年底提升了2.9个百分点。其中,手机网民规模达6.95亿。《报告》中反映的网民规模进一步扩大、网络普及率进一步提高等现状,都进一步显示了互联网的迅速发展。与传统媒体相比,新媒体具有时效快、互动性强、获取便捷等优势,更符合互联网背景下用户的阅读习惯。

与之相比,传统媒体则陷入了前所未有的困境。传统纸媒的用户被新媒体大量分走,相应广告收入也急剧减少。自2012年以来,传统媒体的广告实收额延续15%~20%的下跌,2015年上半年下滑速度更是扩大到20%。

传统媒体经过辛苦培养的骨干人才开始大规模地流失,流失的人才中既有基层员工、中层员工,又有高层员工。流失人才的去向基本如下:一是去互联网媒体,腾讯总编辑陈菊红、网易总编辑陈峰、搜狐总编辑吴晨光都有在南方报业的从业经历;二是创业,主要从事TMT(电信、媒体和科技)行业方面的创业;三是去民营企业,万达集团、阿里巴巴等都吸引了大量的媒体人才加盟;四是去其他企业从事公关工作。

在所有媒体中，市场化报纸所遭遇的困境最为明显。进入 21 世纪以来，报纸的困境一直被人们所提及，"报纸寒冬论"成为业界耳熟能详的名词。有些纸媒甚至面临裁员和停刊的命运。因此，面对新媒体崛起带来的冲击和挑战，传统纸媒必须顺应发展规律，转型发展势在必行。

三、传统纸媒走向媒体融合的路径

近年来，传统纸媒纷纷寻求融合和转型，走上"数字化转型""全媒体化""跨媒体化"的道路，新媒介并不是自发、独立地产生的——它们从旧媒介的形态变化中逐渐产生。互联网时代背景下，面对新媒体强势崛起的冲击和挑战，传统媒体应如何进行转型以适应媒体发展的大趋势显得尤为迫切和重要。

（一）内容为王，挖掘用户诉求

报纸应始终坚持内容为王，以用户需求为中心，努力生产高品质的信息产品。澎湃新闻自上线以来，就以"专注时政与思想的互联网平台"作为自己的口号，主打时政新闻，重视思想分析，生产并聚合中文互联网最优质的时政思想类内容。澎湃新闻总编辑刘永刚表示："对于做新闻，对于内容为王，我们整个澎湃新闻内部其实有着近乎偏执的坚持。"正是因为重视内容，重视优质的原创、深度、思想类的内容，澎湃新闻才能多次在《网络传播》杂志设置的"中国新闻网站传播力"榜单的各项排名中位列前茅。

（二）渠道制胜，跨平台运营

"两微一端"是互联网时代传统媒体转型的重要渠道，也是打造现代传播格局和传播体系的重要尝试。在互联网时代的背景下，微博、微信、客户端迅速成长为传统媒体的又一平台和阵地，实现了与传统媒体的优势互补，充分覆盖不同信息获取偏好的受众。随着澎湃新闻的微博关注度以及澎湃新闻客户端下载量、移动端日活跃用户量的逐步增长，有力扩大了上海报业集团的影响力、权威性和话语权，是传统媒体进行"两微一端"实践的有益尝试。

（三）差异竞争，开发特色产品

在互联网时代的背景下，传统媒体转型必须引入互联网思维，开发特色产品，开展差异化的竞争。十八大以来，中央持续的反腐行动成为新闻媒体的重要议题。澎湃新闻紧随中央反腐倡廉这一新闻热点，始终坚守新闻专业主义和新闻理想，专注时政新闻与思想。不仅如此，澎湃新闻还时刻跟踪技术并将技术与内容结合，形成如全景视频、H5等融合各种元素的新媒体产品。此外，澎湃新闻十分重视客户端与用户的互动，致力于新闻追问功能和新闻跟踪功能的实践，前者帮助读者发问，后者则便于读者对感兴趣的主题进行相关阅读和长期跟踪阅读。澎湃新闻正是以其独特的定位及设计、优质的原创内容，在激烈的媒体竞争中脱颖而出，成为互联网新闻传播领域的佼佼者。

（四）产业整合，集团化运作

面对新媒体崛起带来的冲击和挑战，传统媒体应立足自身的优势，多渠道整合资源，拓展信息生产、传播和服务的产业链。2016年12月28日，六家国有独资或全资企业对上海东方报业有限公司战略入股。此次入股澎湃新闻网的六家战略投资人或与澎湃新闻网具有产业链或价值链关联，能与澎湃新闻网形成协同效应；或能契合澎湃新闻网的发展需要，在资源、技术、管理、市场等方面帮助澎湃新闻网突破发展瓶颈，抓住发展机遇，提升澎湃新闻网的核心竞争力和资源配置能力。

四、澎湃新闻在媒体融合的创新启发

在媒体融合环境下，纸媒要在这个全新的传播环境中发挥自己的优势，迎接融合发展带来的挑战，就需要不断进行创新。纸媒可以在内容、渠道、平台和经营等方面进行创造性的工作，创造新的价值，推动纸媒的创新式发展。

上海报业集团也是转型大军中的一员，2014年7月22日，《东方早报》的"澎湃新闻"项目正式上线，受到业界和学界的广泛关注。"澎湃新闻"的定位是一个专注时政与思想的媒体开放平台，立志成为"中国第一时政品牌"。网站、微信公众账号、微博等多种新媒体平台渠道，大大增强了报纸团队的信心。对于澎湃新闻来说，《东方早报》对其影响更是显著。借助于《东方早报》及其团队办报的社会影响力，澎湃新闻的新闻公信力在创办之初便获得了用户的认可。2017年1月1日,《东方早报》正式停刊,其原有的新闻报道、舆论引导功能,将全部转移到澎湃新闻网。

(一)从市场定位来看,定位高端,填补空缺

从国内的门户网站来看,在新闻内容上存在同质化现象,没有一个坚持独立原创,有自己思想的、严肃的中高端政经类新闻网站。澎湃新闻的创办填补了这一媒体市场的空缺,有利于通过新媒体引导社会舆论的趋势。澎湃新闻用户定位为关注上海、关注长三角、关注中国的读者,其主体是政经界人士和影响力、购买力强的中高端人士及海内外精英。其经营则基于内容定位,实行差异化经营策略,重点开发汽车、奢侈品、房地产、3C、金融、高端旅游市场,以实现对目标客户的精准营销,较快提升广告的阅读率,为客户寻找到直接有效的目标消费群体,然后依靠广告收入赢利。

(二)从人员来看,吸纳传统媒体的专业团队

澎湃新闻在接收原有《东方早报》部分采编人员的基础上,已经吸纳新鲜血液100多人。通过进一步提高团队的政治素质和专业素质,逐步建立科学化、制度化、规范化的教育培训体系,本着政治和业务相结合、内部与外部相结合、新老员工相结合的原则,开展政治导向、业务培训、员工融合等多种形式的交流培训,以更稳的步伐走好纸媒与新媒体跨界融合之路。

澎湃新闻由《东方早报》团队运作,试图探索一套传统媒体和新兴媒体融合发展、一体化运作的新模式。在采编流程上,《东方早报》和澎湃新闻建立了

各自独立的流程体系。澎湃新闻确定了 24 小时三班倒工作机制,以适应新媒体快捷的传播特性;并根据用户和不同稿件的特点,确定了多个推送稿件时间。一套记者人马,两边同时供稿,报网资源共享。两套编辑队伍,各自独立运作,应对不同载体的呈现需求,保证品质等。

（三）从内容来看，注重功能创新

澎湃新闻的内容主要有以下几个亮点:注重新闻原创,以时政、财经、文化类报道为主;重视思想分析,有多个领域的专家开设的个人专栏,倡导理性探讨;文风通俗个性,希望创新的文风能够使读者轻轻松松看懂新闻;视觉上,创新表达方式,如 360 全景现场等。

一是做网络谣言粉碎机。与其他新闻产品相比,澎湃新闻有一些功能设计上的创新。如"提问"功能,用户可以针对每一条新闻提出自己的疑问,并获得其他用户以及记者和专业人士的解答。澎湃新闻希望通过这一互动方式使得用户可以真正读懂新闻,同时分辨出真相和谣言。为此,澎湃新闻专门配置了问答运营团队,在必要时,连线专业人士对用户提问作出专业回答,为用户提供真正有价值的信息与见解。

二是"新闻跟踪"功能。很多情况下,一个新闻事件并不是一次报道就完结,它还有很多后续进展。很多读者都有这样一个需求:对于一个自己关注的新闻事件,希望及时知道它的进展。"新闻跟踪"功能就是针对这一需求而设的,用户在读完一篇报道之后,如果觉得对此新闻事件或话题感兴趣,可以通过"新闻跟踪"按钮轻松跟踪该新闻。当该新闻有新的进展时,系统通过标签关键词会自动将新的进展报道推送到用户的跟踪文件夹中。

（四）从架构来看，小而美、扁平化结构

澎湃新闻专注时政、财经、文化与思想领域的新闻，同时植根于上海。它传承了上海特色，提倡理性、宽容和建设性，这也与《东方早报》的气质一脉相承。在内容架构上抛弃传统门户网站的频道制度及传统媒体运作的部门制度，内容架构上，它非常简洁与扁平，类似于创建一个App商店，小而美，每个栏目都是一个产品，既是独立团，又是集团军，力求每一个栏目都成为该领域的翘楚。

（五）从提高公信力来看，专业运作现代化采编规范

《东方早报》讲求"新闻+思想"，讲求有态度的新闻，影响力至上，以硬新闻立报，这一原则在澎湃新闻中得以延续。澎湃新闻效仿报纸，设立了稿件的三审制度，这在互联网中是一个创举；同时延续了报纸的原创精神，其新闻都有可靠的信息源，并经过记者求证采访，经过层层把关，保证了新闻的真实性，这与很多新媒体相比，具有重大的优势。

在新闻运作和编辑规范上，澎湃新闻继承了传统媒体的严谨与严肃作风。澎湃新闻在创立之初就制定了严格的《澎湃新闻采编规范》《澎湃新闻三审制度》等。澎湃新闻除了三审流程（记者初审、责任编辑二审、栏目主编三审），还设置了中心总监终审、分管副主编审读把握导向等流程，每一个栏目都责任到人。

五、结语

推动传统媒体和新兴媒体融合发展，是媒体应对挑战、提升整体实力和核心竞争力的必由之路。面对融合新趋势，我们必须抓住机遇，因势而谋，应势而动，顺势而为，进一步创新理念，创新手段和方法，努力在媒体融合发展之路上走稳、走快、走好。业界应该集中精力探索互联网形态下新的表现形式。推动传统媒体和新兴媒体融合发展是国内众多媒体集团创新管理的新方向，它既是战略任务，也是时代任务。

参考文献

[1] 孙明姝.媒介融合背景下澎湃新闻的盈利模式探讨[D].南京：南京大学，2016.

[2] 李良荣，周宽纬.媒介融合：老套路和新探索[J].新闻记者，2014.

[3] 郭雨梅，郭晓亮，吉海涛，等.媒体融合背景下，学术期刊的创新之路[J].编辑学报，2014，26（6）.

[4] 崔保国.2017：国传媒产业发展报告[M].北京：社科文献出版社，2017.

[5] 赵晓丽.组织结构变革在中小型出版企业中的应用[J].编辑之友，2011（3）.

[6] 张洪，田杨.辽宁出版集团"走出去"的实践与探索[J].出版发行研究，2006（12）：62-64.

[7] 魏江，王铜安，陆江平.知识密集型服务企业创新组织结构特征及其与创新绩效关系实证研究[J].管理工程学报，2009（3）.

[8] 邱国栋，韩文海.基于隔离机制的竞合效益——以Nike等3组企业为样本的跨案例研究[J].中国工业经济，2012（4）.

[9] 周金元,莫小春.基于媒体融合视角的 Ebook 3.0 发展策略研究 [J]. 科技与出版,2013（8）.

[10] 徐璐明,毛奕云.美国三大报开启单篇付费阅读,补充萎缩的发行费用 [EB/OL].（2015-03-20）[2018-12-28]. http://www.ce.cn/culture/gd/201503/20/t20150320_4881288.shtml.

新时期受众心理的特征与趋势研究
——基于某知识付费平台的拼团和分销功能的实证分析

张元曦 *

【摘要】 我们处在网络与社会经济高速发展的新时期，新媒体层出不穷，新的传播模式实践不断被探索并被应用到实际生活中。在这样的新时期，受众面临新兴媒介会作出怎样的选择？本文从受众心理研究的角度出发，基于荔枝微课平台中的拼团和分销两种功能，探索新时期受众心理的特征与趋势。

【关键词】 受众心理；特征；趋势；新时期

---

* 张元曦（北京印刷学院）。

一、新时期受众心理的主要特征

互联网的出现为人们的生活带来巨大的便利。互联网出现后,相较于从前,最大的区别在于信息传递的时间缩短,空间范围无限变大,这一改变使人类的传播活动有了质的进步。腾讯研究院的报告指出,互联网知识的分享和传递经历了以下三个阶段。第一阶段:知识分享阶段。在2010年之前,互联网上的知识以免费模式为主,以豆瓣、百度知道、百度百科、知乎等UGC(用户原创内容)模式的免费知识分享平台和社区为代表,只有少部分平台推广社区虚拟币"付费"的模式。第二阶段:知识付费萌芽阶段。2011—2015年,知识付费模式开始萌芽。传统数据库推广付费下载模式,微信公众号等自媒体平台陆续推出打赏模式。打赏是一种按意愿付费的方式,由此进入知识付费的萌芽阶段。第三阶段:知识付费发展阶段。2016年几乎每个月都有知识付费的产品出现,以分答模式为代表,用户获取所需的知识须先完成费用支付,由此进入知识付费的快速发展阶段。

(一)信息庞杂,激发优质内容需求

2016年,全球互联网用户已经超过30亿,UGC天然存在的问题也愈发显著。碎片化、难辨真伪、类别筛选与品质控制成本高,自组织已经渐趋无效。以近两年兴起的问答网站知乎为例,开放注册带来了大量低质内容,反而降低了用户体验。海量、低信息密度、碎片化成为当前用户进行网络信息搜索、知识获

取时的主要痛点,"小而美"成为现在网络产品的新追求。需求引领供给,当前中国居民处于商品消费向服务消费转变的上升期,教育、娱乐、文化类消费支出在消费总支出中占比增加,消费者对精神文化的需求高涨。2015 年以来,短视频、直播、VR 等领域的投资额激增,内容产业消费升级已经成为大势所趋。这一轮内容消费升级的显著特点是,用户愿意为信息的品质与信息消费体验付费,愿意用金钱换取内容搜寻时间与精力的节省,信息需求从大众信息产品向高端知识服务升级。

(二)百花齐放,知识付费狂欢显势

2016 年可以说是中国知识付费元年。2015 年 11 月,得到 App 上线;2016 年 3 月,基于微信的在线直播知识社区千聊上线,提供付费直播服务。2016 年 4 月,知乎上线"值乎"功能,5 月上线"知乎 live"——一款实时问答互动产品,用户可以付费参与答主创建的一个 live,学习和交流;同年同月,付费语音问答应用分答上线,它汇聚了各界专家,针对问题,快速提供一对一问答、多人支招、线下面对面交流等多种知识服务形式。2016 年 6 月,得到推出"大咖专栏""每天听本书""李翔商业内参""罗辑思维""精品课"等知识板块,提供各种音频学习方式,让用户利用碎片化时间获得有价值的知识。2016 年 6 月,喜马拉雅 FM 推出第一个音频节目《好好说话》,首日销售额破 500 万,10 天销售额已突破 1000 万。2016 年 12 月,新浪微博公测"微博问答"功能,微博"大 V"们为问题定价,由"粉丝"们埋单,以文字形式回复问题。2016 年 12 月,喜马拉雅 FM 发起首届"123 知识狂欢节"——国内第一个内容消费节,销售额 5088 万,追平首届天猫双十一。

（三）暴增之后，需求升级亟待探索

经历了2016年的大爆发，2017年知识付费市场继续高速发展，各家平台争抢资源，加码布局知识付费领域。喜马拉雅FM推出"66会员日"及第二届"123知识狂欢节"；知乎推出"市场"入口，包括知乎live、书店、付费咨询频道、有声书、音频课；分答推出付费语音课程"小讲"，每节课时长20~30分钟；豆瓣推出知识付费专栏"豆瓣时间"，致力于打造文化艺术领域的知识付费平台。人本主义心理学家马斯洛提出，人的需求分为不同的层次，当基本需求得到满足之后，人们必然追求高级需求，寻求审美的满足、认知发展的满足和自我实现。知识付费说到底是一种审美服务、学习服务、自我提升服务，音频、慕课、直播问答等知识付费模式能满足人们对更高层次需求的追求，丰富人们的知识，开阔视野，提升智力，使人们获得持续而稳定的成长，从而最终达到自我实现。

从中我们可以观察到，用户对于"内容"和"知识"的付费意愿和消费观正在发生转变，从不愿付费变得对于显著高质量、服务更好的类似产品愿意付费。网络媒体基于居民可支配收入的持续增长，认为公众为知识付费是信息时代的必然趋势，标准化产品和个性化知识按需服务将会产生。

过去两年，知识付费的实践取得成功。在过去的两年，无论是花一块钱偷听答案，还是为课程埋单，知识付费已经大摇大摆走进我们的生活，它找准痛点，缓解人们的焦虑，满足人们的需求，在这样的基础上，引导用户为好的内容付费不是难事。在巨大的风口之下，本文基于实践，从内容营销者角度出发，致力于探寻受众选择的规律，把握网络知识付费新时期受众的心理趋势。

新时期受众心理的特征与趋势研究——基于某知识付费平台的拼团和分销功能的实证分析

本文的研究基于荔枝微课 App 内开设的"高校不搞笑"直播间课程的实践，用传播学受众心理理论分析新时期受众心理的特征与趋势。从已有的营销实践来看，免费并不是吸引受众的主要因素，付费的内容反而能够引起关注和购买。

二、新时期受众心理的趋势

高校不搞笑直播间 2018 年 4 月开始策划课程上线，通过微信推广。主要课程内容有复试经验分享、论文写作发表进阶训练营、国际会议论文发表、30 天减肥瘦身训练营，等等。作为实验，课程曾尝试多种定价与销售方案，包括限时低价促销，购买者寥寥无几，甚至推出的全程免费课程也无人问津。在荔枝微课上线拼团功能之后，课程购买人数暴增，人气高涨过万，甚至得到了荔枝微课官方的首页推广。前后两种营销方式带来结果的巨大差异，足以为研究受众心理提供基础。在对拼团模式进行研究的过程中，我们发现拼多多的成功一定程度上反映了新时期受众的选择偏好。

拼多多最先是在微信朋友圈通过熟人社交的方式传播。2015 年成立的拼多多，在 2017 年年初时的活跃人数大约为 2000 万，到 2018 年年初就劲增至 1.6 亿。在上述成绩单的催化下，2017 年 7 月拼多多完成了 1.1 亿美元的 B 轮融资，创近年国内电商界 B 轮融资额新高。从传播效果来讲，拼多多是成功的，拼团邀请为拼多多做了大量免费广告，拼多多在一系列的"1 毛钱秒杀活动"和"拼不成退款"中，获得了大量知名度。

顾客的心理支配着顾客的购买行为。市场交易行为是由人的心理活动及其规律决定的。营销的所有行为与过程都以适应顾客需要、影响作用顾客心理为出发点和归宿。从中我们可以得出以下研究结果。

（一）拼团形式容易获得信任

微信中的人际关系较为紧密，荔枝微课依赖于微信这一路径，推荐拼团成功率高。因为在传播效果研究中，关系的强弱与产生的效果有直接联系，强关系效果好，弱关系效果次。除此之外，团购与分销相比，分销模式使得二次传播者的角色不光是推荐者，还是分销商，这样的双重身份会削弱受众对二次传播者的信任和好感。分销牵涉利益获得与分割，产生距离感。相比之下，推荐团购的人不参与分成，处在受众与商家关系中的第三者位置，甚至是"同样是消费者"的角度，更能使受众产生好感。

（二）拼团模式迎合从众心理

消费者行为是指消费者为获取、使用、处置消费物品或服务所采取的各种行动，包括先于且决定这些行动的决策过程。对于网络团购来说，购买何物和为何要购买不是那么重要，而谁在购买，他是否加入团购，则是决定团购是否成立的最重要因素之一。大众消费者普遍存在一种从众心理，对某一购买量较大的团购商品，容易形成更大规模的关注，完成大额购买行为。

（三）限时拼团激励冲动消费，拼团带来更多心理愉悦

研究证实，环境刺激会引发一系列感知的、心理的、思维的活动，并且导致消费者情绪上及知觉上的变化。其中，消费者自身的情绪状态，即消费情绪，在零售研究中被认为是相对重要的。Mehrablan 和 Russell 在研究商场环境刺激对消费者行为反应的影响时提出了 PAD 模型，即消费情绪分为三个维度：愉悦感、唤起感、控制感。愉悦感用于测量个体对环境整体的积极或消极的感觉。愉悦感被定义为某种程度上的高兴、愉快、充满乐趣、满意的感觉。唤起感被定义为个体刺激、活力、兴奋的感觉。控制感指的是消费者在一定环境中感觉到可控制的或自由进入的延伸。而 Russell 在 1980 年提出了消费情绪的双维度模式，即情绪是由愉悦—不愉悦、唤起—平静两组对立感受所组成的连续状态，唤起和愉悦两维度至关重要。

基于以上结论，在今后的实践中，受众心理因素应作为传播研究的重点。拼团功能在此次实践中获得的成功，也可以看作当前时期受众心理的缩影。在技术飞速发展，社会不断变革的新时期，我们的受众心理也随变化而变化，但决定其选择的根本心理因素，离不开马斯洛需求层次理论所述的五大需求。受众心理研究在如今更应与时俱进。

三、受众心理的问题和挑战

高校不搞笑直播间的课程"30 天论文写作发表训练营"在拼团功能上线后获得了很好的销售量。但在后期的实践中，还有许多有关受众心理的问题值得

继续研究。拼团模式真的可以持久吗？在我们后续的实验里，拼团并不总是受欢迎的。有人会认为将拼团的链接发到群里打扰了大家的日常交流，从而产生反感，有人甚至直言因为拼团反而不会购买所推荐的商品。

团购的吸引力在下降，未来成功的模式又会是哪一种？团购模式借乘网购与知识付费的东风发展迅速，但团购的使用范围边界在哪里？更大的平台仍适合分销模式。付费课程若想成长，方向在哪里？能否借鉴"粉丝"经济的营销模式打造高黏度社群，从而激发有效二次传播，实现用户的再次爆发式增长？

新时期的受众心理携带着时代的特色，未来是否能找到分销、团购和"粉丝"经济整合的一个新型的模式，用好受众心理研究的成果，将为新时期的传播提供更多思路。

参考文献

[1] 刘丽丽. 移动互联网时代知识付费背后的心理需求分析 [J]. 新媒体研究，2018，4（7）：91-92.

[2] 徐敬宏，程雪梅，胡世明. 知识付费发展现状、问题与趋势 [J]. 编辑之友，2018（5）：13-16.

[3] 艾瑞咨询. 中国在线知识付费市场研究报告 2018 年 [R]. 艾瑞咨询系列研究报告，2018（3）：56.

[4] 武小菲. 互联网时代专业出版社的知识付费模式构建与传播 [J]. 出版发行研究，2017（12）：5-8.

[5] 张利洁，张艳彬. 从免费惯性到付费变现——数字环境下知识传播模式的变化研究 [J]. 编辑之友，2017（12）：50-53.

[6] 周涛，檀齐. 基于社会资本理论的知识付费用户行为机理研究 [J]. 现代情报，2017，37（11）：46-50.

[7] 喻国明，郭超凯.线上知识付费：主要类型、形态架构与发展模式[J].编辑学刊，2017（5）：6-11.

[8] 许梦梦，刘炳宏.基于消费心理对团购购买意愿边界条件的探析[J].现代商业，2017（20）：68-70.

[9] 喻国明.知识付费何以成势？[J].新闻记者，2017（7）：61-63.

[10] 宋美杰.内容消费升级与知识付费的底层逻辑探究[J].中国报业，2017（11）：19-21.

[11] 林仕晖.社群时代下知识付费平台的用户留存困境——以分答为例[J].新媒体研究，2017，3（9）：96-97.

[12] 张帅，王文韬，李晶.用户在线知识付费行为影响因素研究[J].图书情报工作，2017，61（10）：94-100.

[13] 王传珍.知识付费奇点与未来[J].互联网经济，2017（Z1）：68-73.

[14] 许森.知识零售变现模式的问题与思考——以付费语音问答服务"分答"为例[J].新媒体研究，2016，2（19）：193-194，196.

[15] 郑文聪."网红3.0"时代的特征及受众心理[J].新媒体研究，2016，2（6）：14-15.

[16] 陈海涛，李同强，宋姗姗.基于信息共享视角的网络团购新模式[J].情报科学，2015，33（8）：79-82，94.

[17] 王求真，姚倩，叶盈.网络团购情景下价格折扣与购买人数对消费者冲动购买意愿的影响机制研究[J].管理工程学报，2014，28（4）：37-47.

[18] 姜建.影响网络团购心理因素的研究[D].烟台：鲁东大学，2013.

[19] 秦永恒，万迪昉.网络团购欺诈成因分析与应对——基于消费者羊群行为视角[J].经济经纬，2011（5）：118-122.

[20] 李海凤."团购"如何巧用顾客心理[J].现代营销（学苑版），2011（5）：244-245.

浅析微信读书 App 对数字阅读的影响

徐 芳*

【摘要】数字出版技术的发展和移动智能终端的普及，促进了电子阅读类 App 的开发与推广，也深刻改变了人们的阅读习惯。"微信读书"作为数字社会化阅读的一个典型应用，以"社交体验+阅读体验"为产品的中心理念，带给广大网民以新的阅读体验。文章分析了微信读书 App 的特点，也提出了微信读书存在的一些问题，并对微信读书 App 的未来发展模式进行了相关展望，以期增加读者对微信读书的认知。

【关键词】微信读书；数字阅读；阅读体验；社交型阅读

随着移动互联网的持续发展，文娱市场的消费途径正在不断增多，阅读作为用户消费的第一落脚点，也正在迎来全新变革。由艾瑞《2018 年中国数字阅读行业案例研究报告》可知，截至 2017 年年末，数字阅读行业市场总体规模 152 亿，总体用户规模 3.8 亿。国家大力发展全民阅读的政策因素、居民娱乐消

---

* 徐芳（北京印刷学院）。

费提高的经济因素、大数据深度挖掘用户偏好的技术因素，使移动阅读市场显现出广阔的发展前景和巨大的商业价值。2015年8月27日，微信团队正式发布了首款社交阅读App——"微信读书"，这款基于微信关系链的官方阅读应用，同时支持iOS和Android两大终端平台，首次将"社交"元素真正融入书籍阅读。从此，阅读不再是小范围"书友"的专利，而成为朋友间交流的新领域。而基于社交型阅读的微信读书在不计苹果用户数量的情况下，已经吸引了将近1/3的用户，未来前景看好。

　　社交型阅读，顾名思义就是将阅读和社交结合起来，让用户可以更方便地与社交网络上的好友分享和互动，让阅读不再单调。微信读书作为一款背靠微信的阅读社交App，用户不仅可获得与同类阅读App相同的阅读体验，还可了解微信好友的在读书籍，与好友相互分享阅读心得，比拼阅读时间，甚至可以与同看一本书的陌生人相互交流心得体会，还可以听大咖说书。亚马逊中国发布的"2017全民阅读报告"显示，78%的受访者选择通过社交平台（微信、微博、豆瓣、知乎等）分享阅读有关的内容，17%的受访者会在电商平台留下读者评论，阅读社交化日益明显。在众多移动阅读应用中，微信读书上线较晚，与其他成熟型移动阅读应用相比优势不明显，竞争阻力较大，但其注重制定适用的发展策略，通过对自身特性的突出和对竞争对手的考量，以"社交性"特征作为进军市场的关键，有效避免了与强大对手的正面冲突，突出自身特点以形成对用户的说服力。产品的独特性很大程度上能够影响用户对其的认知甚至使用态度，这对提高产品竞争力具有重要意义。基于此，目前微信读书平台取得了相当的成效。

一、微信读书的营销策略分析

（一）产品定位明确，目标受众范围广

由易观千帆数据得知，移动阅读的男女用户数量基本持平；用户年龄层主要在14~60岁，其中14~35岁占比最多；用户消费水平中等偏高；用户主要来源于一线城市与二、三线城市。而微信读书的阅读人群定位主要集中于24~40岁的学生、白领以及金领。该类人群的消费特征是：学生消费能力一般，但愿意对自己认为有价值的东西进行付费；白领和金领消费能力较高，已意识到知识的重要性，愿意为有利于自我提升的知识付费。通过对移动阅读用时的大数据整理分析，发现微信读书用户日常会利用碎片化时间进行阅读或听书学习；每周会专门抽出一段时间用于学习，提升自我；因工作或者学习需要，有不断提升自己的需求和主动学习的意识。微信读书在设计产品时，更多考虑的是减轻这个群体用户的焦虑和恐惧心理。读书对他们而言，不是真正意义上的学术研究，当然也不是纯粹作为娱乐消磨时间，他们也会注重书籍的质量。这也就决定了微信读书里会以通识性出版图书为主，较少网络文学。

（二）依托微信平台，打造阅读社交圈

产品特色是打开营销大门的钥匙，是企业营销成功的保证。以"让阅读不再孤单"为服务理念，微信读书借力微信关系链设置了读书排行榜。用户

可以了解微信好友的读书动态，时时分享互动读书感想，互推优质书籍，互比阅读时长，互相敦促养成经常阅读的好习惯，强化已有的好友关系，并形成熟悉的阅读社交圈；同时，"想法"模块和"书评"模块分别通过书友推荐、优质书评，帮助用户找到兴趣相投的书友，挖掘潜在的好友关系，形成崭新的阅读社交圈，如图 1 所示。

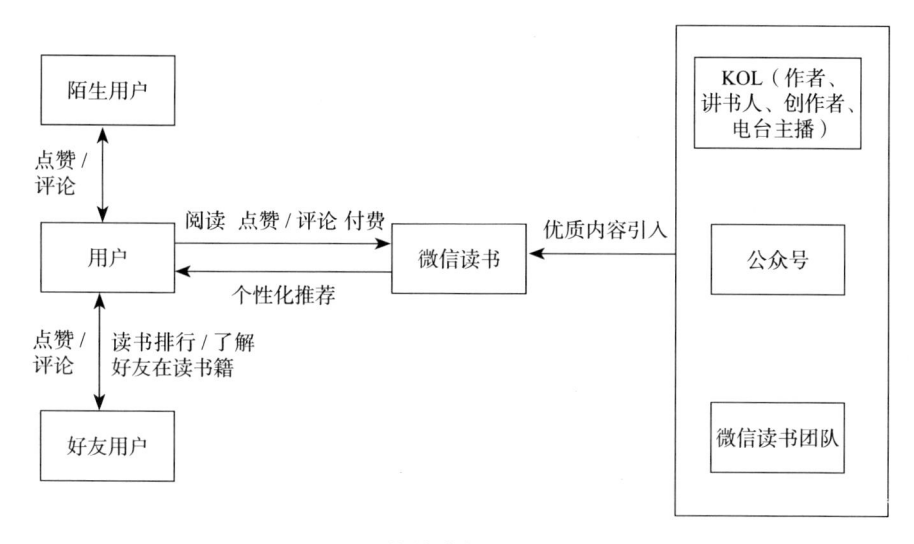

图 1　微信读书业务流程图

微信读书基于微信关系链的阅读应用，采用"社交＋分享＋想法"模式，强调圈子阅读，而不是阅读圈子。读者可查看微信好友的读书动态，与好友讨论正在阅读的书籍，以书为节点来强化微信好友之间的关系，同时好友圈子又反过来拓展阅读。除此之外，用户还可以和好友交流阅读感想，对好友发布的阅读感想进行点赞、评论和转发等。在微信读书 App 中不仅有基于微信好友关系的强社交互动，用户还能与弱社交用户进行交流和接触。在某本书的打开界面，用户可以看到当天共同阅读该书的所有人，还可以看到所有关于这本书的读者评论。而这里的读者绝大多数都不是用户自己的微信好友，用户依然可以对评论者进行关注、点赞、评论等，甚至可以通过互动找到志趣相投的读者，成为真实的微信好友，成功地将弱关系社交转变为强关系社交。

　　微信读书 App 区别于其他电子阅读类 App 的最大特点就在于它是基于微信好友关系而展开互动的。首先，用户可以通过好友发现优质好书。用户可以在茫茫书海中通过微信好友的帮助来完成对图书的筛选，发现适合自己阅读的好书。基于真实的社交关系，用户可以选择去关注某个微信好友，通过点击某个好友的头像可以看到他的书架、他推荐的书籍，以及他读书时的想法。其次，用户可以与自己的微信好友进行社交互动。在软件中，用户可以看到好友们的阅读排名，还可以为好友点赞。用户在阅读中不仅可以收获知识，还可以收获与好友比拼的成就感。读书排行榜的出现，使得用户去关注微信好友的读书动态，也在一定程度上刺激了用户的阅读行为。同时，作为一款数字社会化阅读应用软件，微信读书还具有开放和私密并存的属性，用户除了通过朋友的关系链来关注好友之外，还可以通过好友分享的书评和想法圈里的点赞及评论来认识好友关注的其他人，用户可以通过这个渠道，关注好友所关注的用户，形成网络状的人脉圈；同时，好友也能够通过分享功能推荐自己的好友圈，关注用户的人数增加，互相关注的人数也随之增加，从而扩大个人虚拟社交空间。

（三）海量阅读资源，满足用户阅读需求

　　微信读书由腾讯旗下的阅文集团与微信团队联合开发，具有雄厚的经济、

技术、合作伙伴等品牌资源实力，腾讯集团的综合支持和专业化团队共同发力令其在市场竞争中更加稳健地用"两条腿走路"。腾讯文学和盛大文学（合并后成为阅文集团）的一个共同标签是"原创文学"，为原创文学爱好者提供平台是其创办的"初心"，显著的"去中介化"特征不仅符合现阶段的时代特征，也吸引了众多怀揣梦想的原创作家和热爱原创文学的读者。二者走向合并是一个强强联合的商业战略，利用媒介融合实现互利共赢，这为基于微信平台的阅读中心客户端建设打造了坚实的集团背景和综合实力。

除了实力雄厚的集团背景作为支持外，微信平台对微信读书所提供的支持也不容小觑。截至 2016 年第二季度，微信已在我国 94% 以上的智能手机终端被应用，用户范围扩展至二百多个国家。此外，官方账号注册企业与公司的公众号总数超 800 万个，企业注册公众号超 2000 万，账号互联接入的客户端应用合作超 85000 个，平台信息传播收益达 36.79 亿人民币。2016 年，腾讯在财报中公布的微信平台数据显示，其月活跃用户达 8.06 亿，同比增加 34%。上述数据充分表明，微信平台为微信团队开发阅读类应用所提供的既有资源极其丰富，平台资源、合作资源、传播资源，尤其是用户资源都显示出强大的竞争实力，突出的"网络社交"属性也令主打"社交"王牌的微信读书如虎添翼。

微信读书 App 的图书检索一共提供了 51 个大的分类，例如小说、经济管理、励志、投资等。同时，还很贴心地将每种大的分类细化为小的分类，例如，经济管理又可以分为一般管理、战略、项目、市场等，青春又可以分为校园、情感、成长等，为用户提供了非常便捷、简约的阅读体验。

(四)着力"找书"业务流程,开拓新的商业模式

作为典型的社交阅读应用,微信读书从开始就将腾讯的社交基因植入其中,用户可以通过微信读书与小伙伴互动,比拼阅读数量和阅读时长等,通过社交的方式让阅读不再孤独。在社会化阅读App里,社交空间的建立带来商业空间的发展,而商业发展又促使社会空间解构,并重组成一个新的体系,使其社交和商业相互融合。用户可以通过兑换的书币和充值的书币购买电子书籍,阅读空间不再只有阅读功能,商业模式的加入使其空间得到解构。同时,用户通过"买一送一"和"赠一得一"等活动,将购买的书籍赠送好友来进行互动,个人的社交互动得到加强,同时社交空间和商业空间又得到融合,社交和商业相互作用。用户的阅读内容分享属于知识共享,不同的观点和结论在数字社会化阅读App提供的分享栏目中碰撞与融合。知识在分享中不断积累,成为有价值的信息;而信息作为一种社会资源,在社交化阅读中得到积累。用户为知识付费,社会资源得到有效使用。

找书的流程(如图2所示)是微信读书业务流程中的重要一环,这个流程在使用过程中突出的优点是:提供好友在读推荐书籍、热榜书籍,以及书城等让用户"找书"更容易,更快发现好书;精选用户点评、好友阅读进度和好友想法,在选书的过程中满足用户的好奇心,找到更想读的书籍;免费试读书籍,如果你还没有阅读过这本书并且对这本书有兴趣,可以选择将这本书加入书架或者进行试读,试读之后如果还想继续阅读可以进行购买。

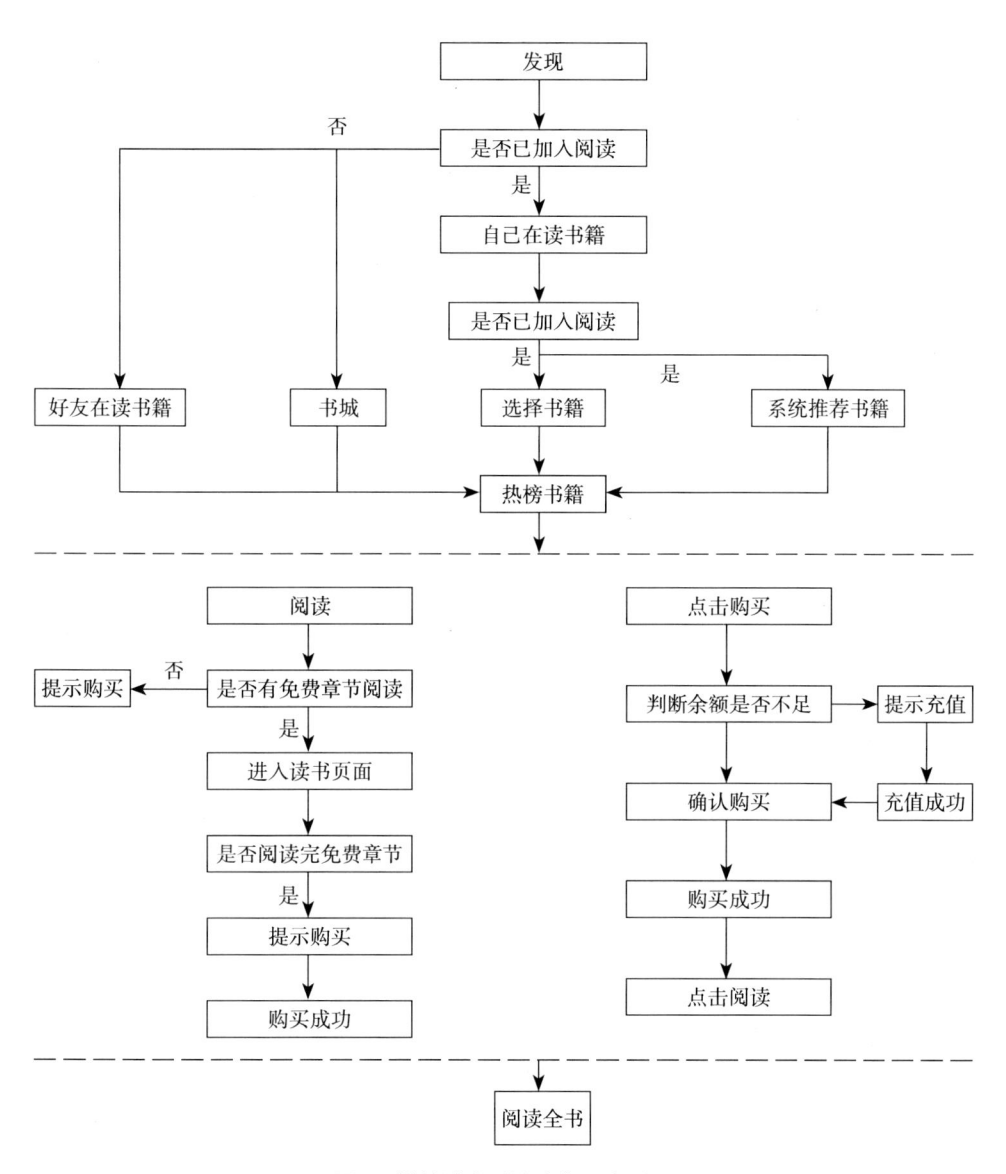

图 2　微信读书"找书"业务流程

二、微信读书平台与同品类产品的对比分析

（一）移动阅读应用使用行为分析

根据易观千帆的数据报告（见图3）可以看出，QQ阅读和塔读文学仍是主流的移动阅读应用平台，人均使用时长和人均启动次数均居于主流移动阅读应用前列，而微信读书在上述两项指标中仅达到前面两个应用平台的3/5（分别为14.52小时和77.69次）。虽然QQ阅读和微信读书同属于腾讯旗下，但是两款阅读软件的市场格局和发展战略并不相同。微信读书是基于微信朋友圈关系链的一个社交型阅读产品，同时衍生出微信公众号、小程序、微信读书排行、微信读书书城等产品，在优化阅读体验的同时为用户提供合适的书籍，并能查看微信好友的读书状态，与好友在线探讨正在阅读的书籍。QQ阅读提供给广大阅读爱好者全方位的生活场景阅读品牌，拥有的作品储备近千万部，承载着中国网络文学原创作品的半壁江山，其中涵盖了200多个品类的作品，目前QQ阅读的市场占比最大。在用户环节，塔读文学凭借自身精准的算法推荐，提供了良好的用户体验，用户黏性不断攀升。2018年4月，塔读文学人均单日使用时长高达145.79分钟，高于行业平均水平（94.3分钟）。在内容生产环节，塔读文学通过作家养成计划，培育平台的原创能力，增加原创作品数量，同时购买优质内容的数字版权，增加平台优质内容积累；并且在优化用户体验、完善作者激励体系、优化IP开发方案及路径等方面均展开了精细化运营。

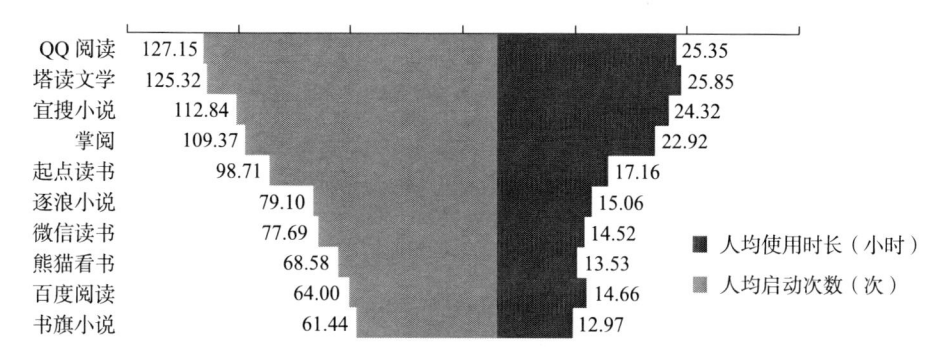

应用	人均使用时长（小时）	人均启动次数（次）
QQ阅读	127.15	25.35
塔读文学	125.32	25.85
宜搜小说	112.84	24.32
掌阅	109.37	22.92
起点读书	98.71	17.16
逐浪小说	79.10	15.06
微信读书	77.69	14.52
熊猫看书	68.58	13.53
百度阅读	64.00	14.66
书旗小说	61.44	12.97

图3 2018年4月主流移动阅读应用人均使用行为分析

数据来源：易观千帆

（二）阅读资源数据对比分析

对网易云阅读、微信读书、百度阅读这三大阅读平台的书籍资源与用户资源数据进行的统计，见表1。

表1 网易云阅读、微信读书、百度阅读平台资源数据统计

	网易云阅读	微信读书	百度阅读
上线时间	2011年6月	2015年8月	2013年10月
图书类目	34	51	57
书籍资源量（万册）	33.5	57.5（含网络文学48.8万册）	20
总下载量（万次）	8968.40	1758.73	6106.44
实时下载排名（图书榜/总榜）	32/781	4/178	2/152

统计时间：2017年2月22日

根据表1，三个平台中内容资源量最高的虽然是微信读书，但57.5万册图书中有48.8万册是网络文学，占资源总量的84.9%，其他类型内容仅占资源总

量的 15.1%；此外，微信读书平台并非主打网络文学市场的阅读应用，由此可见资源丰富度明显不能够满足广大用户的需求。三个平台中，资源最丰富的是网易云阅读，为用户提供了 34 个分类下的 33.5 万册图书资源；其次是百度阅读，为用户提供了 20 万册的内容资源，同时，百度阅读对内容资源的种类区分也是最为细致的，能够有效实现"受众碎化"状态下的用户重新聚合。三个阅读类平台中，网易云阅读的下载总量最高，达 8968.40 万次；其次是百度阅读，6106.44 万次；下载量最低的平台是微信读书，仅有 1758.73 万次。据此推断，应用下载量与上线时间成正相关——网易云阅读上线时间最早，其次是百度阅读，最晚上线的是微信读书。但就目前的下载排名而言，三者中百度阅读的排名最前，在阅读类应用排行榜中高居第 2 名的位置；微信读书虽上线较晚，但目前在下载总榜中已达第 178 名，跻身阅读类应用排行榜第 4 名的位置，这不仅与微信平台的影响力和其所占既有用户资源有关，微信读书平台自上线以来对历史版本的不断修改完善实现用户聚合也起到相当重要的作用；三者中下载排名最后的是网易云阅读，在阅读类应用排行榜仅排第 32 名。该项数据表明，目前百度阅读占据用户资源量最大，其次是微信读书，然后是网易云阅读。

（三）用户体验行为分析

微信读书 App 让社会化关系与阅读融合，其将用户的互动和分享、信息的聚合和探索连接融合，不仅为自身品牌的推广营造了人际交往圈中病毒式传播的氛围，而且通过熟人推荐提供了范围更广阔、更具针对性和吸引力的阅读内容，从而提高了个人效率，个人时间得到有效利用，个人的阅读选择时间得到压缩。数字社会化的阅读体验在不断拓展用户的社会空间，表现为用户的社交圈不断扩大。用户和好友可以在数字社会化阅读 App 提供的社交平台上进行点赞、评论、转发等互动。数字社会化阅读最大的优势就是其社会化分享使阅读实现社交化，用户在阅读过程中可通过评注、评价、书签、音频等形式向好友分享，以此对内容进行自我生产和编辑分享。

微信读书 App 在原有的"阅读器 + 书城 + 支付购买"的经典模式上，加入了社交一环，推荐好友在读书目，加入好友阅读排行榜，用户可以发表书评并能在朋友圈互动。总体而言，微信读书推荐共享、点赞、拼阅读量的功能有其实用性和趣味性，一定程度上有助于阅读。但是，读者的阅读行为往往是一个循序渐进的缓慢的过程，排行榜式的 PK 方式在短时间内难以取得效果，阅读心得也不会伴随读者的每一次阅读而出现，好友推荐或正在阅读的功能又只是关系链中单方面的呈现，这就使微信读书 App 的大部分社交功能难以发挥实际作用，反而给用户一种读书与社交两张皮的感觉，在阅读行为中实际效果有限。

三、对微信读书的思考

（一）差异化

媒介产品的发展经历了从"内容为王""渠道为王"到"差异化为王"的转变。在信息同质化、产品多样化的今天，用户表现出具有个人偏好的个性化订制，与众不同更能契合用户的消费需求。微信读书 App 主打"读书 + 社交"的模式设计正是其"差异化为王"思维下的实践结果。伴随着信息分享逐渐融入用户的信息处理行为之中，微信读书 App 将阅读内容从文章聚焦到书籍，同时将用户行为从阅读扩展到社交，聚焦内核而扩展外延，这种"一推一拉"的特色设计凸显出了其与一般移动阅读形式的不同，从而吸引了用户的眼球。同时，微信运动"PK+互动"模式的成功也为微信读书 App 提供了借鉴，享受到这一模式带来的刺激感和愉悦感的用户，自然乐意在移动阅读领域尝鲜。有成功的流行模式在前，有"读书+社交"的新体验在后，微信读书 App 自然容易受到用户的追捧。

（二）个性化

媒介产品不仅需要体现差异化来吸引用户的关注和接触，更需要以良好的使用体验来满足用户的个性化需求，从而保持产品与用户之间的黏性。在移动阅读领域，媒介产品一方面要正确对待碎片内容和深度内容的价值差异，以推送等方式增强碎片信息的用户到达水平，同时积极追踪用户在深度内容上的行为模式，辨别用户阅读行为和兴趣喜好以实现智能推荐；另一方面，还需要优化用户的使用体验，提高操作的便捷性和使用愉悦感。

四、总结

随着媒介产品的极大丰富和用户选择的日趋多样，突出产品差异化，尊重用户体验，成为微信读书 App 在移动阅读产品中脱颖而出的关键。连接好友进行阅读分享和互动，通过优化阅读体验和提供社交方式，使用户获得良好的使用体验，形成差异化格局，确立自身优势和特色，树立独特的风格，满足用户个性化的需求，才能打造自己的品牌，获取市场占有率，进而促进数字图书出版市场的发展。

参考文献

[1] 刘明峥. 移动互联时代"微信读书"之思 [J]. 青年记者，2016（14）：22-23.

[2] 常璐. 当阅读遇到社交，能否碰撞出不一样的火花？——基于"微信读书"App 的体验与思考 [J]. 传媒，2017（7）：53-55.

[3] 王艳. 试析微信对出版业的影响 [J]. 新闻研究导刊，2016，7（17）.

[4] 邓绪娟. 当读书遇见社交——从微信读书 App 看阅读形态大改变 [J]. 新闻研究导刊，2015（20）：242-242.

[5] 肖倩，赵璐，张聪. 从《ONE·一个》看阅读类 App 的新型图书推广方式 [J]. 科技与出版，2015（3）：58-61.

[6] 肖倩，韩婷，张聪. 社会化媒体环境中的数字阅读物推荐及其用户体验研究——以豆瓣阅读为例 [J]. 科技与出版，2014（11）：65-69.

[7] 张聪，刘晓宇，张志成. 浅析微信出版 [J]. 科技与出版，2014（7）：99-101.

[8] 夏韬. 从"微信读书"看移动阅读类 App 的发展与变革 [J]. 出版广角，2017（10）：40-42.

[9] 谢湖伟，王卓，孙悦. 时空压缩理论视角下数字社会化阅读趋势研究——以社会化阅读 App "微信读书"为例 [J]. 出版科学，2017，25（5）：62-67.

关于社区图书馆资源合作共享机制的分析

温宏蕾*

【摘要】人工智能技术就其本质而言，是对人类思维信息过程的模拟。作为一种新兴技术，已经越来越广泛地出现在人们生活的各个方面，人工智能与现实生活相结合已经成为大势所趋。现阶段，我国对于人工智能在图书馆方面的应用，主要集中在检索工具和平台应用上，缺少人工智能在社区图书馆方面的应用研究。本文旨在通过分析社区图书馆的发展现状、社区图书馆技术架构等，研究人工智能与社区图书馆各个环节相结合的可能性。同时，对于人工智能在社区图书馆建设当中存在的问题及解决方案进行阐述，从而对该新技术在社区图书馆当中产生的效应进行总结。本文旨在让读者了解人工智能在社区图书馆方面的应用，同时对人工智能应用于社区图书馆方面的发展方向进行设想。

【关键词】人工智能；社区图书馆；技术架构；用户行为管理；人脸识别

---

* 温宏蕾（北京印刷学院）。

现阶段，我国对于人工智能与图书馆方面的应用主要集中在图书馆信息检索、图书馆信息分类、物理资源和电子资源采购订阅管理、机器人和图书馆自动化四个方面。主要研究著作以北京大学侯汉清教授的《情报检索语言与智能信息处理丛书》为代表。正在兴起的人工智能人脸识别技术、深度学习技术逐渐改变了以往图书馆的发展模式，如百度与武汉大学共同开展的 AI 图书馆建设合作项目，基于大数据和语音识别与读者进行互动，有助于提高读者的"学习黏性"。美国 Paul Sawyier 公共图书馆早于 2008 年 10 月就已经开始实施生物识别系统，而中国杭州电子大学图书馆也在 2018 年年初开始使用人脸识别系统门禁，将照片导入系统当中，学生通过刷脸入馆。

一、社区图书馆的发展现状及分析

社区图书馆是具有分布广、公益性、教育性、休闲性特征的文献信息集散地。以北京市为例，社区图书馆覆盖率达到 60% 以上，总量达到 1238 个。若把街道和居委会统称为"城市社区"，北京市大概每个街道设置有两个街道社区图书馆。但在其正常运行工作当中也存在不少问题，例如，服务信息不全，更新频次过低，服务场所布局不均，场地得不到保障，数字资源滞后等。因此，通过技术建立有效的共享机制，是让社区图书馆能够繁荣发展的重要手段。

目前学界对于社区图书馆的研究重点集中在社区图书馆的建设、服务及管理模式当中。目前国内的研究文献当中新兴技术很少与社区图书馆相结合，更多是从政策上解决问题，而鲜有从技术角度出发来解决问题的。社区图书馆面向的是社区大众，其年龄及受教育程度不同，对于服务和知识的需求程度也不同，因此具有自主学习能力的人工智能技术正是针对这一群体进行有效服务，能够通过用户的学习习惯深度发掘其需求，更加精准地对其进行知识传递，有利于提高社区成员的文化素质和专业技能。

社区图书馆建设目前也存在缺乏统一的标准、服务功能难以满足居民需求，以及服务管理效能低下等问题。从人工智能技术特征来看，人工智能技术区别于其他现代科技的核心点在于具有学习能力，特别是"自主性"的学习能力。虽然不像人类一样，拥有自我意识和思维模式，但是其形成的自我思考已经打破了常规。在LBS技术和人工智能技术发展的今天，利用新兴技术能够有效弥补图书馆在建设和服务方面的缺陷，在有效提供便民服务的同时，对于提高我国整体国民文化素质具有重要意义。

当前，对于人工智能在图书馆当中的应用研究也都集中在整个行业前景上，对于社区图书馆方面的应用研究处于空白阶段。从技术角度考察社区图书馆存在的问题，对于人工智能技术在社区图书馆的应用加以研究将大有可为。社区图书馆存在着与高校图书馆和大型公共图书馆不同的特性，如何将人工智能技术与社区图书馆当中的各个环节相结合应用，是研究的一大方向。

二、社区图书馆的技术构建

（一）智能采选

基于大数据分析、智能推荐算法，自动生成馆配采选清单。

大数据分析在服务器后台定期进行执行，算出一些指标数据。采用专有服务器与其他服务器在空闲时间来完成运算，保证指标延后时间不大于24小时。

智能推荐算法基于大数据分析算好的指标数据，对馆内所有用户特征进行综合提取，得出用户特征模型，结合其他馆配商提供的书目，进行特征匹配，根据本次采选预算要求，实时计算出推荐的采选清单。系统保证推荐图书特征匹配覆盖30%的用户的至少2个需求特征点。

（二）智能图书查找定位

基于图像识别，识别书架快照图像上是否存在某一本图书。书架和摄像头的位置关系是固定的，即采集的图像来源于固定位置。故定位查找的准确率取决于对快照中图书对象的识别，该系统对于图书的正确识别率平均值能达到98%以上。

（三）智能每日盘点

基于图像识别，每日盘点时间识别所有书架快照图像中的所有书。一是识别有哪些书，该系统对于图书的识别率可以达到98%以上；第二识别总的数量，该系统对于书的数量计算准确率可达99%以上。加上一些逻辑上的错误矫正和排查，该功能综合准确率可达99%以上。

（四）智能用户行为管理

基于人脸识别，基于书架、进出馆门位置的快照，描绘用户行为轨迹，停留时间分布。摄像头对于快照的采集每秒十次以上，人脸识别、用户捕捉识别程序处理时间都是以毫秒计算，由于人在馆内行动速度不会很快，所以在图像采集和图像处理上不会出现用户行为未记录的情况。但是，由于摄像头角度问题，可能造成用户部分时间没有采集到有效正脸图像，而导致用户行为轨迹点丢失。实际情况是，进出馆门位置的摄像头正对用户出入口，而且放置了多角度的拍摄，用户必须完成一次识别才能进出馆，故对于进出馆这两个轨迹点，用户行为识别率会很高，可达99%以上；而馆内其他轨迹点可能低至全部无法识别到。

（五）智能借书

基于人脸识别、图像识别，识别借书人身份，识别借书台上书籍快照图像中包含的书。

借书行为属于必须准确无误完成的功能，在自动识别出现问题时，可由用户调整人脸、书的角度以提高图像质量，提高识别率，甚至主动录入相关信息来完成。常规摆放图书，人正对借书台，本系统可做到正确识别率98%以上；结合用户调整站位、图书摆放后，识别率可达99%以上，会有较低比例的情况需要用户主动录入相关信息。

（六）智能还书

基于人脸识别、图像识别，识别借书人身份，识别书架快照图像，判断借书人已借的图书是否已经归还到书架上。

系统对书架上图书快照的识别率可以达到 98% 以上，对于没有识别出来的已还书，可以由用户二次确认，免检通过。后续盘点时，如果对于还书情况有疑问，可以通过人工确认来完成。还书过程中不像借书时需要准确无误地识别出书的信息，所以对于准确率的要求可以适当降低。本系统的准确率已经符合实际使用需求。

（七）社区图书馆网络

基于图书馆的地理位置，结合社区分布数据、社区图书馆分布数据，构建全市社区网络。

对于位置的判断主要基于手机提供的位置服务、Google map 提供的地图服务。根据图书馆所在地的情况，这两项服务的准确率会有差别，如果定位或地图上的位置确实有问题，可以主动找相关服务器进行申报处理，保证基于地理位置的服务在 99% 的情况下能正常使用。社区图书馆分布数据由项目方主动收集、整理，确保数据可靠性达 100%。

三、社区图书馆存在的问题及应对措施

（一）缺乏完善的理论指导

近年来，关于社区图书馆的研究成果已经很丰富，研究内容较多涉及社区图书馆的建设模式和组织管理模式。但是，关于社区图书馆如何建设才能更好地服务于公共文化建设，缺乏具体理论指导，公共文化服务体系中有关社区图书馆建设的研究文献屈指可数。为推进公共文化服务体系建设，应该借鉴国外社区图书馆建设的先进经验，有针对性地解决我国社区图书馆建设中存在的诸多问题，如对社区图书馆的建设模式、组织模式、管理模式及其他公共文化体系服务子系统的合作等问题的研究。

（二）缺乏完整的管理体系

目前，社区图书馆普遍存在馆藏品种少，内容差，缺少专业管理人员等问题，无法满足广大居民的需求，导致社区图书馆资源无法满足居民的实际需求。而通过建立智通立体网状社区图书馆智能集群，可以解决以上问题。智通技术的实现，能够对数百万出版物本身的非结构化数据进行智能理解，同时，根据用户行为进行智能匹配，实现智能选书模型，根据服务要求进行智能选书；此外，也可以跟物联网路径和用户借用频率结合，在同一集群给予最佳的调配方案。

以现有的社区图书馆为依托,通过人脸识别技术,记录用户的进出馆行为和馆内活动轨迹,实现为用户智能推荐书籍。通过"书架快照分割+图书图片OCR"识别出该书架上当前摆放的图书,此技术主要用于计算馆内书架上当前摆放的所有书的清单,从而实现智能图书盘点、还书情况确认、图书被使用情况分析等,大幅度减少人工。

四、小结

社会经济的高速发展,极大地丰富了人们的文化生活,人们对于知识的渴望越来越强烈。人工智能技术不仅能够节约人力成本,而且能够提升社区图书馆的整体服务质量,为当前社区图书馆的发展提供一个新的方向。面对社区当中的知识服务对象,能够根据其不同的需求帮助其建立更加牢固的知识体系并进行更加具有深度的知识导入。未来的社区图书馆将不只是知识的聚集地,更能够形成一种具有各自特色的文化氛围,成为社区当中人们相互进行知识交流的场所。在智能技术的引领下,必定会朝着好的方向不断发展,从而完成质的飞越。

参考文献

[1] 王瑜.北京城市社区图书馆服务的问题与对策研究[D].北京:中央民族大学,2013.

[2] 徐洁.美国公共图书馆可持续发展探析[J].图书馆研究与工作,2017(6):5-8.

[3] 叶蕊.日本社区图书馆服务及启示[J].河南图书馆学刊,2018,38(2):77-79.

[4] 郭丽娴. 国外社区图书馆建设经验及其对我国的启示 [J]. 科技资讯，2015，13（17）：204-206.

[5] 奚水. 社区图书馆发展中存在的问题及对策 [J]. 科技创新导报，2017，14（36）：254-256.

[6] 陈冬，储骏熠. 社区图书馆：构建书香社会的题中之义——以上海市 K 社区图书馆为例 [J]. 城市管理与科技，2016，18（3）：36-38.

[7] 许江涛. 城市社区图书馆建设现状与公众需求研究——基于对天津滨海新区的调查分析 [J]. 河南图书馆学刊，2013，33（12）：5-7.

新媒体环境下的手账文化传播

王　琦*

【摘要】"手账"是在 21 世纪以后由日本传入中国的,在此之后,"手账"在我国当代青年群体,尤其是"90 后""00 后"受众中流行,并逐渐成为文化。在新媒体时代,书写形式正逐步由传统书写转变为"电子化书写",但对于"手账"来说,"书写"仍然是手账其创作核心。相比于在网络上被淹没的大量信息,纸质书写的手账能够为使用者留存更多的有效信息。长远来看,如何用手账文化带动纸质书写,并更深层次地推动汉字书写文化,是新媒体环境下手账文化传播需要思考的问题。

【关键词】手账；纸质书写；新媒体

近几年来,手账文化突然从小众范围走进了大众视野,引发了大众,尤其是青少年的广泛关注。近两年,手账集市这一特殊的手账文化活动在全国各地先后举办。2018 年以来,由北京大狸文化有限公司线下集市"BJ 北京手账集

---

* 王琦（北京印刷学院）。

市"与淘宝文创等联合举行的几次手账集市活动，取得了空前的效果。一时间，手账成为一种青少年间流行的记录方式。

一、复兴的纸质书写模式：手账

所谓"手账"，究其含义是指用于记事的本子。在日本，大部分人都会随身携带一个被称为"てちょう"的本子，随时随地掏出来翻看或者记录。而现在的手账，随着使用者的不同，从形态、功能到目的也各不相同，如果单从手账的功能性来考量，"用于记录计划与待做事项的具有特定用途的工具"是一个相对妥帖的表达。❶伴随着新媒体和手机的发展，手账也不再局限于纸张上面，随着"color 多彩手账""Mori 手账""时光手账"等手机 App 的上架，手机也可以发挥手账的作用，人们在手机上输入日程记录、时间管理，从功能上替代现有的纸质手账。即便如此，手账的使用群体仍更多地选择使用纸质手账进行书写和排版创作，这在"早把纸笔丢掉"的新媒体时代可谓奇观。

根据笔者的调查（见表1），大部分手账使用者是出于记录和管理诉求来使用手账的，少部分人会因为手账的美观性而使用它（表1）。在用户年龄分析方面，52%的手账使用者年龄居于 20~25 岁区间，这与其职业构成中所占比例最大的"全日制学生"相吻合。在使用者行为分析方面，60%以上的手账使用者愿意在微博等社交平台分享自己的手账（内容或排版），并且大部分用户为女性。

❶ 曹洋. 手账文化群体网络分享行为研究 [D]. 南宁：广西大学，2017：3.

表1 手账使用者的使用原因构成

选项	记录功能	计划/时间管理	美观	其他
比例/%	53	23	19	5

那么,手账文化在国内的传播形式究竟是什么样的,目前我国手账文化又是如何发展的?在手账带给我们对文化创意产业和纸质书写复兴的新奇体验的同时,我们有必要对手账文化的传播进行一番探讨和梳理。

二、自我传播新形态:从日记书写到手账书写

(一)日记书写中的媒介自我化传播

自我传播是指传者与受者合二为一的传播形式,即在自我认知过程中发生"主我"与"客我"之间的信息交流和相互对话,其实质就是个人的自我意识和思维的活动过程。❶ 传统的纸本日记就属于自我传播的一种特殊呈现方式——媒介中介化自我传播。就传统日记书写而言,它记录着使用者每日发生的事情,或兼记着对这些事情的心情和感悟,在日记不公开的情况下,其中记录的关于个人感受或思考的内容,就是自我传播变化后呈现出的一种新形态:信息由个体本身发出(书写),通过传播媒介(日记本)传递,最后由个体本身接受(阅读)。❷

---

❶ 董天策. 传播学导论[M]. 成都:四川大学出版社,1993.
❷ 张放,尹文婷. 从独白式微博书写看媒介中介化自我传播[J]. 当代传播,2014:79-81.

在传统纸本日记的自我传播过程中，传播媒介，即日记本，起到了"桥梁"的作用，传播过程由先前的"主我—客我"变成了"个体—日记本—个体（主我—媒介—客我）"。

事实上，新媒体环境下的手账书写正是媒介中介化自我传播借助新媒体而形成的新形态。

（二）新媒体环境下的手账文化传播

新媒体环境下的社交形式正不断改变着青少年群体的文化表现样式。数字技术使亚文化群体的文化风格文本化实为虚，朝着虚拟符号的形式转变。传统亚文化风格如造型、舞蹈转变为图片、视频等虚拟符号。手账文化在网络上的内容呈现是手账使用群体文化风格的展示，同时也是手账传播行为的落脚点。

手账文化具有一定的自我空间，表现形式具有一定的私密性。相较于会被更多相识的人看见的微信朋友圈，陌生人居多的微博通常是手账爱好者进行分享和传播的主要平台，手账的发布通常不以寻求大众传播效果和反馈为目的，更多的手账使用者在发布时对关键信息进行打码处理，以微博平台作为记录，以传者自身为受众。

手账书写在文化传播形式上仍旧以图文形式为主，手账使用者将自己的手账拍照上传。尽管手账书写对于手账使用者日常生活的碎片化展示的目的是进行自我传播，但这一种"开放的内省模式"却大大提高了其他受者接收到该信息的可能。因此，手账文化在传播过程中会产生一定的交互。

（三）手账书写与日记书写的传播差异

原始的自我传播最基本的特点主要是反身性、对话性和内省性。媒介中介化自我传播的出现，打破了这种自我与自我间的传递，为主我与客我间的互动提供了中介，相对于外界的独立也不再那么明显。

新媒体环境下进行传播的手账内容，其实是纸质手账依托网络和新媒体形成和转化的数字化版本。这一形态上的改变，也带来了其与传统纸质书写的差异。

首先，反身性的再次延伸。在原始的自我传播中，反身性使个人通过自我传播完成自我认知，纸质书写的出现，为这种反身性带来了时间和空间上的延伸。而新媒体环境下的手账书写的反身性，在时间和空间上再次超过了传统日记书写，纸品保存时间有限且易丢失，而存放于网络空间的手账书写却不会。其次，复媒介中介的自我传播形式。原始自我传播中不经由其他媒介渠道，日记书写由于"纸的介入"而需要通过中介来展现，但是，在手账书写中手账使用者具有手账本与新媒体两种媒介，这是前所未有的。最后，在传统纸质日记的书写过程中，信息经历了由内至外再到内，内省不再是完全内在的，而是经历了部分外化。在手账的传播过程中，使用者的内省过程外化导入一个虚拟的空间，并与其他终端加以联结，增加了广泛共享的可能，这是传统日记无法匹及的。

三、新媒体环境下手账对纸质书写的带动作用

麦克卢汉说过："书写最大的特点就在于它将思想的迅捷过程呈现为稳定

不变的沉思与分析的力量。"❶ 书写理念的回归,对当代青少年继承和发扬传统文化具有重大意义。今时不同往日,传统书写的推广离不开互联网,而与纸质书写密切相关且活跃于网络中的手账文化,能够成为推广纸质书写的重要依托。

(一)个体:借助榜样力量

"榜样的力量是无穷的",榜样学习是青少年学习成长的重要教育手段,这在我国是非常普遍的。在这里,我们说的"榜样",泛指那些因手账做得好而在网络上走红的"手账er"。例如,因手账在微博走红的手账博主"@不是闷",在微博上拥有14万"粉丝",她的作品往往能够引起大家的转载和模仿。如图1所示。

图1 微博博主@不是闷的手账作品

---

❶ 麦克卢汉. 麦克卢汉精粹[M]. 南京:南京大学出版社,2000.

网络媒体中的榜样，在引起关注和赞叹之余，最重要的就是引发群体成员的存档行为——转发分享是新媒体时代人们留存信息的重要方式之一，网友因留存信息而转发，由此使得榜样的力量借助新媒体造成更大影响，榜样的力量就能得到增强。

手账传播中的榜样力量对纸质书写的促进具体表现在两方面：一是受众对作者的纸质书写进行模仿和整理，将其直接应用于自己的学习生活中；二是通过手账作者的创作行为，对纸质书写理念进行倡导。如图2所示。

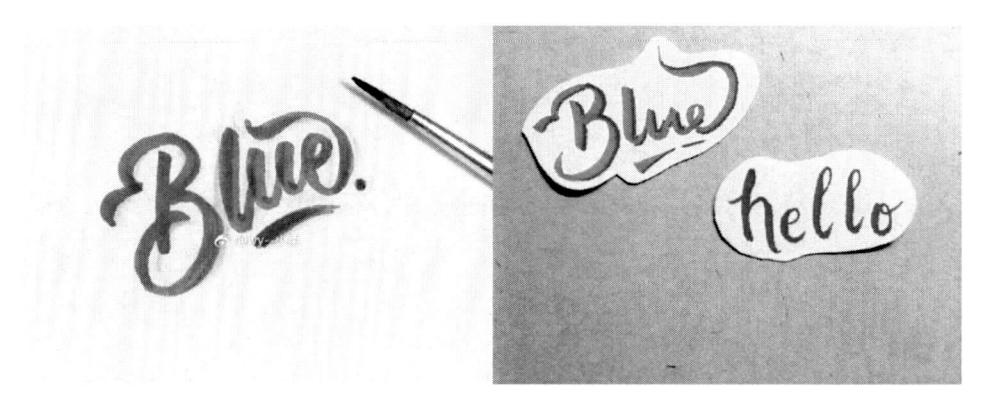

图2 微博博主@lvy--小柔的书写作品及"粉丝"的模仿

因此，在手账文化的传播过程中，我们能够借助新媒体多多树立与纸质书写相关的榜样，引领青少年的创作与书写。

（二）群体：唤起群体归属感

手账文化的网络传播开始于小众文化的聚集地——豆瓣，形成了独特的小众亚文化群体。近两年，随着手账文化的不断发展，其相关信息转移到大众化社交平台上，才逐渐扩大了该群体的规模。使用群体通过参与相关传播活动，寻求共性并找到归属感。

手账是一件充满情怀的事物，一件小小的东西：一支笔、一个本、一张便签就有可能唤起大家的情怀。通过手账书写的传播，营造出纸质书写的集体情怀，使群体产生共鸣，这种情结会逐渐成为个体潜意识的核心，融入手账使用者生活的方方面面。一方面，手账爱好者会感到纸质书写逐渐减少的压力；另一方面，会产生对传统纸质书写传扬和保护的心理，并由此更加积极地参与书写文化理念的推广。

实际上，如果大部分的手账爱好者能够做到纸质书写，并且对书写文化认同，那么，手账文化的传播对传统书写形式的继承就能起到推进作用。

一切文化的传承和发展都是在传播过程中进行的。新媒体为亚文化传播提供了平台，只要有需求，就有传播，无论对何种文化的发展都是一种契机。手账文化的流行意味着纸质书写理念的复兴和回归，传统纸质书写如何在新媒体环境下渗透到青年群体中，是我们研究新媒体环境下手账文化传播的最终落脚点。

"养成"视角下真人秀综艺节目
火爆的原因分析

孙海伦*　张　聪**

【摘要】 2018年养成类综艺节目呈井喷式爆发,《偶像练习生》《创造101》更是将养成类真人秀综艺节目推上了高潮。"养成"视角下,"粉丝"经济依托节目的播出进入全民话题带流量的新时代。本文分析养成类真人秀综艺节目火爆的原因,探析它是如何掀起新一轮"粉丝"经济效应的,并对节目进行反思。

【关键词】 "养成"类真人秀;网络综艺;"粉丝"经济

---

*　孙海伦(北京印刷学院)。
**　张聪(北京印刷学院)。

一、"偶像养成"之路

"偶像养成"类真人秀综艺节目——中国式道路,其制作模式多借鉴日韩选秀,通过真人秀的拍摄形式将练习生的培训过程——训练、选拔过程及出道经历搬上荧屏,打造成综艺节目。以此来推动"粉丝"和偶像的互相养成,改变了从前由经纪公司决定偶像发展前景的绝对掌控。

2005年《超级女声》成为国内选秀节目的开山鼻祖;2012年暑假《中国好声音》以首轮播出1.5%的高收视率刷新此类综艺节目最好成绩;养成类真人秀节目《创造101》收获1.9亿播放量;《偶像练习生》首播1小时点击量破1亿,2期破4亿,收官已经突破25亿,微博热门话题阅读量超过130亿。足以证明,偶像养成节目正以愈加新颖、活泼的形式不断吸引公众视线。

国内现有的偶像养成节目大多借鉴日韩的节目形式,腾讯视频买下了韩国版《produce 101》的版权,结合本土实际推出国内首档网综养成真人秀节目《创造101》。101位来自不同经纪公司的练习生参与竞演,在养成女团发起人和明星导师的召集和训练下,循环人气投票,最终由观众担任女团创始人,选出前11位练习生作为女团成员,组成全新的偶像团体出道。《创造101》的总播放量超过44.4亿,在首播两小时内弹幕超过3万条,一晚上就登上了近30个微博热搜。截至决赛当日,《创造101》"粉丝"公开集资总额已超过4000万元。爱奇艺打造的《偶像练习生》在1月19日晚8点正式上线。100位各具特色的练习生通过导师的指导与点评,完成节目组安排的各项任务,充分向"全民制作人们"展现自己,从而获得"粉丝"的支持与投票,最终由观众投票选出的9位练习生将组成偶像男团出道。节目上线1小时后,播放量轻松破亿,微博阅读量达到15亿,开播当晚共拿下了18个微博热搜关键词。

二、火爆的原因

(一)"粉丝"定制,精准的节目定位

目前,偶像养成类节目的主要受众就是年轻、有梦想的热血青年,偶像的力量促使他们在人生道路上前行,通过养成偶像来塑造自身的价值。《创造101》《偶像练习生》等偶像养成类综艺节目以"越努力越幸运""向阳而生,逆风翻盘"的精神引领新一代青年,在看到和自己一样的同龄人通过努力慢慢接近完美时,他们也受到启发和激励。

"养成"属性:偶像和"粉丝"相辅相成,各取所需。这种养成的过程是动态的,不是永久的;是双向的,不是单一的。养成类节目最初将年轻群体作为节目主要受众,分析受众的精神需求来塑造选手,满足他们的观赏欲望。足够的参与感和体验度是偶像养成节目成功的原因之一。《创造101》赋予"粉丝"们"创始人"的权利,给受众极大的主导权,使得"粉丝"的参与行为影响了自己偶像的前途和命运。在节目竞演环节,"粉丝"成为练习生的曲目搭配者,这无疑培养了双方的默契度。在赛制的设置上,出道的11位练习生由"女团创始人"投票选出,这就把练习生线下实力的竞争转移到了"粉丝"线上关注度、参与

度的竞争，"粉丝"为了让自己心目中的偶像顺利出道而参与投票，这就极大地增强了"粉丝"与偶像的黏性。

养成类真人秀的节目形式让观众参与了练习生从普通人到偶像，以及出道成功与失败的过程，提升受众与偶像之间的互动，让观众产生了与自己生活相关的强烈共鸣。这会让观众产生陪伴选手成长的认同感，增加了养成类综艺节目的黏性。这个过程就形成了"粉丝"经济，"以消费者为主角，由消费者主导营销手段，从消费者的情感出发达到为偶像增值情绪资本的目的"，"粉丝"经济贯穿偶像养成类节目始终。

（二）品牌掌握主动权，配合养成模式开创新式营销

品牌植入不再是传统电视节目里简单生硬的广告语，农夫山泉维他命水给《偶像练习生》独家冠名，开起了全面霸屏、真实互动的商业营销时代。独创性的投票渠道把流量变现。通过与某宝的官方店铺合作让"粉丝"购买官方产品，把"粉丝"转化为品牌的忠实消费者，他们掌握偶像的主控权既能增强用户现实又能使爱奇艺和《偶像练习生》的流量再度转化，保持持续话题度。此外，农夫山泉还独家定制广告短片，让平常索然无味的广告变成"粉丝"福利，让每周投票数最高的练习生出演广告。

联合赞助商小红书 App 中，通过练习生分享自己不一样的生活，发挥意见领袖的作用，使得"粉丝"和偶像可以在平台上通过私信、评论、回复等功能双向互动。借助"粉丝"效应迅速把流量变现，偶像们在小红书上分享的个人体验涉及的商品被一抢而空。此外，在小红书 App 也能通过为自己心仪的偶像打榜换取现场门票，近距离接触偶像们。"粉丝"在小红书中每人每天十票，但是分享可

以再获得十票,发布文章也可以再获得十票。平台和"粉丝"效应挂钩自带流量,将"粉丝"圈层文化与营销相结合,使"粉丝"热情找到宣泄口。

行业赞助商你我贷打造了投票应援通道,凡是下载你我贷 App 的用户均有机会赢得偶像练习生现场门票,还在上海陆家嘴的花旗大楼承包一天的楼体广告。

"粉丝"定制偶像实现了新的品牌植入模式,投入了互联网思维逻辑。"粉丝"们占主导地位,增强了现实交流,使得他们之间的关系更为紧密。把"养成"主线贯穿到品牌上,集聚"粉丝"效应为日后养成类综艺节目添砖加瓦。获取自我价值的变现直接提高了品牌曝光率,并为产品暗中铺垫。最重要的是,一部分"粉丝"很有可能直接转化为品牌的忠实消费者。

(三)全媒体覆盖,制造话题

养成类综艺节目借助官方的微博账号和微信,可以与"粉丝"形成良性互动,为明星和"粉丝"之间建立起沟通的桥梁,同时实现节目宣传效应。实行全媒体覆盖,不论是传统出版行业还是新媒体行业,都在微博和各大互联网站上投放话题及广告,制造"微博话题榜",吸引更多的人群关注节目,从而获得了更高的关注度和流量。由于新媒体传播的特性,节目相关话题及偶像们能迅速进入大众视野成为公众热议的话题。

《偶像练习生》长期霸屏微博热搜榜,平均一天至少要发十几条微博,内容包括幕后花絮视频、练习生高清舞台照、"粉丝"抽奖活动等,以官方的角度来维系和发展"粉丝"。通过后期剪辑塑造选手的性格,为选手添加人设从而制造话题。例如,"蔡徐坤哭了""范丞丞表情包"等随着每一期节目的播出登上微博热搜榜单。节目中经常使用的"越努力越幸运""逆风翻盘"一度成为网络和生活当中的热词,由此引发新一轮的关注度和流量。同时,爱奇艺的泡泡社区,为"粉丝"建立圈子,"粉丝"可以在泡泡社区给偶像写信,为偶像打榜和应援,促使"粉丝"在平台上产生聚集效应。最重要的是,此类节目都是以"粉丝"投票为主,增加了"粉丝"在偶像养成整个过程中的参与感。

三、养成类真人秀节目火爆的背后

(一)粗制滥造、缺乏创新

节目缺乏原创能力。我国偶像养成类综艺节目虽然积极借鉴国外成熟节目制作的经验,但只学到了些皮毛,核心的东西没有很好地融汇进来,并且缺乏原创内容。目前,国内偶像养成类综艺节目的制作大都聘请了韩国的制作团队,有些引进的节目直接聘请原班人马参与制作。

网络综艺节目制作需要"匠人精神",精雕细琢。在综艺节目内容上要不断更新,使节目市场更加稳定。"偶像养成"类节目应立足广大观众,通过素人破茧成蝶的过程、团队磨合和创造的过程加强观众代入感。根据自身条件和市场要求做符合我国国情的培养机制。在题材上避免跟风、随大流,可另辟蹊径,让小众题材引领主流话题,树立引领正确的价值观。多创造融入中国元素的慢综艺、文化类综艺节目,如《中国诗词大会》《朗读者》《向往的生活》《中餐厅》等。

（二）谨防过度营销，还原"真"

《偶像练习生》决赛投票数超过 1.8 亿，微博热搜被节目相关话题占据一半。仅应援 20 位练习生"粉丝"便已集资超过 1300 万，参与的"粉丝"组织数量近 50 个。除了超过 25 亿的播放量，数以亿计的投票数量，时常霸占微博热搜的强大热度，《偶像练习生》在商业营销上也不断发力。在总决赛之前举办的"粉丝"见面会中，售价近 3000 元的门票短时间内便被一抢而空。"粉丝"也不遗余力地用金钱筑起偶像的高地。

过度消耗流量、败坏路人好感只会适得其反，还原养成真人秀节目的"真"实度，利用互联网平台拉近"粉丝"与明星间的距离。将练习生们私下生活中最真实的状态展现在镜头下通过平台让"粉丝"们看到，增强了"粉丝"的黏度和忠诚度，让"粉丝"拥有更多角度和渠道来了解养成偶像，增强偶像与"粉丝"之间的"关联"。

（三）价值观的错位，树立正确价值

青少年的追星行为并非完全为了追求时尚和享乐，而是具有一定独立自主性和积极倾向。偶像的诸多精神内涵可以丰富青少年消费群体的精神世界，甚至能够影响青少年群体的行为。但也存在着一些负面的追星现象，例如，《偶像练习生》的决赛门票被炒至 1.8 万元一张，其"粉丝"甚至每天投 4000 票只为送偶像出道。养成类真人秀节目将偶像出道的过程呈现在观众面前，应在节目过程中借助偶像的力量传递社会正能量，让青少年"粉丝"在追星消费的同时，也为社会贡献力量，培养正确的人生观、世界观、价值观。

将偶像视为努力的目标，避免盲目消费、片面崇拜。偶像在网络综艺节目中的成长面临很多挑战，人们要将偶像打造成"粉丝"的努力目标，引导"粉丝"与偶像共同成长。

参考文献

[1] 王大钊.美色消费与欲望景观[J].艺术科技，2016（8）：101.

[2] 波德里亚.消费社会[M].刘成富，全志钢，译.南京：南京大学出版社，2000.

[3] 何江，郭嘉.使用与满足理论与真人秀节目人物形象——以《奔跑吧兄弟》为例[J].出版广角，2016（2）：74.

[4] 张嫱."粉丝"力量大[M].北京：中国人民大学出版社，2010.

[5] 姜琳琳.互联网造星，国产偶像工业的超车道[N].北京商报，2016-01-14（D1）.

[6] 黄梅梅.中国偶像综艺只有"秀"没有"养成"？

[7] 许芫颜.偶像养成类综艺节目小议[J].出版广角，2017（5）.

[8] 刘海明，欣岩.广电节目被连连叫停背后[J].检察风云，2007（9）.

网络动员新态势
——以大张伟微博动员为例

孙博雅 *

【摘要】网络动员即传统社会动员的网络化，既有传统社会动员的特点，也有互联网赋予的特点。2018年4月，音乐人大张伟于其新浪微博进行了一场较为成功网络动员，表现出不同于以往网络动员的新特点。本文以此次网络动员为例，采用民族志的研究方法，以网络动员的三阶段为线索，详细探究了网络动员的新态势，指出网络动员的发起正以营销为重要出发点，且动员主体与动员对象在整个动员过程中高度互动，作为群体的动员对象之间及其与动员主体之间的黏性也有所增加，使得动员效果更为显著。

【关键词】网络动员；新态势；微博动员

---

* 孙博雅（北京印刷学院）。

传统的社会动员是指一个组织或团体有目的地引导社会成员参与社会事件的过程。而关于网络动员的定义，目前学者们各执一词，并无统一界定。较为普遍的说法认为，"网络动员就是以网络作为工具而进行的社会动员，是依靠网络、手机等现代科技手段，互相沟通、串联，在无组织、无领袖的状态下，集体开展特定的群体活动，并采取实际行动的组织过程"[1]，即传统社会动员的网络化。网络动员不仅局限于线上的动员和活动实施，而且包括群体活动的线下执行。

依照时间顺序，网络动员可以分为动员发起阶段、动员扩散阶段和动员响应与反馈阶段。2018年4月，音乐人大张伟于其新浪微博进行了一场较为成功的网络动员，且表现出不同于以往网络动员的新特点。本文将以此为例，采用民族志的研究方法，以网络动员的三个阶段为线索，详细探究网络动员的新态势。

一、动员发起阶段

2018年4月17日，大张伟为宣传新歌《阳光彩虹小白马》发布一条长微博，内容为呼吁"粉丝"集思广益，为其出谋划策，以便更好地达到宣传效果。他在该条微博上称买App开屏、买音乐平台的推广位、找短视频应用增加使用量等宣传方法都用过了，但是都达不到他想要的效果，这首歌是他非常想让更多人听到的正能量的歌，所以希望"粉丝"一起出谋划策，并与"粉丝"

---

[1] 丁慧民，韦沐，杨丽.网络动员及其对高校政治稳定的冲击与挑战[J].北京青年政治学院学报，2006（2）：28-32.

约定每周一在微博上汇报总结，坚持三个月，成绩好的话会在线下举行拥抱等形式的表彰大会。

不难看出，大张伟进行这次网络动员的出发点是营销。这里的营销指明星对于自己电影、音乐等作品或即将出席的活动的营销，它是最普通也是在明星微博中最常见到的营销类型，表现方式一般也很直接。以这种营销为出发点，明星的网络动员首先会在其"粉丝"群体中展现效果。大张伟发起动员就是以宣传自己的新歌为出发点，"粉丝"会无条件进行响应。此外，营销除了对于产品的营销，还包括对品牌的营销，对于公众人物来说就是对其形象的塑造。

二、动员扩散阶段

在大张伟发布的长微博下，一名"粉丝"发布评论并建议大张伟在宣传新歌时与时下人气火爆的动画片《小猪佩奇》进行合作，大张伟以开玩笑的形式回复："好啊，那佩奇的微信你有吗？"于是"粉丝"自发性地纷纷转发并且提到小猪佩奇的官方微博。16小时后，小猪佩奇官方微博在大张伟微博下回复"听说大老师想认识我"。24小时内，除小猪佩奇外，小马宝莉、小羊肖恩、外公Rick和海绵宝宝四个卡通人物的官方微博都转发了上文提到的大张伟的长微博，为其宣传新歌，大张伟也逐一进行了转发。随后，大张伟又发一原创微博，称自己和上述几位卡通人物在高兴地开派对，并点名其他卡通人物，问他们到哪儿了。于是"粉丝"再一次提到各种卡通人物的官方微博。12小时内，他点名的几个卡通人物官方微博都对其第二条原创微博进行评论和转发互动，并且许多他没有提到的动画片和卡通人物官方微博如阿狸、喜羊羊与灰太狼、流氓兔等也都进行了转发和评论，为其宣传，甚至花钱为其新歌打榜。大张伟也转发了以上的宣传微博。与此同时，新浪微博的热搜榜上也出现了"大张伟卡通交际花"这样的热搜词。近20个卡通人物官方微博出现后，"粉丝"凭借自己对大张伟的了解，又去提到他喜欢的饮食品牌官方微博，并且给那些官方微博发私信邀请加入宣传活动，于是黄飞红、汉堡王、周黑鸭、旺仔的官方微博前来转发支持。随后，大张伟发布原创微博邀请更多的饮食品牌一起加入"派对"，并附上"粉丝"为其做的多张卡通人物宣传表情包。4月22日，大张伟微博发布使用其新歌拍摄抖音的三版舞蹈，并呼吁"粉丝"一起将其新歌在抖音的使用量冲到五十万。4月23日，大张伟在其微博以图片形式发布了第一周的宣传成果，包括卡通人物助阵与上热搜，还有"粉丝"帮忙写出的活动策划方案，并且部署了下一周的任务，主要有四点，分别为拍摄抖音、策划快闪活动、常使用歌词中鼓舞人的部分，以及贴在办公室、学校里。另外，他还做了一张名为"小虹花"的符合新歌的图片，称只要看到"粉丝"发任何关于新歌的宣传微博就会颁发"小虹花"，以示鼓励感激。晚上八点，大张伟在微博设三条评论帖为三个讨论区，与"粉丝"进行了第一周的总结大会，并落实了第二周的任务部署。

　　该阶段虽然是网络动员的扩散阶段，但动员主体的动员行为与动员对象对于动员的响应实际是交织在一起的。由卡通人物与饮食品牌的官方微博纷纷前来为大张伟宣传可以看出，网络动员的扩散不是动员主体单方面进行动员，而是动员对象也参与其中。以往网络动员的扩散就像是水面的涟漪，动员的内容通过动员对象的传播逐层向外扩散；而此次大张伟的网络动员却像是一张蜘蛛网，不仅动员对象的响应层层扩散，在扩散到一定节点的时候，动员主体会对这种扩散进行反应，从而形成新一轮的扩散。

"粉丝"对于大张伟一条评论的迅速反应也是有其原因的。

第一，明星是公众人物，具有天然的受关注性，其在微博上的一举一动都会被及时反应并产生大量的评论和转发。并且，明星作为现实生活中的公众人物和微博平台上的"大V"，都在扮演着意见领袖的角色。微博上的意见领袖是指那些在微博舆论行为中，在信息的传播或者意见的表达方面能够影响他人的人。在微博这一话语场中，明星可以跳出自己的专业领域，对任何事情发表看法，依托其公众人物这一身份，他们也可以获得众多支持者与追随者。

第二，是由迷群的特点所决定的。1992年刘易斯在其《崇拜的受众：迷文化和大众媒介》中认为，"迷群"是"那些对媒介明星、演员、节目和文本极端投入的迷狂者"[1]，在实际生活中，迷群也即人们常说的"粉丝"。与以前的追星族不同，当今的"粉丝"们更加愿意表达自己的感受并采取切实的行动，他们敢于抒发自己对偶像的喜爱，能够积极参与与偶像相关的活动。迷群这个群体的形成依托某个特定的明星，明星作为一种强大的向心力使得迷群具有高度的集中性，且其共通的情感增强了群体内部的黏性及群体对其偶像的忠诚度，使网络动员更容易产生集聚的力量。大张伟的网络动员就是依托其与"粉丝"之间的高度黏性，让"粉丝"在他发布微博后第一时间纷纷去转发，甚至给一些官方微博账号发私信。这也令其"粉丝"有被"卷入"的亲身参与感，能够从中获得情感利益。此外，迷群作为一个群体，其中也存在着意见领袖，那些在整个迷群中地位较高的"粉丝"更容易成为意见领袖，引导着其余"粉丝"的看法和观点，这在一定意义上可以被视作群体内部的团结，能够助推网络动员有效、持续地进行。

---

[1] 朱丽丽. 网络迷群的社会动员与情感政治[J]. 南京社会科学，2016（8）：103-109.

短短的 48 小时内，能够出现近 20 个卡通人物的官方微博与 4 个饮食品牌的官方微博为大张伟宣传新歌，并且在一天半的时间里形成高潮进到热搜榜单前列，充分体现出大张伟的此次网络动员规模之大与速度之快。高度信息化的社会使得互联网和移动媒体越来越成为人们不可或缺的信息获取以及交流渠道，由于网络动员不受时空的限制，其效果的形成必然是高效和快速的。并且根据上述观点，明星微博进行网络动员的对象大多是其"粉丝"，这些"粉丝"在网络上对自己偶像相关信息的关注度是任何一个群体都无法比拟的，所以当自己喜爱的明星进行网络动员时，他们会以最快的速度出现并作出回应。并且，由于明星"粉丝"基数大且本身就是公众人物，一举一动都受到"粉丝"和大众的关注，所以一旦他们进行网络动员，形成的规模也是不容小觑的。

三、动员响应与反馈阶段

在第一周总结大会之后，大张伟的"粉丝"开展了多种多样的线上及线下宣传活动。有的拍摄抖音，有的向路人印发宣传新歌的小卡片和扇子，有的画画、拉条幅、在快递柜宣传，还有的在淘宝评价时宣传歌词、教身边小朋友跳新歌舞蹈，更有采访自己同是"粉丝"的大学老师以宣传新歌的，大张伟也都以微博评论的形式给予了"小虹花"。

除了上述网络动员的线上活动，大张伟利用其微博进行的网络动员在线下也有一定的成果。在第一周与"粉丝"的总结大会上，大张伟提出"粉丝"关于线下快闪的建议有效可行，于是经过"粉丝"之间彼此约定，全国 20 多个城市和少量国外的"粉丝"在 4 月 29 日各自完成了本地的线下快闪活动，参与的"粉丝"共计 549 人。之后，大张伟于 5 月 6 日在北京以"新歌温暖他人"的主题举行了匿名的拥抱会并进行了线上视频直播，"粉丝"也在其号召下于 5 月中旬至 6 月上旬在全国 7 个城市进行了"阳光抱抱"活动并进行了线上视频直播。

　　网络动员的响应与反馈阶段意味着一场动员的尾声，动员对象通过自身的行为对动员的内容进行响应与反馈，是动员对象作为群体最活跃的阶段，也是动员中互动行为和效果最明显的阶段。互联网是一个巨大的虚拟社群组织，网络动员即在该组织中进行。Kozinets 根据虚拟社群成员与社群关系的强弱以及对社群讨论主题——消费的热衷程度，将成员分为圈内人、奉献者、混合者和游客。而在进行网络动员行为的虚拟社群组织中，也同样存在这四类成员，他们为动员的成功作出不同的贡献。[1] 大张伟发起的网络动员，是他作为圈内人与互联网这个虚拟社群组织中的其余个体，尤其是"粉丝"构成的组织的互动。同动员的扩散阶段一样，大张伟在动员的响应与反馈阶段也以在评论里颁发"小虹花"的形式与"粉丝"进行了互动，即他作为动员主体，在网络动员的每一个阶段都保持与动员对象的高度互动，增强了二者之间的黏性，也使动员更加高效。此外，在动员的扩散以及响应和反馈阶段，他对"粉丝"群体的动员引发了"粉丝"群体之间个体对个体的动员，即"粉丝"自发去给品牌官方微博发私信、评论，以及举办线上线下各种宣传活动等。广义上说，这种次级动员中也存在着互动行为，且"粉丝"群体也可以分成上述四类人。

---

[1] 陈比. 网络动员中的互动行为研究 [J]. 学理论，2013（26）：90-91.

同时，整个网络动员过程还完成了虚实之间的转化，即虚拟社群组织与社会现实的互动。这里的虚与实既指空间的虚与实，也指身份的虚与实。从空间上说，是从现实空间到虚拟空间再到现实空间的转化，正好对应网络动员的三个阶段。大张伟的网络动员是出于推广自己新歌的需要，这存在于现实空间里；而他对动员的发起与扩散都是在互联网上，依托网络空间里的符号与"粉丝"进行互动，这就由现实空间转化到了虚拟空间；经过他的动员，"粉丝"纷纷在线下画画、印发小卡片甚至举行快闪和"阳光抱抱"活动，又将动员的结果从虚拟空间搬到了现实空间。从身份上说，网络动员的主体和对象也实现了从现实身份到虚拟身份再到现实身份的转化。在推广新歌时，大张伟是现实生活中的明星，他的"粉丝"也扮演着自己在现实中的角色；而在动员的扩散阶段，线上的互动使得大张伟变成了微博上的名人和意见领袖，他的"粉丝"即被赋予了具有大张伟"粉丝"属性的网友，并且形成群体，具有匿名性；在动员的响应与反馈阶段，"粉丝"进行多种线下活动，又回到了现实中的身份。因此，网络动员在某种意义上是传统的动员活动在现实社会和网络空间的转化和联动，而虚与实的转化就是其核心机制。

四、结语

网络动员相较于传统的社会动员来说有其显著的特点，而通过对大张伟上述网络动员活动的研究又可以发现网络动员的新态势，即网络动员的发起除了与社会事件相关外，还会以营销为重要出发点，并且动员主体与动员对象在整个动员过程中实现充分的互动，作为群体的动员对象之间及其与动员主体之间的黏性也有所增加，使得动员的效果更为显著。互联网与社交媒体的发展铸就了网络动员的这些新态势，同时也在推动其向前发展。高效的网络动员必须顺应新态势。

爱彼迎的传播策略分析

申赟祎 *

【摘要】 爱彼迎作为一款民宿预订软件,自进军中国市场以来不断成为话题中心,但用户量却在争议声中不断上涨,迅猛的发展让它升级为近年来的一个现象级企业,引发了各行各业对于其带来的新的传播现象的热议。本文通过分析爱彼迎在中国的本土化传播策略以及其多元化传播策略,研究了爱彼迎在中国市场的发展现状,并深入思考了爱彼迎自身的传播思想和优势。

【关键词】 爱彼迎;传播策略;传播理念

一、引言

国家信息中心下属分享经济研究中心发布的《中国住房分享发展报告

---

* 申赟祎(北京印刷学院)。

2017》所提供的数据显示，2016年中国住房分享市场交易额达到了243亿元，其中在线交易额占比为20%，发展潜力依然巨大。正是瞄准这样的潜力，作为全球民宿鼻祖的Airbnb选择在这个时点更名爱彼迎进驻中国市场。据爱彼迎官方数据显示，2016年Airbnb有530名万中国使用者，8万个房源，其中83%都是千禧一代，年龄在35岁以下，2016年中国用户量的增长率达到146%。到2017年，据《新京报》报道，约有860万名中国游客出境旅游时使用爱彼迎平台预订房间。在中国境内，约有12万间房屋在爱彼迎平台上登记，三年前这一数字仅为1万。爱彼迎联合创始人、首席战略官兼中国区主席Nathan Blecharczyk还直言，预计到2020年，中国有望成为爱彼迎最大的客源国。

值得探讨的是，当在爱彼迎到来时，早已有了本土的竞争对手在等待它，途家、小猪短租等民宿行业都在中国市场取得了不错的发展。而且中国的酒店业具有其特殊性，即中国酒店业特别是快捷酒店业十分发达。但在这种情况下，爱彼迎还是用短短三年时间便在短租市场占据了一席之地。可见，爱彼迎在中国的成功并不仅仅依靠它自身的共享经济模式，有效的传播策略同样是确保其文化消费体验吸引公众的前提。

二、爱彼迎的本土化传播策略

全球化和本土化是当下国际文化传播结构的两个重要特征。本土化的媒介叙事越来越多地朝着全球化的方向发展，而全球化的媒介形态也促使着电视媒介的对外传播更多地融入本土化的传播语境中。对此，美国学者罗兰·罗伯森提出了"全球本土化"的概念,认为一国想要自己输出的文化产品与大众媒介信息被广泛接受,在全球范围内达成共识,就必须根据输出地的文化特征,将所输出的产品进行本土化加工,以满足接受国受众对之进行的解读。在"全球本土化"的媒介传播语境下,爱彼迎也不断在其对外传播过程中探索本土化运作和传播之路,并在中国市场获得了较高的接受度和影响力。

(一)中国风的房源

爱彼迎进入中国市场后,在房源上因地制宜,选择了众多带有中国风的民宿,如北京的胡同、上海的里弄、岭南地区的竹筒屋、西关大宅等。据笔者调查发现,北京的一座传统的四合院在经过14个月的精心改建后兼具了酒店式的舒适体验和中国风的文化体验,于2016年7月在爱彼迎网站接受预定,一个月内吸引了世界各地数百名客人前来入住。与此同时,爱彼迎也在权衡不同城市的文化和特色,与上海、北京、成都、广州、重庆、桂林签署城市备忘录。并且,于2018年3月29日,爱彼迎在中国启动"爱彼迎plus"房源计划,即新的房源分级标准体系。进入爱彼迎plus的房源都要经过清洁度、舒适度以及房源设计等100多项不同要求的考核,而这类房源也可以获得在爱彼迎网页或App首页推荐的机会,爱彼迎专门为此编辑文章向房客推荐的机会以及房源在照片编辑、室内设计资讯方面的格外照顾这三大福利,有助于房源获得更多的流量导入。而爱彼迎上中国风的房源,也为旅行者传播了爱彼迎的营销理念——"在旅行中,像当地人一样生活",保持了爱彼迎的经营初衷。

（二）全球首设房东学院

2018年3月，爱彼迎发布的另一个战略是在华设立全球首个房东学院。根据规则，爱彼迎房东学院（Airbnb Host Academy，AHA）旨在整合线上线下资源，为房东提供相关培训内容。例如，爱彼迎房东学院将线下设计课程、线上爱彼迎官方房东微信推文、在线交流，以及一系列具有启发和教育意义的房东指南、待客秘籍视频等相结合，让所有房东在待客的每个阶段都能获得合适的培训资源。据了解，爱彼迎已经在北京、上海、成都、广州举办多场线下活动。中国区爱彼迎运营负责人表示："从爱彼迎的后台看到的数据非常欣喜，参加房东学院的房东可以收到更多的订单了，差不多提升33.7%。"其实，爱彼迎在房东教育方面准备了很长时间。2017年12月，爱彼迎就表示要加大房东教育，提出了导师计划、房东学院、全国房东大会以及"爱彼迎Bélo Awards"大奖。从一系列强化与房东联系的举动来看，爱彼迎希望能够改变一贯的"外企思维"，用更中国的方法来和中国房东打交道，从而把他们认为更国际的经验，用中国人接受的方式，逐步渗透给他们，从根本上巩固爱彼迎在华立足的基础。

（三）"故事""体验"落地有声

丰富旅行体验，打造一个人与人之间的平台，而不做简单的入住者和房东之间的"中介"，这是爱彼迎一直以来坚定的出发点。爱彼迎在入驻中国后，体验项目很好地结合了具有中国本土特色的活动。它联合Enjoy等高品质的活动方联手举办"品尝城市记忆"主题线下分享会的体验活动，邀请人们体验具有中国特色的项目，抓住了人们的眼球。例如，在爱彼迎最具活力的上海，现在共有80多项体验项目，你可以让青年艺术家带你来一次艺术之旅，也可以学习有着4000年历史的面塑艺术，还可以走进昆曲的台前幕后。而学做小笼包，调制鸡尾酒，用胶片探索上海法租界、历史建筑，这一系列体验的热度是最高的。

除去体验项目，在爱彼迎App底部的一排按钮中，居中的是爱彼迎专门为中国用户打造的"故事"栏目。用户可以在上面撰写自己的旅行、住宿体验，有点类似于游记的功能。如果说"体验"是告诉用户爱彼迎的房东们可以做什么，那么"故事"则展示了房客可以在爱彼迎得到什么。爱彼迎的"体验"和"故事"两个栏目都是与中国本土的城市文化品牌共建的，使其入华后巧妙落地。据《新京报》报道，自2017年1月以来，参加爱彼迎当地体验的游客数量以每周20倍的速度增长。目前，爱彼迎已在中国上线了300多项当地体验活动；而在一年前，当地体验的数量仅有10个。

（四）政策法规渐趋完善

中共十九大召开后，提出了要发展数字经济、共享经济，培育新增长点，形成新动能。爱彼迎积极响应中国国家政策的号召，不仅与多地政府签署谅解备忘录，还在2017年10月与桂林市政府旅游发展委员会签署战略合作协议，推动全球住宿共享经济在桂林旅游业的先行先试。同时，双方以龙脊梯田景区内的贫困村金江村为试点，开展创新型旅游精准扶贫项目，通过分享住宿的收益提高当地村民的经济收入，从而脱离贫困。爱彼迎入华后在创新企业、促进乡村旅游发展等方面都发挥了共享经济的优势。

此外，爱彼迎还宣布，为了遵守中国的监管要求，将从 2018 年 3 月 30 日开始向中国政府提供短租房的房东信息。该决定是由于中国有着极其严格的居留规定，要求公民和游客抵达中国或入住酒店 24 小时内向警方登记居住地址。一系列举措都显示出爱彼迎的本土化传播真正做到了"入乡随俗"，并将"全球化思维，本土化行动"作为一以贯之的传播策略。

三、爱彼迎的多元化传播策略

（一）沉浸体验：创意手法多元化

沉浸式体验是一种全神贯注的体验与感觉，使体验者达到全身心的融入、沉浸和情感交流。《设计的法则》一书中将沉浸式体验解释为心流，即一种将个人精神力完全投入某种活动的感觉，同时伴随着高度的兴奋与充实感。一般来说，沉浸式体验既包括人的感官体验，又包括人的认知体验。而事实证明，既包含丰富的感官体验又包含丰富的认知体验的活动才能创造最令人投入的心流。作为一种住宿体验，爱彼迎通过房客在进入民宿空间后所接触的具象以及和房东间的互动，最终生成一个将民宿主人与住客包容于其中的文化意义空间，在特定的文化空间里，通过感官与认知刺激使房客达到极致体验。

据笔者调查，中国台湾有家名叫"三十里蔚蓝"的民宿，总共只有 4 间房。这幢民宿所处较为偏远，周围只有一幢房屋（亦被开发为民宿），距离市镇有一段距离，只有打车或包车才可到达。除去壮丽秀美的景色，民宿周围没有其他任何休闲娱乐项目。但正是这一家看似并不符合对旅游目的地的一般期望与要求的民宿，在 Airbnb 上的排名一直居于台东地区的前三名，要预订其周末及节假日的住房一般需要提前两个月以上。"三十里蔚蓝"的最大优势，就是它突出而强烈的"文艺"特色，构成该民宿空间中最为集中的文化意义。这种意义生成的源头之一就是其空间中无处不在地体现出主人文艺气质与中产偏上阶层品位的"物"：大片的青草地，整洁的院落与回廊，进入客房后门边吧台上的咖啡机、磨豆机和新鲜咖啡豆，可以冲泡成茶饮的洛神花，精致的杯具，女主人亲手制作的小甜点，卧室里漂亮的小音响与主人替住客选择出来、随意摆放在音响上的古典爵士音乐光盘……这个空间中的每一个"物"，实际都是一个聚像，并彼此一致协调地形成一套聚像体系，经由到访者的"隐喻"的心理机制，构成一个连续的物质—文化意象的集群，使得住客体验到并浸润于主人所精心营造的以"文艺""品质"为核心的文化意义中，并进而自觉或不自觉地接受这种文化意义所表征的生活方式。换言之，通过这种文化意义的构建，"三十里蔚蓝"成功地将其自身变为一个享受品质慢生活、逃离人群与喧嚣的生活体验式的"景区"。

（二）价值认同：服务体验多元化

"要点火，就需要火花。"美国学者罗伯特·B.西奥迪尼在著作《影响力》中用这样的比喻，来表达"价值认同"对影响力构建共性与同感的重要意义。诉诸价值观之所以能够成功，是因为它"显示了人们珍视的东西、赋予生活的意义"，最终达成价值与情感上的共鸣，让人感觉到满足与值得。

打开如今的爱彼迎 App，会发现它根本不是简单提供住宿服务的中间商，更像是一本杂志,它里面所呈现的高质量图片以及有创意的版式设计更凸显出社交气质,把这种简单的租赁服务上升到一种"种族情感沟通"的层次。根据传媒经济学的社交货币理论来说,爱彼迎就是利用自身所具有的极好的视觉体验这一特质将具有相同价值观的用户聚集起来,用户把爱彼迎当作自己的社交货币,在互联网上分享整个消费的过程,来塑造自己的思想特质,从而达到了口碑传播的目的。也就是说,在互联网时代,用户不仅需要服务本身,还要服务的衍生品,如个体的关注度和美誉度。当你入住爱彼迎时,你会沉醉于个性独特的家居风格与其乐融融的交友体验。

(三)品牌嫁接:产业链条多元化

品牌嫁接往往是两个在不同领域的同样著名的品牌共同进行宣传和推广,这种嫁接是为了增强对消费者的吸引力,利用对方的忠诚消费群体提高销售机会,强化品牌忠诚度和好感。爱彼迎的消费者有83%的年龄都在35岁以下,大部分属于年轻消费群体,而年轻的消费群体有"喜新厌旧"的消费体验习惯。为了适应年轻群体的消费心理和习惯,爱彼迎在进驻中国以来,其品牌不断向外扩大合作范围。在2017年6月,爱彼迎与蚂蜂窝合作推出了"爱是一场未知的旅行"的活动,此次活动成功地吸引10万对旅行者参与,还有超过430万的人关注了此话题。同年6月28日,爱彼迎又与支付宝合作推出了"爱彼迎旅行储蓄"小程序,用户可以在支付宝上存钱去旅行。在推出小程序前,据爱彼迎的一项调查显示,旅行消费在中国千禧一代年轻人的消费结构中占有很大比例,超过四成的受访者认为如果突然拥有了一笔钱,他们更倾向于直接用来旅行,而不是去进行固定投资。因此,如何更好地积累旅行基金对爱好旅游的千禧一代而言显得尤为重要,而爱彼迎和支付宝共同合作的"旅行储蓄"也应运而生。到 2017 年 7 月 15 日,爱彼迎又宣布与耐克合作,在北京打造"kyrie"之家。每一个喜欢篮球的人都可以来这里跟美国篮球巨星凯里·欧文切磋球技,而欧文也化身爱彼迎房东,热情招待每一位房客。"kyrie"北京之家只是爱彼迎打造"奇屋一夜"体验活动中的一个。此前,爱彼迎还策划过彭于晏的"秘密基地"、水族馆的鲨鱼屋,以及滑雪订台等体验活动。爱彼迎的每一项跨领域合作,其实都是一次营销。也正是在与其他品牌的合作中,爱彼迎逐渐深入中国市场,吸引着众多爱旅行的人。

四、结论

本文以传播学的视角,分析探究了爱彼迎在登陆中国后所采取的一系列传播手段。如何创造旅游用户的移动社区,如何与"粉丝"深度互动,如何营造归属感并连接用户……爱彼迎的商业模式及传播策略给中国的移动互联网创业者提供了极好的参照。在此基础上,也使我们认识到,文化意义是民宿的核心属性,"文化价值"应是民宿经营中需要考虑和塑造的重要诉求点。无论是单体民宿的经营,还是作为整体的民宿产业的发展,均应围绕"文化价值"做文章,以求使民宿及其产业得到可持续发展。

参考文献

[1] 王琪媛. 上海迪士尼乐园的社交传播和媒体策略分析 [J]. 新闻研究导刊,2016,7(18):100-101.

[2] 吴光菊.基于共享经济与社交网络的Airbnb与Uber模式研究综述[J].产业经济评论，2016（02）：103-112.

[3] 张雨涵，严功军.上海迪士尼乐园传播策略分析[J].新闻界，2016（24）：21-25.

[4] MIKE.Airbnb的成功秘诀：高颜值+社交媒体[N].电脑报，2015-07-06（5）.

[5] 赵玉洁.Airbnb模式在中国摸索前行[N].中华建筑报，2014-02-21（14）.

人工智能真的越来越懂人类吗?
——基于用户视角的抖音算法推荐效果研究

侯　洁* 张　聪**

【摘要】人工智能时代的到来,使机器算法越来越频繁地出现在人们的视野范围之内。在人机交互的过程中,更深层次的问题诞生了,到底是机器更了解人类了,还是人类更能解读机器了?本文从用户视角出发,以抖音这款社交应用类软件为研究对象,通过深度访谈和焦点小组讨论等实证研究方法,探讨抖音背后的算法推荐机制给人类带来的影响,从而探讨人工智能给人类、新闻业以及新闻传播理论带来的影响。

【关键词】人工智能;机器算法;抖音;推荐效果;用户视角

---

*　侯洁(北京印刷学院)。
**　张聪(北京印刷学院)。

技术进步是一把双刃剑，从历史的进程来看，每次重大的技术进步，给人类带来福利的同时，也可能成为社会灾难。随着人工智能技术的普及，人类也开始不断思考：人会被机器取代吗？机器会统治人类吗？在科幻电影《我，机器人》中，机器人最终发展出高级智慧和独立思考，并试图控制、拘禁人类，进而成为人类的"机械公敌"。

学界一直在探讨人工智能技术和机器算法推荐应用给新闻业带来的问题和挑战。有机构预测，以后有90%的新闻报道会由人工智能写作，而像脸书、谷歌、今日头条这样的新闻平台，通过人工智能算法可以决定出现在用户面前的内容的相对价值，而这种由机器算法技术决定的信息生态会给整个社会和人类本身带来深刻影响，像信息茧房、知识鸿沟等一些负面效果已经显现。

但是，人工智能真的越来越懂人类吗？由算法推荐的信息喂养真能改变人类的想法吗？人工智能的负面效应真的越来越严重了吗？

带着这样的问题，本研究小组拟从用户的视角出发，想用图灵实验的方式，来探讨以上问题。

一、实验方案设计：从图灵实验的灵感出发

图灵实验（又称"图灵判断"）是计算机科学的鼻祖图灵提出的一个关于机器是否会思考的著名实验。图灵实验的方法是让人类向机器发问，让另外不知情的人类试图从机器的回答中区分是人还是计算机。如果计算机没有被辨认出，便通过了图灵实验，也可以证明人工智能已经达到了一定的水平。

基于这样的理念和思维方式，研究小组选择了当下最火爆的抖音平台作为计算机这一方，研究小组本身作为人类这一方。通过人类（研究小组团队成员）与计算机（抖音背后的机器算法）的交流互动，来验证计算机是否越来越懂人类等相关问题。

（一）实验对象：抖音

抖音作为一款今日头条旗下的音乐短视频社交软件，于2016年9月推出，在短短一年时间里爆红，位列各大应用排行榜前列。抖音"有毒"，抖音容易上瘾，这已经成为广大用户的共识。而抖音的成功，除了短视频（只有15秒）、UGC（用户原创内容）、年轻化等因素外，在很大程度上是其背后强大的算法推送机制在起作用。

当用户还处于未登录状态时，就可以收到和观看抖音软件随机推送的热门视频。而当用户通过手机号，以及微信、微博、QQ等账号注册成用户后，计算机就会根据用户的浏览内容、点赞、评论等操作，不断学习和了解用户的想法和喜好，再不断根据喜好来推送用户喜欢的内容，这就是用户对抖音上瘾的直接原因。

（二）实验假设：到底是人类更了解机器了，还是机器更了解人类了？

研究小组从抖音软件的特点、功能和自我使用的感受出发，提出5个问题，也是5个观察点。从这5个问题出发，来进行实验。

1. 机器会给什么样的人推送什么样的内容吗？

我们假设，机器会给不同的人推送不同的内容，但是为什么是这些内容？这些内容有什么特点和异同？是不是推荐的都是自己感兴趣的内容？这些疑问有待人类本身去考察，去验证。

2. 抖音推送内容的转发量受哪些因素的影响？

为什么一些视频点赞量极高，转发量却不高？我们假设这些因素可能与内容品质有关。一些优质的内容才是获得转发的关键因素。比如，我们会在实验中重点关注技术流的视频，而对无内容的颜值曝光视频也会有所关注。通过对比其点赞量和转发量来挖掘影响用户转发的因素。

3. 机器推送的内容会越来越精准吗？会符合每个人的实际需要吗？

我们提前假设算法推送会越来越精准，并在平时的使用中，发现3~5天是计算机能够初步读懂人类的一个时间长度。所以小组拟通过连续5天的观察实验来进行验证。

4. 算法推荐受什么因素影响？

为了验证这个问题，我们会故意点击自己不喜欢的视频内容，来看看计算机猜测用户的行为喜好是否受到了某些因素的影响。

5. 算法推荐给人的行为和思维模式带来的影响到底有多大？

我们会采用深度访谈和焦点小组讨论的方式来验证影响效果。

（三）实验小组：用户自我画像

实验小组人数为三人，分别是 Iris、Olivia 和 Sunny。三人均为北京普通高校的女研究生，同一专业，兴趣爱好有很多共同之处，都是抖音的资深用户。

我们预设三人的用户画像应该是很类似，至少机器对三人的喜好进行学习和解读时，是比较难分辨的，这会增加考验计算机理解人类的难度。但是，后来的实验结果却出乎预料。

二、实验过程与发现

实验小组三人用自己的电脑记录下各自使用抖音软件接收到的视频内容。观察时间从 2018 年 4 月 10 日到 14 日，每晚 8 点的 10 条推送数据。最终，每人都记录下了 50 条推送的视频信息内容，共计 150 条信息内容。

（一）第一步，对视频内容进行详细记录

实验小组制作了一个详细的记录表格，将视频的内容大致分为几个方面，如时间、标题、用户及其所携带的"粉丝"数量、视频内容、点赞数、评论数、分享数，以及是否关注过该用户。如表 1 所示。

表1 视频内容记录表

时间	标题	用户（"粉丝"数）	内容（类型）	点赞数	评论数	分享数	是否关注
4月10日晚8点	只要你长得帅	李溪芮（55.2万）	原创搞笑（女）（明星）	16.6万	2309	887	否
	偶像练习生	香蕉街拍 ChicBanana（89.7万）	韩沐伯 秦奋（明星）	28.4万	6350	9987	否
	×	手机用户81913944822（1.9万）	萌娃视频	70.8万	5280	4.9万	否
	×	一只居（12.3万）	照片类（女生）	4.0万	3336	187	否
	送你一剪纸的春天	one Yellow（9624）	女生随伴奏眨眼视频	3.3万	987	1184	否
	屋顶着火	Air 何日日（18.8万）	化妆+舞蹈视频（女生）	2.8万	811	794	否
	我也要拍"萌系合照"	暴走街拍（98.6万）	街拍采访（女生）	118.3万	2.1万	9.2万	否
	那些年我错过的抖音神曲	林昕宜（20.2万）	女生随伴奏眨眼视频	12.5万	3862	2850	否
	我脸抖到停不下来	tahenpiaoliang33（6906）	女生手势舞视频	2.0万	398	5532	否
	×	池哥哥（29.4万）	女生对口型卖萌视频	94.7万	5429	8716	否

（二）第二步，对记录的内容进行统计和深度分析

实验小组发现：

第一，很多短视频文不符题，其标题与其内容并无关联。很多内容只是为了蹭热点而贴上了热门标签，但是机器无法深度识别这些内容，所以还是会按照标题内容给用户进行推送。

第二，对于用户所关注过的作者，其作品抖音很少进行推送。相反会优先推送一些新作者给用户。而且，如果你之前点赞过某个作者的视频或者在该视频上停留了较长时间，即便你没有关注过该作者，抖音也会再次给你推送该作者的其他视频。这反映了机器在不断摸索人们的喜好，揣测人们的心意，并不是一味地对已经关注或者感兴趣的内容做相同的推荐。而且，机器给用户推送的内容口味趋于相似，这与用户的点赞习惯、浏览次数，以及视频停留时长成正相关。这证明机器在迅速学习并掌握用户的喜好，会越来越聪明和精准。

第三，对于视频的音乐和内容，机器有重复推荐的概率。在10个样本中，平均会出现2个相似的内容，重复率50%。这表明机器还是会对某些内容进行重点的推荐，以增强用户黏度。

第四，不唯"粉丝"论。在推送的内容中，作者的"粉丝"数量从几百到几百万不等。这表明机器是有去中心化的思考，不会因为"粉丝"数量多的作品就多推送，反而也会推送一些小众内容。

第五，明星的视频推送渗透范围一般比较广，且基本上都会上精选，也就是说"大V"和意见领袖的力量在内容推荐中仍然占有重要地位。

第六，抖音推送的用户性别在一定程度上与所关注的用户性别成正相关。如果你关注的女性用户较多，那么你就会较多地收到女性用户的视频推送。

（三）第三步：对自我画像的描述和焦点小组讨论

Olivia 的用户画像如下。

年龄：21 岁。

性别：女性。

地域：北京。

时间：较多地集中于中午至晚上这一时间段。

使用时长：1~2 小时。

关注用户人数：截至 4 月 15 日，关注人数 97 人，其中包括 51 位女性；46 位男性。

点赞喜好：较多地点赞女生类的视频。

通过 5 天的观察分析发现，机器能较为准确地"投喂"Olivia 所感兴趣的内容。在这些大量推送的样本之中，绝大多数的用户是其未曾关注的。这种新人推送机制其实是在不断满足用户对于新鲜感的需求。这些看似具有新鲜感的视频能够在充斥着众多数据的"流量池"中脱颖而出，呈现在人类面前，正是机器对人类分析所得出的结果。

Olivia 和小组内另外两人 Iris、Sunny 进行讨论，来分析机器是否推送了类似的内容，是否有相同的感受。但是，Iris、Sunny 的答案是不一样的。

Iris 认为，抖音给她推荐了很多"鸡肋"的内容。因为她很少点赞推送的视频，所以机器较难判断她的行为喜好，只能从"流量池"中的众多作品中随机推送，因而无法对其进行精准"投喂"。这说明机器对用户画像进行分析的过程受到一些因素的干扰，还无法准确地理解人类的想法。

Sunny 是一个"技术控"，她在抖音里所关注的全是跟技术流相关的视频。

但在每天推送的 10 个样本中，技术流视频所占比重并非百分之百。即使她忽略了那些她不喜欢的视频，机器还是会给她推荐，这就是因为机器在对热点内容进行推送的同时，虽然提高了视频的曝光率却无法考虑到每个用户的真实想法。

（四）第四步：进一步做实验，通过统计数据不断讨论分析问题

从传播学的角度去解读人工智能对人类带来的影响，进一步探究是机器更懂人类，还是人类更懂机器了。

三、实验结果分析

通过上述的四步实验，实验小组认为基本可以回答之前提出的几个假设问题。但由于该实验的主观性和局限性，所以实验小组结合更多的材料案例得出了以下结论。

（一）人工智能大多会推送用户喜欢的内容

在很多情况下，你会收到同一个人不同的视频推送，即使你从未关注过这个用户。那么很有可能是你上次给他的某个视频点过赞，或者将他的视频浏览了多次。随后机器会认定你可能是他的潜在"粉丝"，猜测你对他的其他视频可

能也比较感兴趣，于是就给你进行了相关推送。通过多次推荐同一个人的视频，来加深你对该用户的印象以及好感度，最终促使你关注该用户，完成人工智能的推荐使命。

在进行深度讨论之后，我们小组的三位成员都遇到过类似情况的推送。如果你关注了很多萌娃、萌宠类的用户，相应地你就会收到较多这方面的视频。所以你的关注喜好很大程度上决定算法会给你推送的视频风格。

这说明，机器会给有明显兴趣爱好的用户推送他所感兴趣的视频内容。因此回答了上述的第一个问题。

（二）内容的转发量受内容质量的影响

研究发现，抖音上转发量比较高的视频有两类，一类是技术流视频，另一类是"高颜值"视频。但是这两类视频的质量是有较大差别的。

例如，技术流视频中的"大V""黑脸"，他掌握各种"运镜"技巧和高超的PS等各项技术，被抖友亲切地称为"一个活在精选里的男人"。"黑脸"从未露过脸却坐拥1952.4万的"粉丝"，获赞9929.2万。

而"高颜值"视频以张欣尧、费启鸣、吴佳煜等为代表，他们的视频往往无实质性营养，仅仅依靠"刷脸"也能轻松获赞几万。虽然这种靠颜值取胜的视频点赞量异常高，但是这些视频的转发量并不高，常常是几万的点赞量，却仅有几百的转发量。

这说明，转发量在一定程度上是衡量一个视频内容品质的关键因素。高品质的视频能够成就高转发量，点赞量并不能促进视频的转发。

所以，人工智能对于优质内容的推荐还是有强大的分辨能力的。

（三）随着时间的推移，机器会越来越读懂人类

通过用户的点赞习惯、视频的浏览次数，以及在该视频停留时长等因素，都验证了这个假设。比如，点赞数反映了受众的喜好，不同的人出于各自的喜好，会点赞不同类型的视频。而由于议程设置的原因，受众越来越趋于一种信息茧房的状态，喜好、品位也被迫趋于一致。

"信息茧房"指的是人们在信息领域会习惯性地以自身利益为导向的一种现象。其生活被束缚在像蚕茧一样的"茧房"之中。随着互联网技术在各个领域内的蓬勃发展，为人类提供了一个更为自我的思考空间和大量的知识认知空间，促使一些人可以进一步逃离社会的矛盾，成为与这个世界脱离的孤立者。抖音时代的到来，使人们可以只活在自己搭建的小世界中，以为自己了解的就是整个世界，然而却不知道那只是世界的一角。

经过此次实验，我们发现，用户对于机器所推送的绝大多数的内容，还是会选择接受的。久而久之，机器以为自己越来越了解你，你也满足于机器所谓的"精准投喂"。机器虽然越来越懂人类，可是对于是否能够真正符合每个人实际需求这个问题，还有待我们进一步的研究讨论。

（四）算法推荐会受到一些因素的影响

推送的用户性别在一定程度上与所关注的用户性别成正相关。如果你关注的女性用户较多，那么算法会推算出你的性别可能是男性，并且对女生的视频会比较感兴趣，所以就会给你较多地推送女生的视频。

但是，如果用户故意点击了自己不喜欢的视频，机器也难以迅速分辨出来。

在实验中,实验小组经常会故意点击自己不喜欢的视频,但是机器没有办法对这些点击进行深入思考,这在今日头条等其他基于算法推荐的应用中也有所体现,所以会在后面推送很多用户不喜欢的内容。用户的行为喜好是会随着时间的推移而发生变化的,机器虽然在不断学习,不断进步,但是读心术对于人工智能来说还有相当长的一段路要走。

(五)算法给人的行为和思维模式带来潜移默化的深远影响

实验小组三位成员算是抖音"中毒"患者。在日常生活中,我们经常种草一些"抖音神器"回来,例如小白鞋神器、卖萌神器(会动的兔耳朵)、起泡容器等等。不得不感慨一句"抖音爸爸果然没有骗人"。因为这些东西中的绝大多数在现实生活中还是有很大用处的。在抖音上,我们还能学习到很多拍照的技能,分分钟变身摄影达人。例如前段时间很火的苹果原相机的"反差色滤镜+闪光灯"的操作,研究小组中的成员都亲测有效,照片档次瞬间提高。当然,除了这些实用性很强的技能之外,抖音还出了很多撩人的"小套路",以及一些"心灵鸡汤",不仅教会了我们怎样打破跟心仪对象聊天的尴尬,还能让人从失恋的阴影中脱身,等等。这些例子充分说明了抖音已经渗透于我们生活的方方面面,无时无刻不在影响着我们的行为和思考方式。

而且,经常活跃在抖音等社交平台的人,已经形成了独特的组织体系、话语体系和思维方式。

抖音已经有几大神秘组织:过山车大队、赤赤大队、晓组织、李云龙组织等。

抖音有各种脑洞神评论,很多的评论都是自带笑点,自带剧本,有些评论甚至比视频还好看。

抖音的一些短视频已经成为文化符号，比如"98K"短视频是一个通过背景音乐不停地眨眼的小视频，没有任何的实质性内容。但就是这样一个普通短视频，一出现便引起疯狂模仿，如今已经成为抖音上一个非常火爆的文化符号。

四、讨论与争鸣

（一）涵化理论在新媒体时代还适用吗？

涵化理论（Cultivation-Theory）是传播学的重要理论之一，又称培养理论、教养理论、涵化假设、涵化分析，最早是由格伯纳系统地提出的。1967年，格伯纳和他的同事们在宾夕法尼亚大学的宾安南堡传播学院开始了他们一系列有关电视内容的研究，并且得到了全国暴力和预防事业委员会的支持。研究者们不仅关心电视节目中的暴力的量，也关心它的质。格伯纳还发展出"暴力指标"（Violence-Index）的概念。电视的"涵化"效果即潜移默化的效果。

事实证明，涵化理论在如今的新媒体时代依旧适用，且伴随着以互联网为代表的媒介时代的到来显得愈发重要。

涵化理论有以下几个基本观点。

第一，在现代社会中，大众传媒所提示的"着人们的现象征性现实"使人们对现实世界的认识和理解产生了巨大的影响。由于大众传媒的某些倾向性，使得受众的"主观真实"与客观现实之间存在着很大的偏差。与此同时，这种影响并不是短期的，而是一种长期的、潜移默化的"教养"过程，于无形之中制约着客观现实。

抖音正是基于这样的理论观点，影响人的思维和习惯于无形之中。受众花费在抖音上的时间越长就越依赖，越依赖也就越上瘾，如此循环往复，久而久之就达到了抖音"教养"的目的。使人们逐渐接受"抖音中描绘的世界才是真实的世界"的想法。

大众传媒具有特定的价值和意识形态倾向，通过"事实报道"和"提供娱乐"的形式传达给受众，在无形之中形成了人们对现实和社会的看法。大众传媒的"教养效应"主要表现在当代"主流"的社会观和现实观的形成上。而电视媒体在主流的形成中起到了强大的作用。当受众长时间地接触电视媒介时，就会导致不同社会群体之间的意见趋同。当教养效果在某一特定群体中非常突出时，也就会产生共鸣。

在自媒体飞速发展的今天，人人都是传播者，人人都有麦克风。新媒介时代的到来加快了大众主流观念形成的步伐。在抖音里，每个用户都可以通过一定的形式传递给受众某些信息，从而影响他们的观念于无形之中。受众在接受了这种信息之后，久而久之会变成所谓的抖音"圈内人"，精通各种抖音套路，熟知各类段友暗号，形成他们观念中的"主流"。

第二，传统理论认为电视媒体在形成当代现实观念和社会意识的主流中起着重要的作用。而在新媒体飞速发展的今天，以互联网为依托的手机、电脑则占据了人们一天当中绝大多数的媒介接触时间。这是因为：①拥有最多的受众群体，且每天的媒介接触时间最长；②不需要接触印刷媒介所必需的识字能力；③把视觉和听觉结合在一起，拥有强烈的目击感、现场感和冲击力；④广泛渗透到社会的各个部分（包括儿童、低学历者以及贫困阶层）。这些特点，使得它发挥着历史上其他媒介所未曾有过的巨大威力。人们在手机、网络中看到的场景同现实生活中遇到的场景有重合时，会大大提高它的影响力。

以手机为媒介的抖音短视频也具备这样的优势：①内容碎片化。15秒的视频使用户可以利用各种碎片化的时间去浏览，而将这些碎片化的时间进行叠加则会发现花费在抖音里的时间占据了人们媒介使用时长的绝大部分。②方便、门槛低、易操作的优势打破了媒介使用的壁垒，使越来越多的人融入"抖音世界"。③音乐与技术操作相结合，把听觉与视觉完美结合，给受众以强烈的视觉冲击。

（二）议程设置在抖音这样的媒体平台中还会有效吗？

议程设置是大众传播的重要社会功能和传播效果之一。1968年，麦克姆斯和肖通过调查总统选举这一事件，研究媒体议程对公众议程的影响大小。议程设置理论是在1972年提出的，它认为大众传播常常无法决定人们对某一事件或意见的具体观点，但可以通过提供给信息和安排相关的议题来有效地左右人们关注哪些事实和意见及他们谈论的先后顺序。大众传播可能无法影响人们怎么想，却可以影响人们去想什么。正如抖音的算法，它虽然不能决定你对这件事的看法，却可以决定让你看什么事。议程设置在抖音这样的新媒体平台依旧发挥着巨大的作用。

抖音的算法是极具吸引力的，抖音的流量分配是去中心化的。在微博和微信公众号上，如果你没有"粉丝"，你发的内容就很少会被大家所看到。但是抖音就不一样，你可以完全没有"粉丝"。任何抖音用户拍的任何一个视频，无论质量好与坏，发布之后一定会有播放量，从几十到上千都有可能。这就与抖音的流量池有一定的关系了。抖音会根据算法给每一个作品的发布者分配一个流量池。之后，抖音根据你在这个流量池里的表现，决定是把你的作品推送给更多人，还是就此打住。抖音的这种推送机制在一定程度上能让更多的新人得以崭露头角。与其他软件不同的是，当你打开抖音时，你所收到的第一条推送视频不一定是你所关注的用户，很有可能是在海量流量池中脱颖而出的热门视频。如果你感兴趣，自然就会稍作停留，甚至加以关注，从而达到算法推送的目的。久而久之，算法熟悉了你，你也满足于算法的"议程设置"。

（三）"使用与满足"理论真正满足了哪些需求？

"使用与满足"研究是从受众角度出发，通过分析受众的媒介接触动机，以及这些接触满足了他们的什么需求，来考察大众传播给人们带来的心理和行为上的效用。

人们在现实生活中得不到的满足，在网络世界里轻而易举就得到了。现在很多年轻人的业余生活其实是无趣的，而社交渠道又是闭塞的。短视频的出现使这群年轻人可以身临其境地体验一把天南地北、富贵贫穷的不同生活。通过视频和网友互动，很大程度上排解了内心的孤独感、寂寞感、迷茫感。在抖音里有和你一样的人，也有和你截然不同的人，有着一样的感慨，不一样的生活经历，看着视频，听着音乐，看着嘈杂的评论，看着和你一样平凡的人每天的喜怒哀乐，仿佛不那么孤独，永远那么热闹，永远有人陪着你一起哭一起闹，一起玩儿一起笑，一起体验千奇百怪的场景、生活，一起感触那些曾经、那些美好。

以费启鸣、张欣尧为代表的一大批抖音红人的崛起，其实在一定程度上证实了"使用与满足"这一理论。"使用与满足"理论从受众的心理动机和心理需求角度出发，结合心理学和社会学的相关知识，解释了人们使用媒介以得到满足的行为，提出了受众接受媒介的社会原因和心理动机。受众从刚开始不认识这些人，到疯狂迷恋这些红人的过程，就是最好的体现。抖音也正以这样的身份不断满足用户对于某些行为喜好的需求。而沉默的螺旋效益，又使这些人为了不被大众所抛弃，越来越多地浏览这些人的相关视频，加之算法解读又不断地推送此类视频，最终导致从众心理。就这样，一时间内，你喜欢上了费启鸣，你会发现似乎周围的所有人也都在茶余饭后谈论着有关费启鸣的话题。就这样一传十，十传百，网络上出现了一大批也喜欢费启鸣的人。"国民老公"就这样诞生了。这些视频的出现大大提高了这些网络红人的曝光率，大量的视频流入流量池，同时高曝光率和高点赞量也使得他们受欢迎的程度越来越高。越是点赞越是会收到相应的推送，越看越是喜欢得不得了。

说到底，抖音作为一种大众传播的媒介，影响人的行为于潜移默化之中。受众慢慢被培养，逐渐地处于被满足的状态。

（四）反思人工智能对于人类行为模式和思考方式的影响

中心化主导的内容分发模式，导致人们会用夸张的表演，"粗制滥造"的剧本，甚至扭曲异化，以博得众人一笑。古人有个专门的词语形容，叫"哗众取宠"。说的就是现在抖音里开始弥漫的歪风邪气。像烧房子、吞灯泡、胸口碎大石这样的内容会越来越多地充斥在这些平台。社交的平权是让用户的交流回归真实，真正做到记录和分享真实的生活点滴。

如果把社区氛围、圈群文化看作一堵围城，抖音的出现就可以说是圈住了城里的人。所有的圈群文化都是有壁垒的，意思就是，如果你不是我这个圈子的人，那么你很可能连我在讲什么都不明白。抖音成功塑造了"抖友文化"，当然也是从内涵段子社区那里继承过来的。"抖友出征，寸草不生""天王盖地虎，小鸡炖蘑菇""轻风吹杨柳，敢问是段友""滴，滴滴"已经成为一种文化符号和身份认同。基于此衍生出来的，如果你不是抖友，你就会被这种圈群文化的壁垒拒之门外了。

群体文化的终极体验往往是封闭的。不同价值观的人不希望"异类"进来，影响整个氛围。因此，随着圈群文化的发展，它将变得更加具有排他性，排斥与自己不同的人。外面的人可能越来越难融入其中。

五、结语

人工智能时代的到来，使人们逐渐开始与机器对话。机器试图了解人的行为喜好，从而不断地取悦、满足人类。人与机器的交流是一个双向互动的过程。人具有自我意识以及反思自身处境与行为的能力。这种能力使人类区别于世间是的其他事物。但是人类的能力是有限的，人通过使用机器，与其连接，扩大了人类的认知能力；而机器也由此产生"灵感"，最终影响人类的某些思维方式、行为模式。此次图灵实验，试图从用户的角度出发，反向解读机器是如何分析人类的。机器对我们的改造既有积极的一面，也有消极的一面。在未来，我们应该更多地关注人工智能对人类生活的改变，利用人工智能更好地为人类服务。

参考文献

[1] 李慧颖.抖音App的传播依赖研究[J].中国报业,2018(2):45-46.

[2] 郭庆光.传播学教程[M].北京:中国人民大学出版社,2008.

[3] 视频App抖音——产品体验报告[R].简书,2017-07-13.

[4] 邹奕萍.从今日头条到抖音一切成败皆因智能算法[N].通信信息报,2018-03-21(A10).

[5] 岳伍东."抖音"抖出哪些启示[N].东方烟草报,2018-03-16(002).

[6] 马海燕.短视频社交软件的受众心理研究——以抖音App为例[J].新闻研究导刊,2018,9(5):59-60.

[7] 田高洁.互动仪式链视角下的音乐短视频研究——以抖音App为例[J].新媒体研究,2018(4):22-23.

从"六六维权事件"评析京东公关

冯贝贝 *

【摘要】新媒体时代的到来,不仅为公关主体与受众提供了高效的双向互动平台,实现信息及时反馈,加快危机事件结束的进程,同时也带来受众面积扩大、组织发布信息权威性削弱等挑战。在"3·15"前夕发生的"六六维权事件"前后经过不到一周,却给京东的品牌形象、经济发展带来很大的负面影响。本文通过对这次危机事件五个阶段的梳理,对京东应对危机的表现进行分析,此外,通过对京东在新媒体平台上的表现对其公关策略进行评析,基于此总结出企业应对危机的公关举措。

【关键词】危机公关;新媒体时代;企业公关策略

---

* 冯贝贝(北京印刷学院)。

一、企业公关与危机公关

企业公共关系是指企业通过不同传播途径和手段，了解外界公众的态度和要求、传播自身的信息，达到企业政策和行为赢得公众理解、好感和支持，树立自身良好形象目的的行为总和。其中，与公众进行沟通最重要的方法是利用媒体。危机公关主要是指企业应对公关危机所采用的机制和系统方法。机构或企业为规避或降低公关危机带来的严重后果和不良影响，会有组织、有计划地制定和施行一定策略❶。下面通过对"六六维权事件"的梳理，分析京东的公关策略。

二、"六六维权事件"回顾

（一）事件回顾

整个事件经历了五个阶段，依次是危机潜伏期、危机爆发期、危机扩散期、危机处理期和危机后遗症期。

1. 第一阶段：危机潜伏期

企业的危机潜伏期，是处理危机最容易的时期，但最不易为人所知。事件苗头发生在"3·15"之前，作家六六的好友程女士在京东全球购买了美国 Comfort

---

❶ 刘佳星. 新媒体环境下企业公共关系的危机策略研究 [D]. 上海社会科学院，2014.

U护腰枕，标价人民币1489元，美国官网售价109.95美元；但商家实际发来的是一个标志为Contour U的护腰枕，美国官网售价只有33.6美元。几方交涉后，商家开始坚称卖的就是这款，在程女士发来美国官网截图后，又解释称发错货，表示可以退货退款，但拒绝"假一罚十"。程女士求助京东的客服无果后，向各地的消费者协会投诉，但都没获得受理。这个阶段，京东客服的预警意识薄弱，使得本可以通过协商解决的事情演化为危机事件，京东错过了解决该危机的黄金时间。

2. 第二阶段：危机爆发期

危机爆发期是时间短但破坏力最强的阶段，它可以对人们心理造成最严重的冲力，迫使事件急速发展、态势严峻。这个阶段主要有四个典型的特征：在强度上事态逐渐升级，由不为人所知达到引起公众广泛注意；事态引起越来越多媒体的注意；烦扰之事不断干扰正常的活动；事态影响了组织的正面形象和团队声誉。❶

该阶段企业的危机公关能不能发挥最大的作用，也决定了事态的发展和变化。在维权无果的情况下，六六于2018年3月13日凌晨在其微信公众号"六六"上发布题为"无赖京东"的文章，声讨京东，引起舆论和业界关注。

3. 第三阶段：危机扩散期

危机扩散期是五个阶段中时间较长的一个阶段，如果危机管理得力，将会大大缩短这一时间，此阶段主要是矫正危机突发期造成的损害。这是危机之后的恢复时期，但是决策者要勇于进行自我怀疑和自我分析，认真分析危机产生的深层次原因，是外部因素导致危机，还是内部功能的失效而导致危机。一个

---

❶ 王朋进. 危机事件的互动关系[J]. 新闻观察，2005（4）.

组织有无危机管理计划,将在很大程度上影响危机恢复时间的长短。❶

3月14日中午,事件已经发酵超过24小时,六六微博与微信公众号的阅读数,分别超过1000万和10万。京东通过其官方微信公众号"京东黑板报"发表了《关于六六女士有关京东全球购商家投诉的声明》:"经调查,这两款商品系不同品牌,该商家两款商品都有销售,并且在美国亚马逊网站上也有相同的两款商品在售,并非假货。但这两款商品售价、重量和材质确实均不相同,商家承认是发货过程中出现了失误,并愿意为消费者办理退款退货或换货,并承担相关的国际运费支出,但消费者坚持要求获得十倍赔偿。作为平台仲裁方,在商家并非售假的情况下,我们无权要求商家提供十倍赔偿。"在舆论不利于自己的情况下,京东的声明却明确其站在商家的立场,与消费者对立,有推卸责任的倾向。

3月14日,京东全球购涉事商户删光上架商品,仅保留涉事的一件商品。15日,六六再次发微博质疑京东,称自己微信公众号被禁。这一系列举动都不是应对危机的合理办法,也加大了后期危机处理的难度。

4. 第四阶段:危机处理期

危机处理期是企业进入生命周期的关键性阶段,该阶段采取怎样的措施消除危机事件带来的破坏也就显得至关重要,建立相应的危机处理机制才是解决企业危机事件的最佳途径。

3月17日,京东集团CMO徐雷通过社交媒体向六六的朋友程女士表示歉意,称京东集团全体管理层专门针对此事进行了全面的反思和自我批评,将在集团层面组织独立且最高层级团队重新开展对该事件的全面调查。

---

❶ 沈李龙. 农夫山泉为何成为竞争中的常青树 [J]. 舆情观察, 2013(7).

同一天，六六在社交媒体中转发京东致歉文章，并表示："真高兴看到世界每天都在向我们期望的样子迈进！中国进入前所未有的高能时期，霸级企业面临的困惑和管理难题也是其他国家或历史时期尚未给出答案的。严格要求加宽容等待，是我们共同的心声。美好的一天，晚安！"

5. 第五阶段：危机后遗症期

在危机后遗症期，企业虽然从危机的影响中完全解脱出来，但是仍要保持高度警惕，因为危机还有重来的可能。在该事件中，京东股价下跌，市值蒸发了150亿人民币左右。

3月30日，《人民日报》发文《消费维权，电商不可推责》，对该事件发表评论。评论中指出：如果消费者和卖家发生纠纷，电商平台理应积极帮助消费者维权，不应推脱。有些电商平台依据《中华人民共和国消费者权益保护法》第四十四条的表述找到了推脱责任的借口，也有些电商平台，同样依据第四十四条相关规定"网络交易平台提供者作出更有利于消费者的承诺的，应当履行承诺"。京东在此事件中处理不当，使其在消费者心中的形象大打折扣。

（二）事件影响

作家六六借助自身作为意见领袖的力量，选择在"3·15"之前发文，导致该事件的影响主要集中在以下三个方面：首先，该事件影响范围广，影响力大。六六发表在微信公众号上的文章《无赖京东》阅读量超过10万，而微博同样的文章阅读量超过千万。其次，六六和京东的互怼在网络中引起广泛关注，众多网友在京东官方公众号、官方微博以及社交平台中吐槽京东"卖假货"，对京东的网络声誉造成严重的负面影响。最后，该事件对京东经济带来很大影响，受该事件影响，京东股价下跌，市值蒸发了约150亿人民币。

三、京东新媒体公关策略分析

"六六维权事件"中，京东在不同媒体平台采用不同的策略。下面主要介绍其在微信、微博的公关策略。

（一）微信公关策略分析

媒体是企业文化的传播者，是企业形象的塑造者，是企业与外界沟通的桥梁，更是企业化解危机的重要工具。新媒体环境中，媒体之于企业的意义依然如此。微信传播信息具有即时性，而且能够实现高效的双向沟通，因此，企业应对公关策略进行必要的调整，以适应时代的发展。

在这个事件中，京东首先在微信公众号发表声明。从时间上看，京东在事发后第二天才采取行动，低估了形势，响应速度缓慢；从声明的内容上看，京东缺乏主动承担责任的意识，与代表消费者立场的六六对立，引起公众以及媒体的极大争议，陷入被批评的舆论中。

京东始终没有在微信平台公开道歉，反而是在微博进行致歉，而且只表达了对当事人程女士的歉意，并没有向六六道歉。程女士将相关微博转到微信朋友圈，要得到六六的同意才接受京东的道歉。六六回复这一消息并在微博表示接受道歉，此事才逐渐平息，如图1、图2所示。

图 1　京东在微信平台首次发出声明

图 2　事件在朋友圈的进展

由此可看出，京东未充分利用微信平台，而且没有把握处理危机的黄金时间。

（二）微博公关策略分析

微博作为新的传播媒介，影响力巨大。它具有传播成本低、速度快、内容广、关注度高、用户主动性强等特点。在微博中，用户与企业可以采用双向的互动交流方式。一些企业能够有效地利用微博进行公关，在短时间内取得巨大关注，但是有时候避免得到更多关注也是公关的一种策略，例如此次京东的微博公关。

3月14日中午，微博@京东客服发布《关于六六女士有关京东全球购商家投诉的声明》，这是京东在微博上首次回应该事件。截至6月15日，该条微博的评论数为18916，转发量达到5891。笔者通过对评论的观察，发现对网民六六事件的态度分为两派，分别是支持和批评，但是持批评态度的评论数明显高于持支持态度的数量。从时间上看，对该微博的评论从3月13日一直持续到6月15日，虽然现在六六事件已得到处理，但是最新的评论总体偏负面。

京东拥有自己的微博矩阵，围绕着@京东这个官方微博，京东形成了员工/部门微博（比如@刘强东、@章泽天），产品/电商微博（如@京东家电、@京东图书文娱），"粉丝"团微博（如@京东用户体验中心，但是该微博已在2015年12月2日停更），活动客服类微博（如@京东客服、@京东金融客服）。

这次微博公关中，与事件直接相关的微博有两个，分别是@京东全球购、@京东客服，前者"粉丝"量2617，至今没有发布与此事相关的消息；后者

"粉丝"量 3 万多，其在事后第二天发布声明。而京东官微 @ 京东一直未发布相关消息，并且其"粉丝"量超过 413 万，是 @ 京东客服的 100 多倍。这一方面对公众的质疑作出了回应，另一方面又把公众的关注度控制在一定范围内。

此外，对于该事件作出回应的相关微博号还有 @ 徐雷_XL，他于 3 月 17 日向六六女士诚恳道歉，如图 3 所示。

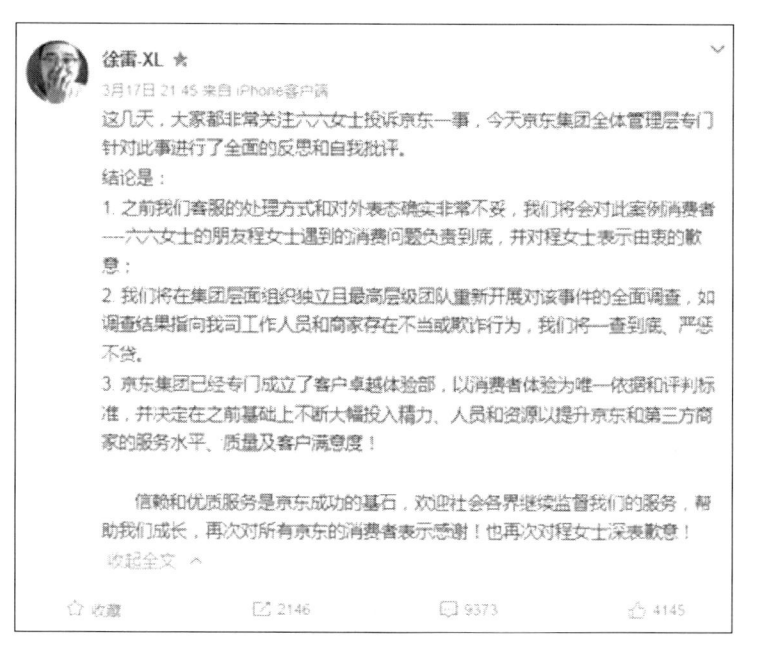

图 3　京东集团 CMO 徐雷发布相关微博

相比于其在微信的表现，京东在微博上作出的回应较为积极，而且态度友好。

我国著名危机管理学者流昌乔提出了解决危机所采用的 5S 原则，即承担责任原则、真诚沟通原则、速度第一原则、系统运行原则和权威证实原则❶。企业危机公关的第一步就是承担责任，不管企业对该次事件是否有责任，积极主动承担责任才能够以最快的速度去平复公众激动的情绪。在危机事件发生后，企业只有主动承担责任，向媒体和公众传达准确的信息，这样才能提升其在公众中的形象。

在事件前期，京东没有做到主动承担责任、及时回应当事人、真诚沟通，这反映出京东的媒体管理和沟通策略存在问题。

四、"六六维权事件"给企业危机公关的启示

（一）企业要重视网络意见领袖的力量

本次事件与常规的企业危机事件不同，这次事件是一起网络意见领袖引发的舆论危机。网络意见领袖是自带流量的，又是在传播速度较快、传播覆盖更广的新媒体平台，从源起到爆发几乎没有间隔，源起即是爆发，瞬间可以掀起舆论风波，几乎没有给京东公关部留下喘息的机会。六六拥有超过1200万的"粉丝"量，而且在之前就曾曝光过京东的客服问题，在2017年，六六发文指责滴滴公司肆意加价，也产生了不小的影响。

京东没有意识到这一点，以致在与意见领袖六六相持三天后，才发道歉声明。如果及早意识到网络意见领袖的影响力，京东或许能够减少在这次公关事件中的损失和负面影响。

---

❶ 吴贤军. 公关造势与技巧[M]. 北京：中国人民大学出版社，2010.

（二）企业要端正态度，主动承担责任

危机爆发后，京东危机公关部门不第一时间介入并了解事情始末，控制发酵范围，反而并指六六夸张宣传，侵害京东信誉，并且继续咬定是发错货，包庇商家情节严重。这种推卸责任的行为只能加强公众的不满，并不能真正解决危机。

（三）企业要提高应对危机的速度

京东的回应虽然在公关 24 小时法则中，但本次事件是"大 V"强势发声爆料，又是在"3·15"这一特殊时期，危机爆发后是分秒必争的。声明中提到，调查取证就用了一天的时间。作为国内知名的大型电商企业，又曾多次发生舆论危机，应该有非常严密的舆情防控机制与成熟的危机预案，迟到一天回应使其错失良机。因此，企业启动危机的处理程序应该迅速高效。

胶片文化的重生
——小众文化的网络传播研究

牛春毅 *

【摘要】随着近年来胶片文化再次成为新潮，很多摄影爱好者重新拾起曾经辉煌一时的胶片机，开始了胶片摄影之路。胶片摄影成为一种小众艺术，也成为"文艺青年"的代名词之一。同时，随着近年来网络传播的发展，胶片摄影也在互联网上大放异彩，"胶片质感"成为摄影师们的一种追求。但到目前为止，网络上所传播的关于胶片的内容相较于其他内容来讲，依旧很稀缺。这种"胶片热"和网络传播的乱象，导致了胶片相机市场的混乱。本文将通过传播学的角度来阐释为何会出现"胶片热"，以及为何出现胶片相机市场的混乱。最后，笔者也会谈谈自己关于使用胶片机的一些感受。

【关键词】意见领袖；一面提示；两面提示；消费社会

---

* 牛春毅（北京印刷学院）。

到了 20 世纪初，135 胶片相机随着徕卡相机的脱颖而出进入人们的视野，欧洲的瑞典、德国和亚洲的日本成了相机生产大国。这股"胶片风"一直持续到 21 世纪初才渐渐停息，原因就是数码相机的出现。数码相机以其便利性，很快取代了胶片相机的地位。但是随着近年来网络传播的兴起，似乎又刮起了一阵"胶片风"，我们在社交网络上常常会看到复古的摄影作品，其实也就是胶片质感的摄影作品。豆瓣、知乎、LOFTER 等社交媒体上，"胶片"也成为小众、文艺的代名词。胶片市场看似回暖，但网络上关于胶片的内容还是很稀缺，用另一个词汇来说就是——"水"很深。各大社交平台上的意见领袖们对于胶片也都各抒己见。虽然大家把胶片"炒"得很热，也有些做得还算可以的平台，但还是没有做得很专业的胶片摄影平台。这成为摄影爱好者在选择用胶片拍摄时的一个羁绊。那么，为什么在没有很专业的平台且二手胶片机市场很混乱的情况下，部分摄影爱好者依旧很认可胶片呢？下面笔者将从传播学的视角来分析网络传播下胶片市场回暖的原因。

一、意见领袖的崛起与混乱

意见领袖是传播学中经久不衰的话题之一，在新媒介环境下，意见领袖理论依然没有过时。丁汉青总结了学界对意见领袖较为一致的看法，意见领袖与受其影响者处于同一团体并有共同的兴趣爱好，他们被公认为见多识广或称职能干的人，在社交方面较为活跃，且更多地使用媒介。

信息泛滥与网络社交的普遍存在是现代信息社会的重要特征，在繁杂的信息海洋中寻找到高质量且符合自身需求的内容变得尤为重要，搜索引擎、传统问答网站、社会化问答网站这些工具就旨在精确满足网民的个性化需求。

胶片文化在摄影圈炒得比较热，在很多网络平台上有着不同的意见领袖。例如，在哔哩哔哩视频网站上就有很多博主成为胶片相机文化的意见领袖，如"镜间名录""根大说机""Noface不是大触"等知名博主。由于做得比较早、内容质量较好、人设做得比较好等原因，在哔哩哔哩上就确立起了一定的地位。在其他社交媒体中如知乎、微信、微博中也存在着很多意见领袖，对胶片文化都有着各自的见解。

当然，除了自媒体之外，还有很多专业生产内容的摄影网站，如菲林中文、色影无忌等，是作为较专业的平台在传播着摄影内容。

二、明星效应打乱近年来胶片机市场

除了自媒体、专业网站之外，在摄影圈还有一种意见领袖。这种意见领袖相比前两种意见领袖存在的方式不同，他们就是明星。

明星效应是部分胶片机在网络上爆红的原因之一。明星可以利用自己本身的知名度进行宣传，所产生的"粉丝"效应，可以带动物质消费，这在胶片相机市场起着重要的作用。唯一的不同，是明星这次所做的并非广告，因为在如今这个时代，已经没有什么胶片机市场还在很好地存活，也并不需要做广告了。胶片机市场的明星效应只能被看作偶发性事件，可依然能够起到很好的作用。

例如，韩国的权志龙和中国香港的余文乐，此二位是胶片摄影爱好者。由于明星效应，他们所使用的一款相机在最近几年价格飙升，从最初的千元档被提升到万元级别的机器，这台机器就是康泰时T3。此类意见领袖在胶片摄影圈还有很多很多，如日本的滨得英明、森山大道、荒木经惟等，他们是日本有名的摄影师，他们的名气直接使得他们所使用的胶片机价格大涨。这些摄影师的个人魅力，可能不会使某个品牌的相机大卖。但是有一款相机，其厂商就是利用了明星效应，使得其品牌成为欧洲相机的奢侈品牌——徕卡。徕卡相机曾是辉煌一时的著名相机品牌，直至现今，依旧是摄影领域的著名品牌。可是现今的徕卡已经成为欧洲的奢侈品牌，相机的拍照功能已经不属于其主要功能了，在胶片时代没落、数码相机市场兴起的时代，欧洲的传统胶片厂商一个接一个地倒下，唯有徕卡存活了下来。其原因，就是徕卡开始转变其营销方式，曾经以做工最精良著称的相机厂商开始走另一条路线——营销文化。

回看整个摄影史，似乎有一半都是徕卡的历史。不论是战地摄影，还是新闻摄影，都能看到徕卡的存在。现在我们看到的一些经典的摄影作品，很多都是由徕卡相机拍摄的。提到徕卡的同时，又不得不提起一个著名的图片社——玛格南。玛格南摄影通讯社成立于1947年，为了忠实呈现第二次世界大战后的影像纪实而成立，创办者都是当时知名的新闻摄影师，如卡蒂埃·布列松，罗伯特·卡帕、乔治·罗杰、大卫·西蒙。玛格南摄影通讯社旗下的摄影师和新闻摄影师许多都已具有相当的世界知名度，拍摄广泛的主题，如家庭、毒品、宗教、战争、贫穷、犯罪、政府和庆典等，都有相当经典而且重要的纪实摄影作品。

可以说，早期玛格南的摄影师，所用的相机基本都是徕卡相机。所以，可以说是徕卡成就了玛格南，也可以说是玛格南成就了徕卡。

除了上文所提到的康泰时和徕卡之外，市面上被"炒"得热的相机品牌，大部分的原因都是某个著名的摄影师曾经使用过它,这其实就为这一款相机做了最好的广告。

三、一面提示与两面提示激起了"胶片粉"的争吵

对某些存在对立因素的问题进行说服或宣传,通常会有两种做法:一种是仅向说服的对象提示自己一方的观点或于己有利的判断材料,此方法称为"一面提示";另一种是在提示己方观点或有利材料的同时,以某种方式提示对立一方的观点或不利于自己的材料,称为"两面提示"。

这两种方法也被运用于胶片摄影类自媒体或者摄影论坛之中,表现形式如自媒体视频、公众号,或是摄影论坛中。

这两种方法可以在摄影类网络媒体中运用得好的原因,笔者认为有以下几点。

(一)前辈们的经验

胶片机在 21 世纪最初的几年就已经没落,距离现在也已经过去很多年了。所以关于胶片的常识,认知最多的也要数当时使用胶片机的摄影者。但是现在的年轻人才开始接触摄影,对于传统胶片摄影器材的常识是不够的(摄影专业学生除外)。所以现在的年轻人对于此类信息,多半都要从前辈那里获取。前辈们使用相机,评价相机的好坏,大部分也都是一面提示,或是两面提示。或者是一味地赞扬某款胶片机的好,或是在赞扬的同时还要提出对此机器的不满,或是与此同时提到其他款胶片机的过人之处。这些评论多出现在摄影论坛中,

原因是当时的摄影前辈，到如今也步入中年，他们使用互联网就是从门户网站以及各种论坛开始的。

（二）器材评测不可或缺的一个步骤

以笔者的经验，胶片摄影器材和现在的数码摄影器材，在做器材评测时，都会运用两面提示。"没有什么机器是完美的"这句话应该是我们经常可以在摄影自媒体中看到的。自媒体的胶片摄影器材评测，多是以视频形式出现的，以哔哩哔哩为例，其中有几档节目，如"镜间名录"就是如此。这档节目是专门介绍胶片相机的一档自媒体视频节目，视频中介绍某款胶片相机时便常常使用两面提示的方式。以两面提示的方式来做评测的另一个原因，可能就是这些胶片器材的年份都比较长，由于科技的原因，还达不到现今器材的水平。

（三）争吵——"相机粉"之间必然发生的事件

胶片机使用者一般来说都是各自钟爱着某几款器材的。在当下网络传播如此发达的时代，不同的声音一起放出，必然会导致一种结果，就是争吵。"器材党"与"器材党"之间的争吵，"胶片党"与"数码党"之间的争吵，争吵的原因无非几种：器材的品牌、画幅、历史、价格、制造所用的材料、故障率、外观、重量等，由此也会产生一系列的鄙视链。总之，不同胶片机的爱好者往往会因为这些原因在对待某一器材的态度上产生共鸣或是争吵。但也是这些争吵，让胶片爱好者对不同品牌的胶片机产生客观的看法，不至于一边倒的局面产生，让胶片爱好者有更多选择的机会与空间。

四、符号的消费

法国学者 J. 鲍德里亚曾指出,现代社会的消费实际上已经超出实际需求的满足,变成了符号化的物品、符号化的服务中所蕴含的"意义"的消费。

胶片相机市场的回暖,以及胶片文化作为一种小众文化得以在网络传播中存活下来,其意义,其实也是符号消费的意义。用通俗的话讲,这就是胶片相机爱好者常说的三个字——"仪式感"。可能大多数胶片文化的爱好者,就是因为这简简单单的三个字而爱上了胶片文化,或是他们的确被"胶片"这个符号所俘获,从此忠于胶片。符号消费,对于胶片相机热具有重要的意义。

(一)新潮——过时事物的复兴

胶片热同其他新潮事物一样,如我们外出旅游,最希望可以穿着当地具有民族特色的服饰,吃着当地最古老但又被当地人热爱的食物,住着当地具有历史气息的房屋,等等。人们在某些时候,就是不自主地喜爱古老的事物,不然近年来服饰为何又流行起了复古风?

胶片爱好者消费的相机其实与数码时代的相机一样,都是一个摄影工具而已,但为何他们就偏偏喜爱胶片文化呢?抛去胶片迷们常说的画面与颜色的质感、古老帅气的外形、精美的制作工艺这些观点,笔者认为其实下面这一原因才是最重要的:"仪式感"的消费。他们在仪式感下进行消费会使胶片爱好者格外珍惜对胶片机的使用。

（二）文化再循环

文化的再循环让我们不禁联想到时尚的循环，在这种情况下，每个人都应该做到跟上"潮流"，并且每年、每月、每个季度对自己的服装、物品、汽车等进行循环。假如不这么做，就不是消费社会真正的成员。

这段话说明了消费观念的循环。

胶片文化，是从属于摄影文化之中的。现今社会，摄影文化之中流行的是数码摄影这一点是不容置疑的。但总会有那么一部分人，一部分可以说是有着分别心的人为了追求与众不同，就像时尚圈的怪象一样，为了不同而不同。虽然，这只是一部分人选择胶片的原因，但这也是不容忽视的一个原因。

五、总结

在互联网时代，受众在接收信息的过程中，总是先看到图片，然后对照文字内容来分析图片的内涵和意义。一张图片呈现出来后，如果读者的第一反应是漂亮、震撼、好看，这张图片的视觉冲击力就具备了。

胶片流行的年代并不在互联网时代，但近几年互联网上倒是开始流行起了胶片风。各个图片社交媒体都开始产生一种专门的风格——胶片风，同时带动了一批摄影 App 的发展，胶片滤镜成为很多人摄影时的一种选择。这种现象，其实是胶片本身的色彩所带动的。

胶片成像与现在的数码成像是有一定区别的，胶片成像属于物理成像的范畴，而如今的数码时代，属于数字成像，是计算机处理的一种结果。当然，在这里不做深究，因为其中包含着大量的物理学知识。虽然根据像素、分辨率、高感等一系列评测相机的因素，胶片已经远远落后于数码，可是我们常常会忽略摄影的本质——快乐。用过胶片机的人们，是懂得这种来之不易，这种要耐心等待并且认真对待的快乐的。而不像现今数字时代，节奏如此之快，摄影最本真的乐趣却被我们所遗忘。

所以，综上所述，就是笔者认为胶片文化得到重生的因素。可能胶片文化在最近几年才开始有了复苏的迹象，但是我们每个人都知道，胶片只可能属于小众文化，即使重生，也只是相对的重生罢了。而最深处的重生，不在于胶片文化是否重生，而是我们对待摄影的那种认真的、慢下来的态度是否留存了下来。

参考文献

[1] 丁汉青，王亚萍. SNS网络空间中"意见领袖"特征之分析——以豆瓣网为例[J]. 新闻与传播研究，2010（3）：82-91.

[2] 郭庆光. 传播学教程[M]. 北京：中国人民大学出版社，2015.

[3] 鲍德里亚. 消费社会[M]. 南京：南京大学出版社，2018.

媒体融合背景下传媒产业新业态

黄秋秋＊　崔玉可＊＊

【摘要】当今，传媒产业发展呈现出与以往不同的局面。在媒体融合的驱动下，传媒产业内部各媒体之间融合加速，更值得注意的是，传媒产业的发展还迈向其他产业领域，加快了与其他产业的融合，整个传媒产业的发展呈现新业态。笔者希望在媒体融合的视角下，通过对新业态形成的原因、路径、面临的问题等方面的梳理来探究中国传媒产业发展现状和趋势背后的规律。

【关键词】媒体融合；传媒产业；新业态

＊　黄秋秋（北京印刷学院）。
＊＊　崔玉可（北京印刷学院）。

一、传媒产业新业态

（一）传媒产业新业态的概念

新业态指的是在信息技术革命、产业升级和消费者需求倒逼的环境下，不同产业之间相互整合以及产业内部的重组、分化、融合所形成的新的产业形态。传媒产业新业态是传媒业新生的力量，是传媒业在发展过程中出现的新的经济增长动力和发展方向。当今所提的新业态是相对于旧业态而言的。从媒体介质区分的角度来看，传媒产业旧业态是一种由印刷媒体、广电媒体和互联网媒体及其延伸所构成的产业形态，不同的媒介形态之间往往泾渭分明；而新业态是近几年出现的新兴的产业现象，表现在一系列因素的驱动下，各媒体介质之间开始逐渐融合，并在"互联网+"战略推动下，传媒产业发展还迈向其他产业，与之相融合并创造出一种新兴的产业生态系统。

（二）新旧业态之间的关系：传承和创新

一方面，传媒产业新业态是从旧业态中演变而来的，它继承了传统业态的关键因素，在发展过程中难以摆脱传统业态的影响，两者之间保持着"剪不断，理还乱"的关系。如当今影响力巨大的传媒集团，多数是从传统媒体集团转化升级而来的。还有如火如荼的互联网出版，虽然产品形态和阅读体验与以往相比有所创新，但是其多数产品仍然从传统图书产品转化而来。另一方面，传媒产业新业态是对传统业态的扩张和创新,它不拘泥于以往的生产和经营模式,力图在以往的基础上进一步探索和创新,但是在这一过程中,会带来一系列反应,如市场版图的重新划分、行业内部的竞争加剧等。

当前,我国传媒产业步入新业态已是大势所趋,国家在政策安排上,也对新业态建设给予足够的准备和重视,如媒介融合如火如荼地进行,一批传媒集团已着手进行转型升级,而不是拘泥于以往的经营模式。笔者认为,目前的关键在于对新业态有正确的认识和把握,如新业态实现的路径、产生的原因和未来的趋势走向等,只有把这些问题搞清楚了,现实中的操作才会少走弯路。

二、媒体融合的概念和意义

"媒体融合"最早由尼古拉斯·尼葛洛庞蒂提出,目前学术界把媒体融合的概念分为狭义和广义两种。狭义的概念认为不同的媒介形态"融合"在一起,会随之产生"质变",形成一种新的媒介形态,如电子杂志;而广义的"媒介融合"包括一切媒介及其有关要素的结合、汇聚甚至融合,不仅包括媒介形态的融合,还包括媒介功能、传播手段、所有权、组织结构等要素的融合。

媒体融合的意义:由单一的信息服务转向文字、图像、视频等综合性服务;继承原有产业形态,拓展横向和纵向产业链条;降低运营成本,优化资源配置;为用户提供更加优质、高效、便捷和个性化的服务;增强我国传媒产业在国际上的综合竞争实力;媒体竞争秩序和格局更为合理;等等。

2014年是媒体融合元年,作为热门话题,不断受到学界和业界关注。媒体融合目前在国内外都属于新现象,无论是组织机构变革,还是商业模式探索,或者用户需求、产品形态的重新塑造,国内外传媒业都处于不断探索和尝试之中。

三、传媒产业新业态形成的原因

(一)技术创新是形成传媒产业新业态的根本原因

技术创新指的是一批新设备、新技术不断地出现和采用,一方面消除了报纸、广播、电视、互联网等各介质之间的壁垒,如三网融合技术能够提供语音、图像和数据等多媒体综合信息服务,技术的通用性促进了不同媒介之间的融合;另一方面使得传媒产业和其他产业之间也联系起来,相关技术成为不同产业的通用平台。如互联网的兴起所带来的电子商务和物流技术的发展成熟使得上海报业集团、南方报业集团等多家媒体创新开展"码上淘"业务,涉足电商领域。

(二)用户需求复杂化

传媒产业的发展,一方面满足了用户更高水平的消费,另一方面用户的需求也日益呈现出移动化、个性化、多样化的趋势。其表现为,当今用户无时无刻不置身于多样化的场景中,其注意力稀缺且分散,信息消费行为日益碎片化和个性化。因此,只有关注细分场景,契合用户碎片化消费行为和体验的需求,传媒业才能开发满足用户需求的内容和产品。与此同时，随着大数据、云计算以及人工智能等一批新技术的成熟，用户也在不断提高对于新技术的期待，希望传媒行业能够提供更加多样性、移动化、个性化的产品或服务。

曾经传媒产业处于一种卖方市场的环境中，媒体决定个人消费传媒产品和服务的种类；当时个人在传播学上被统称为"受众"。但随着技术的发展，受众转化为一个个有鲜明需求特征和表达欲望的用户。用户需求，一方面为传媒产业开发新产品和新业务提供了广阔的市场空间；另一方面，为传媒产业进一步转型升级明确了方向。

（三）传媒企业之间协同竞争的推动

传媒企业之间的协同竞争产生了比原来各自独立竞争更好的经营效果，优化了资源的支配和利用，使得企业生产的产品和服务更加具有竞争力和市场空间。例如，报网融合、台网融合等，使得信息产品以不同的形态在不同的媒体中呈现。同时，企业为了追求范围经济效益，通过并购、重组、自建的手段，开始尝试多元化经营，从而把更多的成本分摊到更广泛的产品当中。这种协同竞争的方式能够提高资源的综合利用率，改善企业的经营状况，使传媒产业发展步入新的局面。

（四）政策状况是形成新业态的外部因素

与国外相比，我国传媒产业大多受到政府严厉的行政管理，在市场化运作上，往往受到诸多限制。为了更好地适应新的经营环境，开展市场化运作，提高传播效果，增强经济效益，国家开始出台相应的政策，鼓励传媒业进行优化整合。例如2014年中央全面深化改革领导小组第四次会议审议通过的《关于推动传统媒体和新兴媒体融合发展的指导意见》，因此政策成为我国传媒产业进行整合发展的重要条件，也是形成新业态的外部因素。

四、媒体融合视角下传媒产业新业态实现途径

媒体融合下的传媒业新业态，既是新老媒体行业的技术、渠道、平台、机构、内容等一体化融合过程；更是在互联网思维指导下，融合其他产业，延伸产业链，进行一个全新的生态系统构建的过程。在这个生态系统下，传媒产业与其他产业的界限日益模糊，对产业组织、用户消费行为乃至社会经济文化发展都将产生深远影响。

（一）平台融合与技术融合共同演进

以往传统媒体高枕无忧，凭借的正是对于信息发布平台和技术的垄断。信息发布权和内容资源牢牢掌握在以报纸、广播、电视为代表的传统媒体中，普通个人或者新媒体机构无此权力或实力与传统媒体竞争。信息处于一种单向的传播局面，反馈性低，传统媒体凭借先进技术、渠道优势和内容发布权决定着个人接触信息产品或服务的内容、种类和时间段。但随着技术不断演进，新媒体不断蚕食传统媒体的用户和广告份额。在这种情况下，越来越多的传统媒体开始进行平台和技术融合。

由于"两微一端"可以从声音、图像、视频等多个角度传播信息，突破时空界限，且有极强的实时性，用户可以随时随地查看信息，因而能满足网民更高水平的消费需求。此时，"两微一端"成为许多传统媒体进行转型升级的尝试之一，人民日报、澎湃新闻、新华社等媒体都开发自己的 App，进驻微博和微信平台。

除了"两微一端"的尝试之外，新技术的应用也层出不穷。人民日报与微博、一直播合作，共同推出全国移动直播平台"人民直播"，平台成员将共享原创直播内容，提高新闻传播效率并扩大传播范围；新华社启动"现场云"全国服务平台，向全国新闻媒体开放现场新闻功能应用。实现记者通过移动端同步回传、编辑实时报道，提高新闻即时性；2016 年两会期间，人民日报客户端用 VR 技术无死角观察全会场，新华社拍摄了新闻发布会、会议记录、现场采访等 19 个 VR 视频，更结合闯关游戏，增强网友的参与性；今日头条对于算法技术和人工智能的应用，等等。上述一系列新技术的采用，不断丰富了新闻的表现形态，便利了新闻信息的采集、制作、发布等流程，不断满足了用户新的诉求。

（二）更高层次的内容融合起步

"内容为王"表明了内容资源对于传媒业发展的重要性。内容融合主要表现为打造全媒体传播体系，生成立体化传播格局，为用户提供多样化和智能化的内容产品或服务。

所谓全媒体就是在多媒体发展中实现资源的互相整合，并在此基础上实现媒体间的优势互补，从而形成资源实时共享的局面。在我国，在传统媒体与新媒体融合发展过程中，建立了全媒体性的新闻传播中心；在传统媒体信息采集以及新媒体信息技术传播的基础上，促进了信息资源的合理优化，实现了信息资源的有效整合，为全媒体平台的发展提供了良好支持。这方面表现明显的是"中央厨房"。"中央厨房"是现阶段只在人民日报、新媒体中心、人民网三家媒体实施的新的运行机制。它是面向受众、面向国际、面向未来的新一代内容生产、传播和运营体系，以内容的生产传播为主线，不仅服务于人民日报旗下的各个媒体，更是为整个媒体行业搭建了一个支撑优质内容生产的公共平台，聚拢各方资源，形成融合发展合力。

（三）传媒产业与其他产业的融合

除了在产业内部进行融合之外，传媒业还渗透到其他行业，跨行业融合已成为当代传媒业发展的趋势之一，"互联网+"构想由此产生。"互联网+"简而言之就是"互联网+传统行业"，但这并不是简单的两者相加。它指的是依托互联网信息技术，充分发挥互联网的优势，将互联网与传统产业深入融合，通过优化生产要素、更新业务体系、重构商业模式等途径来完成经济转型和升级，从而创造一个新的生态系统。"互联网+"刚开始只是一个在传媒行业内部兴起的概念，随后国务院开始颁布相应政策，把"互联网+"概念提升为国家意志。

贯彻"互联网+"思想比较突出的则是以百度、阿里、腾讯为代表的互联网行业，凭借先进的技术、雄厚的资本实力以及卓越的经营理念，渗透到金融、服务等行业，进行跨行业整合，延伸产业链条，并逐渐成长为传媒行业巨头。

五、媒体融合背景下传媒产业面临的困境

（一）运营机制、观念、人员素质等不兼容

我国传媒产业的主体，大多是事业性质的传统媒体，除了自发进行媒体融合以外，还有外部政策因素的推动。为了快速实现媒体融合，很多以往在传统媒体工作的人员，必须在短期内适应在新环境下进行操作，技术、思维、观念、素质大多滞后；由于传统媒体多是事业单位，与新媒体行业进行融合，运营机制上可能不兼容。种种情况对传媒产业的长期发展是不利的，同时还要考虑资金、时间、员工培训等问题。一批纸媒的相继倒闭，除了新媒体冲击的因素以外，同样是媒体融合战略失败的现实表现。

（二）产品缺乏竞争力且盈利模式不清晰

这方面问题比较突出的在传统媒体层面，尽管媒介融合开始以来，很多传统媒体都已经正式启动媒体融合发展建设项目，正式进入"互联网+"阶段，各类栏目、节目以及"两微一端"的标配都已初步建成，但其在新媒体平台上的内容只是对传统媒体内容的搬家而已，"两微一端"影响力较弱，与今日头条和腾讯新闻等行业标杆相比，产品竞争能力远远不及它们。并且目前传统媒体仍在探索有效的盈利模式，由于试验新媒体运营，其运营和维护成本与以往相比是大大增加的，如果不在短期内探索出有效的商业模式，对传统媒体来说是致命的。因此，传统媒体的内容、技术与用户建设，都离不开资本。特别是传

统媒体在当前面临较大困境的情况下，要首先整合优势资源，同步加大资本的引入、培育和激励，充分挖掘内外的高素质融媒体人才，并在此基础上探索出有效的盈利模式，才能摆脱困境。

（三）容易造成垄断局面

从我国目前各类媒体在融合发展道路上的尝试和探索来看，互联网媒体的成功案例较多，也更值得参考和借鉴，相对突出的则是百度、阿里、腾讯。他们出身于互联网，早已适应新的技术和经营思维，在当下发展得更为成功。但是百度、阿里、腾讯凭借自身强大的资本和技术优势，已经渗透到其他行业领域。这种情况极容易使百度、阿里、腾讯这样的巨头公司对信息、人才、资金、技术等形成垄断，从而对市场竞争造成一定的不利影响。在国外，相似的局面体现在 Facebook 对社会其他行业的大肆侵入中。

（四）伦理问题

一批新技术在传媒产业当中风靡的同时，其带来的相关技术伦理争论也是十分激烈的，比较明显的是隐私保护和版权保护两大方面。一方面，算法、人工智能技术的使用，使得信息的获取变得更加人性化和智能化的同时，也极容易对用户的网上行为形成监控，使用户处于一种"眼睛无处不在，耳朵无处不在"的局面之中。如果某些传媒企业安全防护做不好，泄露了用户的隐私，则是对用户信任的极大辜负，严重的还可能对用户的人身安全造成威胁。另一方面，各类新兴媒体对传统媒体内容侵权现象十分普遍，如今日头条最近遭遇史上最严整改令，其中很重要的一点在于对版权保护的考量。这表现出传统媒体版权保护，特别是新闻信息内容的版权保护十分困难，但十分重要，需要传统媒体形成共识，也需要国家立法执法相关工作的同步推进，等等。

六、结语

在传媒产业发展走向新业态的情况下，把握其发展趋势是十分必要的，主要表现为对盈利模式和用户关系的探究。以往传媒产业盈利主要是通过两种手段实现，即广告贩卖和产品贩卖。前者往往是通过"二次贩卖"的形式实现，而后者则是向用户销售传媒产业生产的产品或服务，从而收取相关的费用。但当前传媒产业所面临的新环境，使得传统上仅靠广告和贩卖产品的盈利手段表现出了不足之处，必须考虑开发更多的利润转化模式。处在风口浪尖的传媒企业，更要视自身情况，探究新的发展模式，切忌盲目跟风随大流。同时，当今传媒产业新业态是互联网的大发展所主导的，互联网的兴起带来了用户的崛起，而新业态下的传媒经济实质上是用户经济。传媒集团必须对用户关系重新考量，维持用户黏性、适配用户需求变得比以往任何时候都更加重要。如果做不到这一点，不仅是传统媒体，新媒体也会面临新的用户流失风险。

参考文献

[1] 彭兰. 未来传媒生态：消失的边界与重构的版图 [J]. 现代传播，2017（1）.

[2] 李大川. 以媒体融合发展模式探索传媒产业新型发展之路 [J]. 新闻传播，2017（5）.

[3] 李佳佳. 新媒体与传统媒体的融合发展探讨 [J]. 新媒体研究，2016（12）.

[4] 刘庆振. 媒介融合新业态：数字化内容与广告融合发展研究 [J]. 新闻界, 2016（10）.

[5] 姚青青. 融合视角下传媒产业发展研究综述 [J]. 新媒体研究, 2017（16）.

[6] 张扬. 我国传媒产业的发展趋势 [J]. 科技传播, 2017（11）.

[7] 王红叶. 媒介融合视域下传媒产业生态环境的多维性与生存路径 [J]. 中国出版, 2017（20）.

[8] 丁俊杰, 刘珊. 2017年传媒产业发展趋势 [J]. 新闻与写作, 2017（6）.

[9] 周冠晟. 分析传统媒体与新媒体融合的现状与困境 [J]. 新闻传播, 2017（3）.

[10] 严三九. 传统媒体与新兴媒体产业集群融合发展研究 [J]. 当代传播, 2016（6）.

[11] 喻国明, 张文豪. VR新闻：对新闻传媒业态的重构 [J]. 新闻与写作, 2016（12）.

从数据分析看政府办事效率变化
——以《北京晚报》"我们日夜在聆听"栏目为例

姚惟怡*

【摘要】民生问题与人民群众的生活和切身利益密切相关,群众需要通过方便的渠道将相关民生问题反映给政府有关部门,政府有关部门也应通过合适的渠道对群众所反映的民生问题进行及时的应对与合理有效的解决。面对这一情形,北京市信访办联合《北京晚报》在2003年创立了"我们日夜在聆听"栏目。该栏目的主办单位《北京晚报》作为媒体,扮演着"社会公器"的角色,承担着两方面的责任。一是对于公众来说,其服务于公众,反映公众的诉求,替公众发声。二是对于政府来说,其行使舆论监督的职能,督促政府相关职能部门高效地解决群众的问题与诉求,使群众受益。此外,媒体作为群众与政府之间信息交流的一个渠道,既把群众的诉求进行了反馈,又使政府全面了解了群众

---

* 姚惟怡(北京印刷学院)。

的诉求,拉近了群众与政府的距离,既提升了沟通效率,又提高了政府的办事效率。

【关键词】数据;政府部门;办事效率;媒介功能;民生

以十四年数据为基础,结合相关材料以及具体案例,对《北京晚报》"我们日夜在聆听"栏目对于政府办事效率的影响进行研究。其内容或涉及其创办背景、栏目运作模式分析,以及十四年数据与实例对于政府办事效率影响的分析,其中也包括对十四年数据的简单的概括与陈述。通过对"我们日夜在聆听栏目"十四年数据以及实例的研究分析,旨在体现"我们日夜在聆听"这一民生栏目对于政府办事效率的影响。通过对该栏目的研究,既通过对数据的分析体现政府办事效率的变化,又体现其沟通群众与政府、反映群众问题与呼声、监督政府、提升政府办事效率的现实意义。

一、"我们日夜在聆听"栏目体现媒体、公众、政府三方关系

民生问题是与人民群众生活密切相关的问题,是关系人民群众切身利益的基本现实问题。群众需要通过方便的渠道将相关民生问题反映给政府有关部门,政府有关部门也应通过合适的渠道对群众所反映的民生问题进行及时的应对与合理有效的解决。

《北京晚报》"我们日夜在聆听"栏目作为媒体,作为沟通群众与政府的渠道,

扮演着"社会公器"的角色,在公众与政府之间承担着两方面的责任。一是对于公众来说,其服务于公众,反映公众的诉求,替公众发声。二是对于政府来说,其行使舆论监督的职能,督促政府相关职能部门高效地解决群众的问题与诉求,使群众受益。

为打通群众反映民生问题的渠道,监督政府相关部门对民生问题的解决工作,2003年11月17日,《北京晚报》与北京市信访办联合创办了"我们日夜在聆听"这一民生栏目。栏目为何取名"我们日夜在聆听"?政府相关部门应该"认真听取人民群众的意见",并及时反馈、认真解决,不光是"听"来自群众的民生问题,而是应真正解决群众反映的民生问题。"我们"即聆听者,是党和政府;"聆听"的是来自人民群众的声音,即人民群众所反映的民生问题。但是,聆听工作不能流于形式,12345民生热线和"我们日夜在聆听"这一民生栏目自成立时起,便是一个24小时的民生热线,做到"日夜"聆听。

二、从数据分析看十四年北京政府办事效率变化

(一)何为数据新闻

数据新闻,是利用数据挖掘、数据分析、数据统计等技术手段从海量数据中发现新闻线索,通过可视化技术呈现新闻故事的新闻报道方式。

（二）简述栏目的数据统计流程

1. 报样整理

第一阶段是将 2003 年 11 月 27 日至 2017 年 2 月 28 日的报样进行整理，可以分为两个部分。第一部分，因《北京晚报》有自己的采编系统，系统中有保存往年各期报样的电子版，所以可以直接从该系统中下载报样。按照年、月、日、版次（如 2014091408）的格式进行保存，一个月的报样设置一个文件夹。第二部分，因《北京晚报》的采编系统中的报样可能有缺漏，所以需在进行第一部分的整理时，将缺失的版面及时记录下来，然后统一到首都图书馆的北京市地方文献库进行查阅。此时，便需要将报样拍摄下来，并且在笔记本上记录清楚日期与标题，方便以后统计数据（见附表一）。

2. 数据统计

数据统计结果见表 1。

表 1　政府与相关部门民生问题

政府职能部门	民生问题
城管	脏乱差、占道经营、非法经营、扰民、私搭乱建、扬尘、小广告、公共设施损坏
市政市容委	供暖、供水、出行、跑冒滴漏、脏乱差、排污、扬尘
交管局	交通运营、出行、非法运营、违停
环卫局	居住环境、脏乱差
房管所	跑冒滴漏、污水、脏乱差
园林局	园林绿化
公安局	诈骗、非法经营、扰民
劳动局	欠薪、劳动仲裁、黑中介

续表

政府职能部门	民生问题
食药监局	食品安全
质监局	食品安全、消费品、电梯质检、假冒伪劣
工商局	消费品、假冒伪劣、非法经营、扰民
旅游局	旅游
社会保障局	职工社保
路政局	出行、道路基础设施
环保局	环境污染、环保绿化

（三）政府办事效率变化分析

1. 分析时间段与问题的关系

分析哪个季节哪种类型的问题比较多发。例如，经分析发现，冬季与供暖问题、夏季与供水供电问题的联系比较密切。

2. 分析政府职能部门与问题类型的关系

分析哪个政府部门分管哪些民生问题。例如，经分析发现，交管局与出行问题、城管与占道经营等问题联系密切（表2）。

表2 政府各部门办事效率（据2003年11月27日至2017年2月数据分析）

政府职能部门	问题数（件）	办结时长（天）	
		最短	最长
城管	455	0	2920
街道办事处	422	0	2920
交管局	120	0	180

续表

政府职能部门	问题数（件）	办结时长（天）	
		最短	最长
市政市容委	279	0	180
园林绿化局	47	0	50
环卫局	56	0	3
房管所	60	0	10
环保局	35	0	5
路政局	29	0	30
信访办	39	0	0
公安局	39	0	13
其他	361	0	300

从表2数据可以得出以下结论。

第一，政府各职能部门办事效率高，政府职能部门均可在当天办结市民反映的问题。例如，在2011年3月10日刊发的《新设执法站 专管乱停车》一文中，西大望路东郊市场西门外路段因等客拉活的黑车较多，阻碍了正常的道路交通。市民杨先生拨打北京市非紧急救助中心12345电话反映后，《北京晚报》"我们日夜在聆听"栏目派记者于3月9日赶往现场进行报道，南磨房街道办事处亦从9日晚组织协调了城管、交管等相关职能部门在现场设置了执法站对相关违章车辆进行查处。

第二，政府各职能部门因分管问题不同，所以在办结效率上有一定的差别。例如，城管要负责脏乱差、占道经营、非法运营、扰民、私搭乱建、扬尘、小广告、公共设施损坏等问题，职能范围多而杂，遇到私搭乱建或者非法运营之类容易反复的问题，其在处理上存在难度；而街道办事处在遇到邻里关系问题或者交管局、公安局在遇到肇事方难找的问题时，其办事效率也会受到影响。

第三,一个问题会存在多个政府职能部门同时负责的情况。例如,噪声扰民问题涉及城管与街道办事处,非法运营会涉及交管局、公安局与城管局,出行问题会涉及路政局、交通局、街道办事处,等等。遇到此类情况时,政府有关部门应该通力合作,加强配合,以此来提高办事效率。

3. 分析各城区与问题类型的关系

分析各类民生问题在哪些城区比较集中,以及各城区的办事结算率。各城区办结率分析见附表二至附表七。

经分析得出以下结论。

第一,市民反映问题集中在朝阳区、东城区、西城区、海淀区和丰台区。各区的办结率(西城区89%,海淀区86%,东城区90%,朝阳区88%,丰台区91%,其他城区90%)基本相当,都在90%左右。但其中,海淀区办结率偏低,而且其办结时间最长达2920天,例如,2014年2月12日刊发的《索家坟10号楼违建噌噌冒 居民抱怨院里窄得进出都难》一文,就是对八年前居民在此私搭乱建的追踪报道。问题解决时间长,一是因清除租住在该处违章建筑中的住户存在困难;二是因政府相关职能部门的工作力度不到位。但是该问题不及时解决,违章建筑一直占据原本的道路,另外其在建设过程中并不规范,存在很多的安全隐患。经过海淀区城管局和街道办事处八年的工作,在此地私搭乱建的房屋终被拆除,八年来的安全隐患终于解决。

第二,从反映问题数量来看,朝阳区群众作用最大,反映问题539件,原因在于朝阳区城乡接合部较多,跑冒滴漏、脏乱差、供暖供水、私搭乱建等问题多集中于此。但即便如此,朝阳区政府的办结率依然高达88%,且问题办结效率高,办结时间最长不超过50天。例如,2012年5月8日刊发的《别拿青青的小草说事》一文所反映的就是商家私建草坪挤占人行过道的问题,后在该区园林绿化局的管理整治下,于50天之内拆除了这一挤占人行过道的草坪。政府办事效率高,有的甚至当天解决,例如:2009年11月11日的刊发的《南北两小区开始暖起来》一文中,存在供暖问题的西马金润家园在该区城管科连夜的检查、抢修中得到了解决。

4. 分析各类民生问题发生频率

分析哪些民生问题发生频率居于前列。

5. 分析问题的解决效率

分析哪些民生问题已缓解或彻底解决。例如,在分析十四年数据的过程中发现,政府的办事效率进一步得到提高,各城区针对问题的办结率均在90%左右;并且经过有效治理,平房地区煤气中毒、路边大排档扰民、占道经营等民生问题均得到有效遏制。同时,经后续报道分析发现,老旧小区的电梯改造问题也得到有效治理,方便了居民外出。

三、"我们日夜在聆听"栏目运作流程分析

(一)栏目如何创立

1. 打通民意反映渠道

2003年11月17日,《北京晚报》"我们日夜在聆听"栏目创立。在十四

年前，由政府与媒体一起合办栏目，以此来监督政府的工作，这可以说是全国的首例。在当时，信访办为了及时了解并解决各类民生问题，想了不少方法。群众通过写信、上访等渠道来向政府表达自己的诉求，但这种方式对于群众来说，一是解决速度太慢，二是自己的诉求是否能够真正地反映至有关部门，又成为大家十分关心的一个问题。面对群众表达诉求渠道不畅通的情况，北京市的市领导决定，要将信访工作创新，使民意表达诉求的渠道变得畅通，及时解决群众的合理诉求。

2. 创新信访工作形式

2003年之前，市民的信访形式主要有两种，一是拨打市长热线，二是写上访信。但是这两种形式完全不能满足广大市民群众反映问题的诉求，常常会出现市长热线占线的情况。甚至，虽然接收上访信的工作人员有上千名，但仍满足不了一天3000多封上访信的需求。怎么才能创新信访工作形式呢？信访办的工作人员在不断与群众的交流沟通中发现，来自群众的问题与诉求，都是发生在大家身边的小事，而正是这些小事情，其解决率却不到20%。面对这样的情况，北京市信访办决定创新信访工作形式。

3. 搭建政府与群众联系的纽带

群众的诉求很多，也分属于不同的党政部门。信访办认识到，他们应该通过一种特殊的渠道将群众与各党政部门有效地联系起来。只有这样，才能避免来自群众的问题与诉求变成无法解决的"老大难"。群众的民生问题需要反映，政府相关部门应该对群众的民生问题作出及时的回应与解决。但面对渠道不畅通的局面，则亟须通过媒体这一第三方来扮演群众与政府之间联系的纽带。一是对于受众（群众）来说，其服务于公众，反映群众的诉求，替群众发声。二是对于政府来说，其行使舆论监督的职能，督促政府相关职能部门高效地解决群众的问题与诉求，使群众受益。因考虑《北京晚报》的办报方针为面向广大群众，在市民的心中有着较为深刻的印象，信访办便即刻与《北京晚报》商定合作创办一个栏目，以此来反映群众诉求、解决群众问题、监督政府工作，使该栏目成为联系政府和群众的纽带与"传话筒"。

（二）栏目运作模式概况

北京市非紧急救助中心 12345 热线是"我们日夜在聆听"栏目的新闻线索来源，在收取到新闻线索后，记者再通过现场采访的形式来反映群众的诉求。自设立初始，北京市信访办便与《北京晚报》建立了"由北京市非紧急服务救助中心 12345 接听群众来电→信访办初筛线索→双方协商选择线索→将线索派给记者→记者实地采访写稿→双方审稿→定稿见报→信访办协调有关部门解决问题→记者追踪解决全过程→问题成功解决"的模式。

（三）栏目运作案例分析

"我们日夜在聆听"栏目从北京市非紧急救助中心 12345 热线处接到新闻线索后，便会立即安排记者进行现场采访，记录问题，将问题直观地反映在报纸上,提醒并监督政府相关职能部门，并进行追踪报道，直至问题解决或有回复。例如：冬季供暖问题的系列报道与肖家河污水阻路的系列报道，都是以现场采访的形式，记者记录下问题出现的原因、情况，以及后续有关部门的解决办法及是否解决。2006年冬季的供暖问题在该栏目的报道下,得到了相关部门的重视,有的甚至在见报当天就派工作人员赶到锅炉房进行抢修,使居民的供暖问题得到解决。而肖家河的污水阻路问题,在栏目记者连续21天的追踪报道下,其问题出现的原因、有关部门的失职情况、问题解决的过程与结果都得到了详细的反馈。

1. 关于冬季供暖问题的系列追踪报道

2006年11月27日至12月8日,"我们日夜在聆听"栏目针对市民反映的供暖问题连续刊发了《睡觉冻得腿抽筋》《磨房南里8℃房冻坏老两口》《暖气每晚穿棉衣》《顶层两户没放气 邻家没了热乎劲》《暖气热了心里暖了》《居民夜夜"打更"》《顶层空巢楼下变冰窖》《室温9℃没人理 并网凸显"老"问题》《有人欠供暖费大伙都受连累》《蒲安北里热乎了》十篇报道。例如,从12月4日开始,《北京晚报》"我们日夜在聆听"栏目连续四天报道了因锅炉设备损坏、管线老化、供暖费拖欠等原因致使居民家中温度低于16℃的消息。相关部门看到报道后通过走访、连夜抢修等方式积极解决,使民楼恢复正常供暖。从《北京晚报》反映来自市民的问题到市政部门解决问题,冬日里冻人的凉暖气渐渐变暖,让市民们过了一个暖冬,身暖心也暖。读者们都说,这个栏目有人情味,拉近了政府和市民的距离,是政府工作的进步。

2. "我们日夜在聆听"栏目与海淀区肖家河一起走过的21天

2012年3月27日《北京晚报》"记者走基层"栏目中刊登了一则题为"奶奶背孙女趟'河'上学"的新闻报道,引起了大家的广泛关注。在从3月27日至4月16日共21天的时间内,《北京晚报》的记者一直对肖家河的情况进行追踪报道，从查明肖家河污水堵路的原因，到追踪报道有关部门（街道办事处、水务局、交通部门）解决问题，直到最后问题解决，记者在21天的时间内见证了肖家河由污水堵路到管道、路面重修的过程。2017年3月6日，记者再次来到肖家河，发现2012年修理的管道与路面依旧在正常使用，昔日里肖家河污水堵路，周边居民出行困难等景象已不复存在。

2012年3月27日到4月16日，共有以下12篇报道。

3月27日：记者现场采访记录肖家河的积水情况，发现肖家河从3月22日开始积水，现场存在积水阻碍孩子们上学、居民出行，以及有人趁机摆渡赚钱的情况。以"小学门前积水数日 1600余名学生受影响 奶奶背孙女趟河上学》为题开始报道。

3月28日：排水集团工人现场勘察水情。刊发第二篇追踪报道《排水集团员工现场查水情》。

3月29日：排水集团工人现场排水，昼夜抽水将水抽干，并排查堵水点。刊发第三篇追踪报道《积水排干了！正查堵点！》

3月30日：查明堵水原因是周边民居及洗浴中心排放大量生活污水且排污明沟被堵所致，水务局等单位联合制ys解决方案。刊发第三篇追踪报道《污水成河原因终于查明》。

4月5日：问题没有得到解决反而积水更深。刊发第四篇追踪报道《积水更深 三轮车涨价儿》。

4月6日：将铺设新的管道，解决方案和资金都全部敲定。刊发第五篇追踪报道《铺新管道 治水有盼了》。

4月8日：开始挖沟埋管。刊发第六篇追踪报道《新管线今晚就能埋好》。

4月9日：解决起来一波三折，因在挖沟埋管时没有像交通部门通报，非法施工导致挖坏通信线路，工作被叫停。刊发第七篇追踪报道《修好上学路还得再等》。

4月10日：经多方协商，新管线已铺完，并打算建井。刊发第八篇追踪报道《新管线已铺完　只差路面回填》。

4月11日：积水清除完毕，道路即将铺好，下水管道未正式使用。刊发第九篇追踪报道《雨后不见积水　居民笑了》。

4月12日：街道容貌恢复，水迹消失，准备铺设柏油马路。刊发第十篇追踪报道《路面马上要铺柏油啦》。

4月16日：问题得到彻底解决，学生作画送给昼夜施工的工人及《北京晚报》的记者。刊发第十一篇追踪报道《肖家河的积水终于解决了》。

（四）栏目开办的持续性分析

2003年，"我们日夜在聆听"栏目由媒体与政府联合创办。在当时，面对这样一个全新的模式，"我们日夜在聆听"栏目能够为群众服务多久是一件根本无法预测的事情，于是决定栏目先开办三个月的时间试试。而令大家都没有想到的是，"我们日夜在聆听"栏目以其"设身处地为民着想，千方百计为民解忧"的宗旨一直运行至今。

1. 持续报道民生问题

"我们日夜在聆听"栏目以"立足民生　为民解忧"为开办方向。该栏目主管部门（社区新闻部）的主任周家望老师认为："市民的参与程度，政府的支持力度和新闻报道的深入程度是这个栏目得以生存和发展的三个基本支点。"该栏目以媒体的舆论监督与政府的行政监督相结合的创新方式，被广泛认可。分析栏目刊登十四年的案例发现，栏目共计采访报道民生问题1600余件，并能够及时对相关政府部门的回应及解决措施作出持续报道。

2. 深入进行采访调查

记者深入采访，在获得新闻线索后能够及时深入现场进行调查。例如，2015年2月，《北京晚报》获得线索，得知朝阳区沙子营村附近有非法洗砂产业。随后，报社便立刻安排记者深入现场调查。在报社记者的深入调查中，获得了一手的影像资料与重要的人证，并直接记录下该洗砂场擅自打井开采地下水洗砂的非法行为。文章见报后，有关部门立刻行动关闭该料场。朝阳区政府在公安等多部门的协助下，一次性关闭该地35家料场，收回土地资源780亩。2017年2月，记者再次来到这里发现，该地已被划入环境整治的重点区域，其附近还建起了湿地公园。

3. 连续追踪解决效果

该栏目对于民生问题的报道不局限于发现问题，而是持续追踪报道有关政府部门对于民生问题的解决过程与结果。该栏目设置的"这事正在办""这事给您办了"等子栏目使市民可以清晰地看到解决效果。从报道民生问题到追踪相关政府部门的整改措施，再到报道解决效果，该栏目在完整的工作流程中将政府与群众联系起来。

四、结语

通过十四年的栏目数据来分析政府的办事效率的变化,同时体现该栏目作为沟通政府与群众的纽带的"社会公器"的作用。通过对"我们日夜在聆听"栏目十四年数据及实例的研究分析,旨在体现"我们日夜在聆听"这一民生栏目对于政府办事效率的影响。通过本文对该栏目的研究,既体现其作为"社会公器"所发挥的沟通群众与政府、反映群众问题与呼声的作用,同时又体现其监督政府、提升政府办事效率的现实意义。另外,由于现阶段将民生新闻与党政机关部门的办事效率结合起来的数据研究相对处于一定的空白阶段,除北京日报报业集团在该栏目创办十周年以及《北京晚报》创刊五十九周年之际对于该栏目的分析报道之外,其余关于民生新闻与政府办事效率的数据分析案例较少,因此本论文在研究时可学习借鉴的文献资料主要来自期刊《新闻与写作》及《北京晚报》创刊五十九周年特刊。

参考文献

[1] 周家望.从《北京晚报》"我们日夜在聆听"栏目看纸媒新闻栏目的寿命有多长[J].新闻与写作,2013(5):85.

[2] 王军华."我们日夜在聆听"栏目的运作模式创新[J].新闻与写作,2013(5):88.

[3] 陈先.几度"聆听"几多感动——赏析《北京晚报》"我们日夜在聆听"[J].新闻与写作,2013(5):92.

[4] 宗春启.尽心服务读者 架起沟通桥梁——写在"我们日夜在聆听"栏目创办十周年之际[J].新闻与写作,2013(5):94.

[5] 蔡雯,贾茜.十年聆听心系百姓——评析《北京晚报》民生专栏"我们日夜在聆听"[J].

新闻与写作，2013（5）：96.

[6] 陈昌凤.报纸的传播功能拓展与现实社会服务——从《北京晚报》"我们日夜在聆听"栏目说起[J].新闻与写作，2013（5）：100.

[7] 刘义昆.大数据时代的数据新闻生产：现状、影响与反思[J].现代传播，2014（11）：103.

[8] 陶志强.大数据背景下的报纸转型样本——以《芝加哥论坛报》《佛山日报》的大数据应用为例[J].新闻与写作，2013（9）：19.

[9] 王军华.在您身边——《北京晚报》创刊59周年特刊[N].北京晚报，2017-03-30（特1）.

[10] 窦清风.12345市情与民生《我们日夜在聆听》[N].北京晚报，2003-11-17（02）.

[11] 李环宇.聆听大数据 改善京生活[N].北京晚报，2017-03-30（特4，5）.

"他者"镜像构建下的嘉兴城市形象分析
——以吉尔吉斯斯坦留学生为例

郝焕香*

【摘要】"自我"审视与"他者"反馈的双重视角是城市文化品格和自身形象塑造的有效方式,缺少任何一方都是不完整的。本文以吉尔吉斯斯坦留学生的视角,从城市国际语言环境的打造、城市形象国际传播层面反思嘉兴城市形象建设中的"国际品质"和对外传播中的得失,以期实现不同文化视野中的对话与互动。

【关键词】"他者";镜像;城市形象;嘉兴

一、研究背景及意义

在当今全球跨文化语境下,以文化形象提升自身影响力是世界各国的战略

---

* 郝焕香(嘉兴南洋职业技术学院)。

选择之一。嘉兴市2017年提出要把握世界互联网大会永久落户乌镇的历史机遇，打造具有国际化品质的现代化网络型田园城市。作为人才培养的重要基地，课题组单位响应国家"一带一路"号召和嘉兴区域发展特色，在2017年9月迎来44名留学生，其中吉尔吉斯斯坦籍42名，老挝籍2名；留学生们民族多样、热情好动，参加乡村田间小课堂、嘉兴中医院志愿服务等多项活动，成为嘉兴国际化城市形象展示的一张名片。

旅游学中"形象"一词意为"一种抽象的概念"，指对人的以往认知、印象、评价。城市形象是指"公众对一个城市的内在综合实力、外显前进活力和未来发展前景等的具体感知和综合评价，是城市文化、精神、景观等元素整合起来的城市的外在表现"。具有国际品质的城市形象定位不仅需要对嘉兴地方特色进入深入的分析，还要寻找出适合国际社会需求和品位的"点"。这既要解决语言上的障碍，更要处理好宗教习俗、饮食习惯、价值观等多方面文化差异；嘉兴国际形象的建构过程是内外兼修、传统与国际接轨的过程。

截至2018年8月，在中国知网数据库以"嘉兴+城市形象"为主题词搜索，共12篇文献；以"嘉兴"和"留学生"为关键词搜索到2篇文献。现有文献多集中在嘉兴，以及从国内公民的角度研究强调自然景观资源、城市标志，对国际化品质的研究欠缺。例如，王立玮专门在《对嘉兴城市形象评价及提升对策的研究》一文中论述了嘉兴城市形象的视觉、行为、理念识别系统；李海波结合嘉兴现有资源和优势提出了进行嘉兴"江南水乡"城市形象塑造的策略以及整体构造方向；李璐璐以整合营销（IMC）视域下，从地级市形象定位、传播主体构架、城市形象传播渠道等途径研究了嘉兴的地级市形象。经过梳理，嘉兴城市形象研究定位上缺乏对国际受众的研究，缺少国际化的品质研究，文化内涵缺乏，国际传播针对性不强。

此外，2017年《嘉兴市城市总体规划》（2003—2020年）提出要"以现代化网络型田园城市"为总目标，紧紧抓住国家推进建设"'一带一路'、长江经济带、上海自贸试验区等重大战略机遇"，打造具有国际品质的国家历史文化名城。"大到一个国家，小到一个城市，其自我文化形象的确立都离不开'他者'的镜像的视角反馈"。课题拟从来华留学生的角度，分析其对嘉兴城市的国际化品质第一印象、错位印象、国际化环境的认同、国际化硬件建设现状、国际化品质的认知评价等。

理论意义：在心理学上，雅克·拉康提出曾提出"镜像理论"，即确立主体自我形象只有在承认"他人"的反馈下才能完整。从哲学上，黑格尔的《精神现象学》中以"主人"与"奴隶"的角色对比，主体常在客体的对比关照中确认自身形象。首先，吉尔吉斯斯坦留学生"他者"已融入了嘉兴城市形象"自我"里；其次，吉尔吉斯斯坦留学生熟悉、理解嘉兴的过去、现在及将来，从反馈的"镜像"中找寻主体文化和自我文化的地位，国际上"中国威胁论""中国崛起论"等一些负面言论才不会对他们造成冲击，这也是从"他者"角度反思城市国际自我形象的目的。

现实意义：从地理位置上看，吉尔吉斯斯坦与我国有着约1100千米的边界，也是上海合作组织成员国之一。2013年双方结为战略伙伴，经贸合作不断加强。来华留学生在所接受的汉语学习、文化体验、实践锻炼活动中，对嘉兴的文化脉络、经济发展、历史积淀形成了自己最真实、辩证的评价。可以说，来华留学生就成了两国经济、文化交往的"使者"，更是作为民心相通、情感交流的"桥梁"。课题以留学生异域文化的视角展开，对于从国际化视野提升城市竞争力有一定的现实意义。

二、"他者"镜像的反馈

为得到一手的资料,课题组于 2017 年 10 月对 42 名留学生进行了问卷调查,2018 年 5 月进行了个人访谈。其中,嘉兴国际品质的城市形象传播调查问卷是为了得到嘉兴城市形象的认知评价。

(一)了解嘉兴的途径

调研对象对嘉兴的了解主要是通过媒体(52.9%),其次是曾经在嘉兴生活/学习/工作/旅游(14.6%%)、亲友推荐(12%),通过各项大型主题活动占比较少(18%),此外还有其他方式(2.5%)了解嘉兴的。

可以看出,媒体在城市形象的宣传中至关重要,嘉兴是世界互联网大会会址,中国端午文化节、中国德艺双馨电视工作者等活动的举办者,这些活动在国内知名度较高、影响力大,但多元化富媒体海外传播宣传效果有待于继续提高。

(二)对嘉兴的第一印象

认同嘉兴适合旅游和居住的人数占据前两位,分别是 48.5% 和 41.8%,其他功能定位认同程度都较低:经商占 5.3%、学习占 3%、工作占 2.4% 和其他占 0.2%。

嘉兴地处长江三角洲下游，气候宜人，文化积淀深厚，沪杭同城等优越的地理位置符合其居住、旅游的定位。同时，乌镇举办世界互联网大会，见证了嘉兴经济、科技的发展实力。跨境电商产业蓬勃发展，但对嘉兴经济功能认同较低。一方面因为留学生多属于"90后"，喜爱旅游；另一方面在于嘉兴经济影响力需要继续加强。

（三）嘉兴整体形象定位

调查对象认为嘉兴最适合的称号是"千年文化古镇"（47.1%），其次是"田园型城市"（29.1%）、"红色城市"（12.8%），最低的是"国际品质城市"（11%）。

从调查数据分析，调对象受月河街、乌镇、西塘等媒体影响较大的古镇影响，国际传播影响力大，对国际化品质的认同率不高。田园型城市占比，同时，2018年9月，再次回到嘉兴南洋职业技术学院就读的吉尔吉斯斯坦留学生有18名，这也是对嘉兴"宜居、宜游、宜业"田园型城市的认可。

（四）"嘉兴印象"深刻的代表

对嘉兴的第一印象主要集中在五芳斋粽子（41.2%）、西塘/乌镇（38.1%）、中共一大（6.5%）、大运河遗址（8.9%）、互联网大会（5.2%）及其他（0.1%）。

对于嘉兴的五芳斋粽子、乌镇或西塘，留学生认知程度较高，说明嘉兴市政府在城市形象宣传上作出了突出的成绩，具有打动人心的全域品牌力量。但对连续四年举办的世界互联网大会认知程度较低，这反映了国际传播上的"发送—接受"者之间信息不对称，在政府传播和公众认知方面存在断层。

（五）嘉兴市国际形象整体评价

从问卷调查结果可见，对嘉兴国际形象评价选择"非常差"和"差"的人较少，两者所占比例加起来才7.9%，31%的人认为嘉兴国际化城市形象有待于继续提高。

大部分被访者对嘉兴城市形象持正面评价，这说明多年来嘉兴在国际化城市形象建设上取得了一定成绩。但是仍有30%以上的人认为"一般"，比如学生提到"门口乘坐的85路公交车只有中文播报，没有英文播报、路线图英文版注释"，市区内只有南湖景区景点有中、英、日三种语言标志，所以在国际化环境营造上没有抓住国际游客、商旅等有效关注点。

三、"自我"反思：国际语言环境建设

随着"一带一路"倡议的不断推进，国内文化产业领域的交流、宣传与贸易活动日渐增多。语言环境成为展示嘉兴国际化文化产业的重要"窗口"，城市的开放性、文明性彰显其中。中国美术学院成朝晖主任介绍嘉兴"城市·文化·形象"旅游标志指出，"从世界旅游者看待嘉兴的角度出发，从江南水乡到千面嘉兴，向世界呈现一个本土、多元且国际的湖山城市"。然而，目前嘉兴旅游景区、国际酒店标志翻译有英译文，其他道路交通、公共区域要么没有中英文翻译，要么翻译参照标准不统一、翻译水平参差不齐，外宣资料、企业产品简介存在错误、不规范等问题，这对外交流及文化产业的国际形象造成不良影响。

（一）国际语言环境的组织保障

国际语言环境是国外友人在一个城市里借助语言来解决衣食住行所感受到的开放与文明度。嘉兴市政府成立专门形象宣传部门——嘉兴市委对外宣传工作领导小组，多部门协同工作。但这种组织是从上到下的发动，没有发挥民间、其他传播主题的能动性。以杭州为例，既有官方的城市品牌工作指导委员会，又有杭州生活品质研究与评价中心、杭州市城市品牌促进会、杭州发展研究会等非营利性社会组织。委托国外权威机构、知名专家设计可操作性的语言环境建设规划，由民间组织与政府层面共同参与，不仅有利于把握国际城市形象设计的潮流，更有利于全局把控、贯彻执行，也能监管嘉兴市语言环境建设、语言服务等方面的进度，保障各种规划、方案高效持续运行。

（二）城市设施的国际化

加强市民英语等国际语言的学习氛围，可在政府机关、企事业单位等公需课上增加外语文学、翻译常识等易学、乐学的选修课程，在出租车、火车站等窗口行业和涉外服务人员中普及英语基本口语，在市政设施上写明双语国际化标注、解释，建立符合规范的城市咨询服务、信息量大的外语版旅游网站和电子引导系统，培养多语言外语咨询系统。这些设施要注重追求国际潮流的艺术化设计，让老百姓、国际游客体味到城市发展的国际化标准，在细节处能真真切切地感受到城市的国际化品质、品位。

（三）教育国际化背景下的城市氛围

首先，以政策、资金扶持与鼓励开发高校、高等研究机构教育国际化多元合作项目，抓住国家重视职业教育的契机，引入国外优质资源，通过留学生交换生、援外基地、职业教育论坛等开展比较教育实践研究，开发资源库建设，组织职业教育合作论坛，发展职业教育资源库建设等。其次，探索留学生教育品质提升工程，以嘉兴市"具有国际化品质的现代化网络型田园城市"为目标，大力开拓国际教育，引入国际质量管理体系，助推嘉兴海洋经济发展，做"留学嘉兴"品牌的倡导者和先行者。

（四）国际旅游产品的培育

嘉兴与其他城市的文化差别性越大，对海外的吸引力和影响力越大。嘉兴拥有吴风越韵、马家浜遗址、大运河、红船精神、互联网大会永久举办地等独一无二的个性标签，这些资源"是中国的，更是世界的"。2018年5月课题组对留学生进行了访谈，有意思的是，留学生肯定嘉兴的旅游特色，但他们旅游的地方多集中在商业化、娱乐性强的场所，文化游、深度游较少，这样就会导致留学生体会不到嘉兴内在的文化底蕴和民俗风情。如何使这些历史积淀得到延伸、传承、发展，是当前面临的首要问题。这些厚重文化的国际化传播是传统给予现代的机遇，更是挑战。

针对当前嘉兴国际性旅游产品的定位趋同、特色不明显，本着"尊重历史、走向世界"的原则，依托国际知名品牌、企业对城市品牌的促进作用，将南湖菱、蓝印花布等地方特产整合推销，在旅游品种结构上添加国际化潮流元素，让嘉兴成为国际人士印象深刻的、具有独特品性的城市。

四、嘉兴城市形象的国际传播

21世纪以来,经济全球化、区域经济一体化进程加剧,城市形象能吸引到海外投资、人才、游客等,城市之间的竞争从"20世纪80年代的规模竞争、90年代的综合实力竞争演变成21世纪的城市个性魅力的竞争"。抓住目标受众,强化其印象,这使得国际营销对提升国际形象显得尤为重要。

(一)受众需求的定位

整合传播强调"在形象传播中,无论何时何地在何种场合下,都要保持信息的一致性,对外一个声音。传播内容是一个非常庞大的系统,如果没有与其形象定位保持一致,这会使得形象传播混乱无章"。因此,随着城市数量的增加,受众注意力易分散。城市国际形象的树立不仅要全球调研,更要从受众心理和需求角度出发。嘉兴城市形象的国际传播中,首先要找到对嘉兴城市形象认知和评价有较大影响的群体,找到满足国际受众心理需求的"关键点";其次要树立古老的东方元素与国际标准接轨的品质之城形象,这样国际传播将更有实效。

(二)差异化传播内容

国际化形象实质上指的是城市综合实力的"感觉"和"视觉"的展示过程,

而具有独特个性的国际文化形象才会更有内涵、持续发酵。没有个性的城市形象，是很难在越来越多的大中小城市竞争中脱颖而出并立于不败之地的。嘉兴市国际形象传播内容要充分挖掘自身的历史文化特点，避免趋同于其他地级市，不断将这些内涵高效、全面地展示，让国内、国外了解、接受并熟知，才能使国外传播富有成效。

（三）整合传播国际化形象

首先，围绕国际城市形象，利用传统媒体与新媒体的立体、多元渠道，通过播放嘉兴城市形象宣传片、专题报道，组织城市主题宣传活动。在宣传中以厚重的文化内涵、优越的投资环境、闲适的生活环境等，推出城市品牌宣传节目和国际形象宣传手册。其次，依托大型活动做好传播品牌，落地嘉兴的全国德艺双馨电视艺术工作者颁奖、中国端午民俗文化节、世界互联网大会等活动，可以借此从软硬件两方面提高大型活动的知名度，让嘉兴的品牌从国内走向国外，增强国际传媒实效。

总之，嘉兴国际城市形象是城市"形象"的"内"与"外"综合实力评估、发展的漫长过程。这一过程虽然艰难，却是历史大势所趋，是注重城市形象传播中的内容整合，需要统筹、整合各种现有资源，以国际化标准规范城市形象内涵，最终提升城市的竞争力和老百姓的幸福生活指数。

参考文献

[1] 张晓宁.构建国际化大都市西安城市形象世界传播研究[J].西安文理学院学报，2014（12）：67.

[2] 蔡明宏.他者镜像与自我形象——东南亚留学生对闽文化的体认与反哺[J].汉语学报，2016（3）：75.

[3] 郑小梅，朱宇红，顾伟建.嘉兴旅游品牌形象焕然一新[N].嘉兴日报，2017-12-03.

[4] 苏永华，王美云.杭州城市形象的国际传播[J].经济导刊，2011（3）：79.

[5] 李璐璐.IMC视域下地级市形象传播研究——以嘉兴市为例[D].上海：华东师范大学，2017：28.

短视频应用的算法推荐机制对比研究
——基于抖音、快手的实证研究

周 雪*

【摘要】随着科学技术和互联网的发展，人们逐渐从信息匮乏的盲区走入了信息爆炸的时代。以推荐算法为核心技术的推荐系统凭借其个性化推荐和有效降低信息噪声的特点开始被广泛使用，成为互联网时代解决信息泛滥问题的有效途径之一。最近火爆的短视频也凭借算法推荐吸引了大量的用户，成为用户消磨时间的第一选择。本文以当下最火的两款短视频应用抖音和快手为例，研究两款应用在内容推荐和创作方面算法机制的异同，以及其中存在的问题和对其的建议。

【关键词】算法推荐；抖音；快手

---

* 周雪（北京印刷学院）。

网络视频已经从注重内容的文化属性开始向注重互动交往的社会属性拓展，当算法推荐被广泛运用于各类新闻资讯平台时，短视频领域似乎也乘着算法推荐的快车在用户流量的红利池中分得了一杯羹。

抖音和快手作为时下最火的两个短视频应用，经常被放在一起比较。两款应用以不同的角度赋予着受众表达权利，同时也以短视频为载体将这个时代的多样性和丰富性展现在大众面前。目前的DAU/MAU（月活用户）均达到0.45，平均每人每月有13.5天（30天×0.45）会使用。作为"去中心化"的产品，不论是平台上的创作者还是观看者，赋予每个人平等的表达权是保持用户对产品忠诚度的重要因素。因此，算法推荐机制发挥着举足轻重的作用，对于内容分发权重的把控使它在某种程度上决定着用户的去与留。虽然同为去中心化产品，但两款应用内容的算法推荐机制存在着很大的区别。

快手经过2015年至2016年的迅速发展，如今在短视频领域已经成为同行业的标杆。2017年11月，快手的每日活跃用户数已突破1亿，累计注册用户数已超过7亿，每天新增视频内容超过1000万。2018年春节期间，在短视频领域，快手的DAU以超过1亿的速度领先，远远超过了同行业的其他应用，如抖音、西瓜视频和火山视频。

抖音于2016年9月上线，经过一系列产品迭代、打磨，2017年3月正式出现在大众的视野中。凭借着产品冷启动，出色的内部运营和外部运营，以及"算法+人工"的内容推荐机制，极光大数据日前发布数据显示，截至2018年2月份最后一周，抖音短视频的市场渗透率达到14.34%。在2018年各地方台的春晚中更是崭露头角，成为短视频行业的一匹黑马。与快手相似，抖音能在成立一年半的时间内吸引众多用户并达到日活超过10亿，除了出色的运营，很大一部分原因是算法推荐带给用户的平等权利和各种社会心理需求，使用户对产品产生较高的忠诚度。在抖音相关文章评论下，可以看到"抖音的算法推荐很不错，每次看到的都是我感兴趣的内容"等类似评论，对算法机制表示满意。

一、算法推荐机制的分类及在短视频领域的应用

在大数据时代，互联网信息和资源严重超载。在这样的背景下，推荐系统以其能够提供个性化服务和能够精确匹配用户需求，在电商、信息获取方面得到了广泛应用，在短视频领域亦是如此。短视频凭借后台强大的算法、先进的数据抓取技术，能够精准分析并解读用户的观看习惯和兴趣，在了解用户的显性需求和隐形需求之后向用户推送为其量身定制的短视频产品，实现个性化推荐。

（一）基于内容的算法推荐

基于内容的算法推荐是根据用户访问对象的内容和对其评价信息来进行用户的偏好和需求的分析，以此计算用户兴趣偏好和对象的相似度，从而完成对用户的个性化推荐。基于内容的算法推荐侧重于对内容的分析，根据内容的元数据分析其相关特性，将与用户兴趣模型类似度较高的内容推荐给用户，从而实现精准推送。例如，在今日头条新闻资讯平台上，用户经常观看足球和篮球类新闻，那么系统会记录你的喜好和浏览记录，并且通过分析足球和篮球都属于体育新闻，进而推送更多关于足球或篮球的体育新闻。

虽然基于内容的算法可以实现部分个性化推荐，但其本身还存在着一些局限性。第一，由于技术发展的局限性，它只能进行文本信息的收集，对于动态信息，如视频、音乐等，无法主动收集。第二，无法适应用户变化的动态兴趣。因其推荐是基于用户的浏览记录和固有喜好，因此无法发现用户潜在的兴趣项目，使推荐内容过于单一。需求推荐内容的质量取决于物品模型建立的全面可靠程度。第三，由于技术发展的局限性，对于内容模型建立的全面可靠程度无法保证，也就无法保证推荐的精确度。

（二）基于协同过滤的推荐

协同过滤推荐算法是目前提出最早、应用范围最广的一种个性化推荐算法，它主要是基于用户的历史行为，通过数据挖掘技术构建用户兴趣模型，将兴趣模型相似的用户设置相同的兴趣组，对同一兴趣组中的各用户兴趣对象进行加权平均，去掉目标用户已经选择过的对象，从而对高权重的对象进行推荐。简单来说就是，对相同几种内容感兴趣的用户有很大概率会具有相同的兴趣，系统通过系列方法测量两个用户之间的相似性并生成类似推荐，同时也通过用户来建立内容和内容的关联。

相对于基于内容的算法推荐来说，协同过滤推荐算法能够发现用户潜在的感兴趣对象，并且也适用于非文本类内容的收集处理，因此它适用于短视频平台的内容推荐。但是，协同过滤算法仍然存在一些问题，例如，不能解决对新用户和新内容的冷启动，无法主动感知用户兴趣变化，太依赖历史偏好数据，都会影响推荐的精准性。

（三）混合的推荐机制

由于技术发展的局限性，不同的算法有着不同的适用场景，但为了更优质的推荐效果，还可将几种算法进行混合使用。目前，短视频的算法大多是使用混合的推荐机制，即基于协同过滤的推荐加上基于内容的推荐算法。基于协同过滤的算法存在冷启动的问题，在短视频平台上表现为不能将新的视频内容推荐给没有任何历史数据偏好的新用户，对于新用户的兴趣点很难抓取。因此，短视频平台还会引入基于内容的推荐算法，即通过对视频进行分析和建模，如关键词和标签，还可以对视频内容进行基因编码，使得内容具有各种元数据特征，进行相关性判定，最后基于用户的人口统计等社会属性以及浏览的视频信息，将用户特征与内容标签分类相匹配，实现个性化的精准推荐。本文所选取的案例——快手平台即是如此。

二、短视频平台的算法推荐机制对比分析——以快手、抖音为例

（一）内容创作：快手是协同过滤，抖音是赛马制

本着提升每个人的表达权的原则，在技术方面，快手平台利用 AR 和音视频等技术帮助内容生产者生产更多有趣的内容，同时也为视频观看者提供更精准的推荐。

在功能使用方面，快手会使用深度学习算法来检测用户拍摄的场景类型，

并选择最合适的滤镜效果以提高视频质量。此外，AR技术实现了将玩偶等表情呈现在人脸上以达到美颜效果，这一功能在各类自拍软件上均已广泛使用。随着科学技术的发展，用于认知的人工智能得到了极大的发展，从环境的认知到人体的认知，从静态的认知到动态的认知。快手平台上还有让动画随着人身体位置的变化而出现相应变动的特效。

从内容推荐方面来说，快手更偏重基于内容和基于用户的协同过滤混合的推荐机制。首先，快手对用户的平台使用行为进行收集，当该用户发布视频时，基于协同过滤的算法推荐将该视频进行识别，贴标签，以此推送给标签类似的用户，并给用户很小的浏览量，能否获得更大的推荐力度取决于视频本身的质量。

不同于快手，对于内容创作者来说，抖音的推荐机制更像一个赛马机制或层层叠加的机制。在开始上传视频的时候，每个短视频会得到一个平均的、小的流量池，后台对这些短视频的点赞、关注、评论、转发等数据进行分析，考察该视频优质与否，再推入下一个更大的流量池中。每一次流量池的上升都是由在原流量池中的表现决定的。通过几轮验证，筛选出点击率高的短视频进入推荐池，用户浏览首页时就可以看到。与快手不同，由于推荐池的时效性并不强、衰退期慢，大量用户表示几个月之前发布的视频也会突然得到推荐，这样就会导致流量池中里累积很多长期霸屏的内容，且热度不减就会被持续推送，有些内容可以达到几百万点赞量。所以，之前大流量的视频不会影响你重新制作下一条视频，新制作的视频与当天上传的其他视频竞争，此前视频产生的巨大流量与现在没有任何关系。这样的推荐机制对于普通用户来说较为公平。

在功能方面，除了各类短视频应用都具备的美颜美型、滤镜以及表情的基础配置之外，在今日头条图像识别技术的加持下，抖音大量运用人工智能技术，如表情漫画能够检测到人脸关键点、虚拟背景更换技术把人物动作与拍摄背景相分离等。尬舞机的上线也将人工智能技术发挥得淋漓尽致，抖音也因此成为全网首个应用人体关键点检测的短视频应用。尬舞机主要应用了今日头条 AI Lab 自主开发的人体关键点检测技术，依靠这项技术，抖音能够检测到图像中所包含人体的各个关键点的位置，从而实现从用户姿态到目标姿态的准确匹配。

（二）在内容推荐方面

在推荐内容之前，快手的系统会分析用户画像和用户行为。用户画像除了我们熟知的人口社会学的属性，还包括用户在平台上的高频行为，包括点赞、评论、分享、在一个视频停留时长、观看视频完整度等。如此看来，用户在浏览视频时，平台也在分析着用户。

为了保证算法能够根据用户喜好进行精准推荐，短视频后台的实时推荐系统也是十分必要的。当用户在使用快手的时候，上文中提到的用户高频行为（点赞、关注、评论、分享等）都会实时地上传到后台日志系统，日志系统再传到训练平台以分析哪些属于用户的高频行为。目前，快手的训练平台已经从典型的 ALR 模型转成 DMM 的深度模型。训练出线上模型之后，会上传到在线系统，当用户使用快手的时候，在线系统就会从 50 亿视频里面选出用户最感兴趣的视频推给用户。

对于内容观看者来说，在这一点上抖音与快手相似，同样是后台根据用户的社会属性以及平台使用习惯来进行个性化的内容精准推送，浏览什么内容，你的抖音就会呈现相应品类的内容。除此之外，用户还可以长按视频点击"不感兴趣"，下次便不会浏览到类似内容，可见算法推荐机制高度贴合用户的好恶。

由两个平台的算法推荐，我们看出，去中心化的原则赋予每个用户平等的权利，不论是内容创作还是浏览视频，平台只通过算法为用户提供内容选择，而非贴标签。

（三）内容同质

基于强大的算法推荐，随着手指上下滑动，用户看到的大部分视频内容都在兴趣范围之内，随之而来的问题就是内容同质化，导致用户审美疲劳。在视频内容观看方面，根据2018年4月初企鹅智库发布的《亿级新用户红利探秘：抖音&快手用户研究报告》（下文简称《报告》）显示，25.7%的抖音用户认为抖音同质化内容过多，而39.1%的快手用户认为快手上同质化内容过多。可以看到报告中调查的一千多名用户中，有更多的用户认为快手平台的同质化内容更多，两平台的算法推荐机制差异也导致了用户对两平台同质化内容的不同看法。

为分析比较两平台同质化内容出现频率高低，笔者设计如下实验：将快手和抖音两大平台的内容进行分类，通过使用发现，大致可以分为搞笑、技术流、晒颜值、晒萌娃、晒萌宠、舞蹈、教程、吃播、照片等九种内容类型。连续三天于同一时间打开抖音和快手两平台，依照应用推荐顺序观看10个视频，记录每天同一类型内容出现的次数，最后进行汇总比较分析，得出结论，如表1所示。

表 1

日期	应用	类型									
		搞笑	技术流	教程	晒颜值	晒娃	晒萌宠	舞蹈	吃播	照片	其他
6月12日	抖音	5	3	0	0	1	1	0	0	0	0
	快手	1	0	1	3	0	4	0	0	1	0
6月13日	抖音	2	2	1	0	1	2	1	0	0	0
	快手	0	0	1	1	1	2	0	1	0	4
6月14日	抖音	0	4	1	0	1	2	0	0	1	1
	快手	0	0	2	2	0	3	0	1	2	0
三天共计	抖音	7	9	2	0	3	5	1	0	1	2
	快手	1	0	5	6	1	9	0	2	3	4

由数据我们看出，在搞笑类、技术流、晒娃类的视频中，抖音同质内容更多，而在教程、晒颜值、晒萌宠、吃播等几类视频中，快手同质内容较多。也就是说，在协同过滤推荐机制下，获得同质化内容更多。

三、目前短视频算法推荐机制存在的问题

（一）"信息茧房"

算法推荐是解决信息过载的有效途径之一，同样的方法在短视频平台上效果依然显著。在内容创作方面，为降低拍摄门槛，让更广泛的受众参与拍摄，平台会定期为用户设置站内挑战，实时提醒并展示视频，用户可以根据示例

即兴拍摄，模仿成为第一动力，因此当点击一个音乐后会呈现大量内容相同的视频，用户在消费内容的同时并没有生产新鲜的内容，也因此困顿于"信息茧房"中失去拍摄的热情。由此看来，若用户长期处于同质化信息的浪潮中便会认为自己所看到的，或者说数据操控下的信息呈现就是整个世界。

（二）过度使用成瘾和泛娱乐化现象

信息爆炸时代，用户的注意力成为稀缺资源，成为一款现象级产品的关键是不仅能够抢占用户注意力资源，还能够培养用户的使用习惯。《报告》显示，快手和抖音目前的 DAU/MAU（DAU/MAU 是衡量一款产品用户黏性的重要指标之一。在沉浸度较高的游戏行业，这一比值通常可达到 0.3~0.6）均达到 0.45，即两者的月活用户中，平均每人每月有 13.5 天会使用，这是很可观的用户黏性表现。此外，有 22% 的用户刷抖音超过一小时，而在快手上停留时长超过一小时的用户占 10.7%。由此可见，大量用户在使用短视频时存在着上瘾现象。

在著名学者、普林斯顿心理学博士亚当·阿尔特（Adam Alter）关于行为上瘾的著作《欲罢不能：刷屏时代如何摆脱行为上瘾》一书中，他列举了六项行为上瘾的构成要素，分别是：诱人的目标、无法抵挡且无法预知的积极反馈、渐进改善的感觉、越来越困难的任务、需要解决却暂未解决的紧张感、强大的社会联系。短视频的特点正好符合了这六大要素，沉浸式的观看体验、内容短小精悍且不可预测、站内挑战的参与、朋友的口耳相传……这些都成了上瘾行为的必要条件。

有些用户表示，本想睡前刷短视频来消磨时光，一不小心就被它抢占了睡眠时间。虽然短视频能够带来一阵欢乐，但关掉 App 后随之而来的空虚感却更让人焦虑。短视频作为互联网文化下一种新的内容载体，在娱乐领域扮演着举足轻重的角色，但随之而来的过度娱乐也需要引起重视。当短视频在"杀"掉你的碎片化时间的同时，也"杀"掉了你深度思考的能力。当浅薄代替深刻时，留下的只有空虚。那么，短视频的火爆究竟是社会文化的匮乏还是其丰富的体现，同样值得我们深思。

（三）价值引导不当

任何文化形态都可以承载有价值的内容，但同时也会传播价值观偏颇的内容。电影游戏如此，短视频亦如此。自短视频兴起以来，内容低俗被诟病已久，成为整个行业亟待解决的问题。算法推荐也成为低俗内容传播的快捷通道。马尔库塞认为，"技术作为一种生产方式，作为工具、装置和器械的总体性，标示着机器时代，它同时也是组织和维持（或改变）社会关系的一种方式，它体现了主导性的思考和行为模式，是控制和支配的工具。"当数据操控着信息获取时，它似乎也操控着人对世界的认知。

随着央视曝光短视频、直播乱象，快手和今日头条依次作出回应，同时提到在今后的发展中应该为算法和产品注入正确的价值观。短视频作为大众广泛接受的传播载体之一，应该时刻掌握好内容泛化与社会责任承担之间的平衡，做好内容生产与传播，传递正确的价值观。

四、对短视频算法推荐机制创新的建议

（一）通过人工智能做到内容分级处理

随着移动互联网的快速发展，网络群体越来越年轻化，短视频用户覆盖面也较为广泛。为防止未成年人在平台上观看到价值取向偏颇的内容，平台应该在算法精细优化方面多下功夫，从技术入手，辅助平台完善内容分级。欧盟从1999年开始实施网络安全计划，大力完善网络分级和过滤系统，出台《保护未成年人和人权尊严建议》《儿童色情框架决定》等法令以保护未成年人。算法可通过细化标签和加大人工审核的方法，过滤平台上的低俗内容，营造健康的视频观看环境。

（二）严肃内容应该重点推荐

近年来，中国官方的政治传播也开拓了新的方式，"萌"宣传也成为重要手段之一。随着短视频的走红，全国范围内各级政务公号入驻短视频平台已经成为一些政府部门的"常规操作"。据媒体报道，目前已入驻抖音的政务账号共200余家。短视频用户大多倾向于轻快活泼的信息传播方式，而政府部门能够一改严肃、沉重的政务传播方式，转为轻松活泼的信息传播方式，不仅能够让信息以另一种方式有效传达，更能以亲民的姿态和方式与公众进行沟通，在平台上及时得到公众诉求与反馈。在舆论搜集方面，可以通过发布内容，使用表

意高低关联的算法规则对民意进行搜集，分析公众对于某一事件的倾向性，为舆情搜集提供数据依据。并不断加强自身建设，向公众传递正能量，做正确的价值观导向。

（三）对外传播应大有作为

以抖音、快手为代表的短视频平台已踏出国门，渗透到了以东南亚国家为主的海外市场。根据 Google Play 的下载量显示，快手在韩国的版本 KWAI，在所有 App 中的下载量一度位居第一；而在日本当地权威媒体的一份 100 人样本调查中，24% 的日本少女在玩抖音国际版 Tik Tok 10。在抖音国际版 Tik Tok 平台上，有各种中国传统手工艺人演绎着中华传统文化，当传统文化与西方音乐元素巧妙结合时，文化本身的魅力被展示出来，引得国际友人的一片称赞。由此可见，短视频作为一种新的互联网文化传播形态，在文化价值输出方面也起着重要的作用，著名京剧演员王珮瑜就曾表示："我们希望可以运用短视频这一全新的传统介质，帮助传统文化进行现代化的传播，让更多人，尤其是年轻人，接触、了解、喜爱传统文化。"虽然短视频如今发展的过程中出现了很多问题，但我们仍然不可否认短视频相较于图文在信息表达中所具有的雄辩的力量，如果能够给予短视频更多的发展时间和空间，未来短视频一定能够变得越来越主流，再更加优化其内在功能、算法推荐机制，吸纳更多优质 UGC 用户，在国家形象塑造、国际传播领域发挥更大的作用，将中国文化推向全世界。

五、结论

短视频是符合大众需求的时代性产品，但同时也是让社会主流想到紧张的一种意识形态产物，它在成为互联网新宠后也产生了新的社会问题，在价值观引导方面确实存在很多漏洞。有业界人士将这一问题归结于算法推荐，但算法价值观的背后是人的价值观，为算法输入正确的价值观，在围绕社会主义核心价值观、提倡主流意识以及正能量的基础上为大众推送满足需求的内容，拒绝低俗化，坚守底线，做到内容生态化，这才是短视频平台日后实现良性发展的方向所在。只有这样，短视频才能在行业中健康发展，才能作为一种新的社交方式被广泛接纳。

参考文献

[1] 企鹅智酷. 快手＆抖音用户研究报告吗？[EB/OL].（2018-06-08）[2018-12-28]. http://www.199it.com/archives/734185.html.

[2] 孟令民. 考虑不对称性关系的协同过滤推荐方法研究[D]. 重庆：重庆邮电大学，2012：37-40.

[3] 方传霞，闫仁武. 基于 Web 挖掘的电子商务推荐系统研究[J]. 电子设计工程，2015（11）：30-37.

[4] 佚名. 抖音上线"尬舞机"，成全网首个应用"人体关键点检测"技术的短视频 app [EB/OL].（2017-12-21）[2018-12-28]. https://www.chinaz.com/news/2017/1221/839928.shtml.

[5] 韩元佳. 从业者眼中的"第一风口"短视频算法推荐有何逻辑[EB/OL].（2018-05-28）[2018-12-28]. http://media.people.com.cn/n1/2018/0528/c40606-30016590.html.

[6] 腾讯媒体研究院. 亿级新用户红利探秘：抖音&快手用户研究报告[EB/OL].（2018-04-09）[2018-12-28]. https://mp.weixin.qq.com/s?__biz=MzIzNzYwMzM3Ng%3D%3D&idx=1&mid=2247484503&sn=9224482c835547a19efea64164ad6284.

[7] 沈星佑. 为什么刷抖音会上瘾？[EB/OL].（2018-04-20）[2018-12-28]. http://www.sohu.com/a/228914375_114819.

[8] 陈昌凤. 石泽. 技术与价值的理性交往：人工智能时代信息传播——算法推荐中工具理性与价值理性的思考[D]. 清华大学，2017.

[9] 高庆秀. 韩星玩快手、日妹迷抖音，短视频的战火从国内烧到国外[EB/OL].（2019-01-24）[2019-03-28]. https://www.so.com/s?q=坚定文化自信+抖音推动&src=srp&fr=hao_360so_b&psid=e056fbe831402a14cbf93c8b118cd0b2&eci=&nlpv=.

[10] 佚名. 坚定文化自信 抖音推动中国文化走出国门[EB/OL].（2018-04-19）[2019-03-28]. http://caijing.chinadaily.com.cn/chanye/2018-04/19/content_36060381.htm.

新媒体时代我国大学出版社的数字化发展现状分析

宋梦真*

【摘要】 新媒体的快速发展对大学出版社造成了非常大的冲击，但另一方面也使大学出版社获得了新的发展机遇。传统出版向数字出版转型是时代发展的必然趋势。但大学出版社在数字化转型中又面临着一系列问题，大学出版社需要积极寻求应对策略，完善自身的数字化发展。

本文采用了文献分析法、个案研究法等研究方法，在新媒体的时代大背景下，分析了传统的大学出版社目前的数字化发展状态，进行数字化转型的可能性、必要性及其优劣势，分析了其在数字化转型中可能碰到的问题，并分析了大学出版社在新媒体时代应当如何转型；还结合了当前一些大学出版社的数字化实践，给大学出版社的数字化转型提出了一些具体的可操作建议。

【关键词】 新媒体；大学出版社；数字化转型；数字出版

---

* 宋梦真（北京印刷学院）。

一、引言

（一）研究背景

新媒体的快速发展，给大学出版社带来了猛烈的冲击，甚至使一些出版社难以继续经营。与传统出版模式相比，数字化出版在传播内容方面，加大了开发力度；在受众方面，更加注重其感受；在传播渠道方面，营销渠道增多，选择的可能变多；在传播效果方面，更加强化了品牌意识。因此，对于大学出版社而言，数字化转型已成为必然。

截至目前，我国有100多家大学出版社，但是真正具备良好的社会效益和经济效益的却不是那么多。在新媒体浪潮的冲击下，大多数大学出版社效益平庸，个别出版社甚至连生存都变得艰难。怎样利用大学出版社的优势，克服劣势，寻找一条正确的数字化转型的道路，创造良好的社会效益和经济效益，就成为大学出版社亟待解决的问题。

（二）研究意义

本文通过对我国大学出版社由传统出版模式向数字化出版模式转变的过程中拥有的优势和遇到的问题进行研究，可以为我国的大学出版社数字化转型提供参考的方向。

本文的研究阐明了我国大学出版社数字化转型的种种优势，同时，也阐明了大学出版社在数字化转型过程中面临的问题和挑战。如何利用优势改变现状，寻找一条正确的数字化转型道路，使大学出版社在激烈的市场竞争中转危为安，是出版界的一项重大课题，对大学出版社而言，也具有巨大的现实意义。

（三）研究方法

本文在我国大学出版社数字化转型已有的理论研究基础之上，通过运用具体的文献分析及模型分析等研究方法、研究理论，并结合具体情况进行分析研究。

文献分析法：利用图书馆资料和中国知网以及购买的有关图书，搜集国内有关新媒体、大学出版社发展现状、数字出版、数字化转型的相关文献，并对已有文献进行总结提炼，为进一步研究做了充分的资源储备。

个案研究法：选取几种不同类型的具有代表性的出版社，进行案例分析，希望能够发现其共性的东西，并为国内其他大学出版社的数字化转型提供可行的方案指导。

（四）创新之处

本文在新媒体的时代大背景下，分析了传统的大学出版社目前的数字化发展状态，进行数字化转型的可能性、必要性和优劣势，以及在数字化转型中可能碰到的问题，并分析了大学出版社在新媒体时代应当如何转型，还结合了当前一些大学出版社的数字化实践，给大学出版社的数字化转型提出了一些具体的可操作建议。

二、新媒体的发展对我国出版业的冲击

（一）新媒体及新媒体时代

对于新媒体的界定，学者们至今没有定论。笔者较为认同浙江大学传媒与国际文化学院的韦路教授对于新媒体的定义，他认为新媒体是一个相对的、流动的概念，每当新的传播技术诞生时，"新媒体"和"旧媒体"的定义就会迎来更新，这一定义在一定时期内稳定存在，直到下一次的传播技术更新。

从现今视角来看，新媒体是相对于报纸、杂志、广播、电视四大传统媒体而言的，在其后发展起来的新的媒体形态，因此被称为"第五媒体"；是利用数字技术、网络技术、移动技术，通过互联网、无线通信网、有线网络等渠道，以及电脑、手机、数字电视机等终端，向用户提供信息和娱乐的传播形态和媒体形态。其特征是交互性与即时性、海量性与共享性、多媒体与超文本、个性化与社群化，优势为传播与更新速度快、成本低、信息量大、内容丰富、低成本全球传播、检索便捷、互动性强。

我们当前所谈论的"新媒体时代"是指计算机技术、互联网技术、移动终端技术等数字化信息传播技术诞生以来的这一历史时期。新媒体时代以数字传播、网络传播和全球传播为主要特征。

（二）新媒体对于出版业的影响

1. 新媒体的发展给出版社带来的挑战

新媒体传播实现了传播方式多向化、传播行为个性化、接受方式移动化、传播速度实时化以及传播内容交融化，将大众传播意义上的受众视为用户，更强调用户的体验与感受；用户也可以成为传播者，通过互联网和即时通信工具以多种形式向他人传播信息内容。同时，新媒体也能够提供更加个性化的服务，更注重分众化、定制化和传播的互动性，使传播主体日益多元化，传播内容凸显核心价值，传播渠道相互渗透融合，受众阅读需求多样化，传播效果呈现宽泛化。因此，纸质书籍的受众正逐渐分流，在一些公共场所或家庭，纸质图书的阅读人群越来越少，越来越多的年轻人在手机、平板电脑等电子媒体上进行阅读。近年来，纸质图书销售量一直处于持平甚至下滑状态。

2. 新媒体的发展给出版社带来的机遇

美国的传播学者梅罗维茨曾在其著作《消失的地域：电子媒介对社会行为的影响》中写过："当一个新的因素加入某个旧环境时，我们所得到的并不是旧环境和新因素的简单相加，而是一个全新环境……新环境总是胜于各个部分之和。"因此，面对新媒体蓬勃发展带来的挑战，大学出版社不应惧怕退缩，而应抓住全新环境带来的机遇，迎难而上，以谋求自身的发展。

出版社在新媒体时代可以积极利用其优势进行数字化转型，与数字新媒体进行资源整合，同时发挥自身长处，针对不同媒体特质进行内容的选择和开发，强化品牌形象,增加广告投放而盈利,以降低投入成本、拉动出版业的盈利,为自己谋得长远发展。

三、新媒体时代我国大学出版社数字化发展现状

(一)数字出版的定义及其现有商业模式

1. 数字出版的定义

数字出版是出版业与高新技术相结合产生的新的出版业态,主要特征为内容生产数字化、管理过程数字化、产品形态数字化和传播渠道网络化。近年来,数字出版的内涵和外延得到了不断地深化和拓展,并经历了桌面出版、电子出版、互联网出版、泛媒体出版和数字出版的发展过程。在出版思想、操作流程、经营策略、实现目标等各个环节都远远超出了传统出版的概念,进而在企业构成、出版物形态等方面比传统出版都要宽泛得多。它包括传统出版业数字化的全部过程和结果,同时,也包括了新兴的数字媒体,不是传统出版的简单延伸。

2. 数字出版现有的商业模式

数字出版目前已有三类相对成熟的商业模式。

一是"手持终端设备+内容平台"模式。采用这类模式的主要有亚马逊Kindle、苹果iPad、汉王等终端设备生产商。

二是"海量资源+开放网络平台"模式。采用这类模式的主要有 Google 和盛大文学等网络内容服务提供商主导的商业模式。

三是"无线整合发行平台"模式。采用这类模式的主要有中国移动和中国联通等电信运营商主导的商业模式。

（二）我国大学出版社在数字化转型中的优势和劣势

1. 我国大学出版社在数字化转型中的优势

（1）内容资源优势。

大学出版社以大学为依托，大学的学科、科研、品牌优势有利于大学出版社教材选题开发。大学出版社应该利用好所依托大学的内容资源优势，增强自身的竞争力。

（2）人才资源优势。

大学出版社与大学有着密切的联系，可以优先汇聚到最优秀的人才。相对而言，大学出版社人员的受教育程度普遍较高，大学出版社的历届社长一般由所在大学任命，具有较高的文化素养。多数编辑人员是大学的专家教授，具有扎实的学术专业知识，在数字化转型中更易掌握互联网数字产品研发制作，大大节省了大学出版社数字化转型的成本。

（3）读者、作者资源优势。

大学出版社是以服务高校科研与教学为宗旨的学术性出版机构，教育出版、学术出版和大众出版是其主要的业务板块，其读者群较为稳定，主要是行业专家、高校教师，以及学生群体。从作者队伍来看，国家对高等教育的投入不断增加，吸引了众多优秀人才在大学聚集，这给大学出版社获取优质稿源提供了便利。

2. 我国大学出版社在数字化转型中的劣势

新媒体时代下，我国大学出版社在数字化转型中存在着以下劣势：数字版权保护机制不足；数字出版人才短缺；对数字出版认识不够；资源整合机制尚待优化；学术认同度不高，目前在职称评定、课题结项等过程中，基本没有哪所大学或科研机构认可纯粹在网站发表的学术成果；技术标准不统一，各技术提供商生产的电子阅读设备在文本格式上不能兼容；产业发展资金缺乏；高校普遍沿用传统纸质教材的教学模式、教师讲义式课堂教学习惯等因素的影响，制约了大学出版社的数字化转型。必须努力消除这些劣势才能为自身谋得长远发展。

（三）案例分析

1. 清华大学出版社

在新媒体时代的浪潮中，清华大学出版社积极利用自身资源，紧紧把握机会，进行各种数字化转型的尝试。

2010年清华大学出版社上线了数字阅读平台"文泉书局"，其定位是教材和学术著作出版，在实现网络出版基本功能的基础上，增加了一般网站不具备的电子书翻页阅读、资源分级下载、样书推送等功能。文泉书局的运营与合作包括版权保护、销售分成、协商定价、实时查询这四方面的内容。北京航空航天大学出版社、北京交通大学出版社等都加入网站的建设之中。其版权保护技术是目前最安全和先进的 DRM 技术，可以十分可靠地对出版社的版权进行保护。

2013 年，以文化产业发展专项资金支持的"智学苑"项目为核心，进行线上教学平台建设和课程资源开发。

2014 年，吸收外部资本成立书问（北京）信息技术有限公司，采用新媒体内容营销模式，联合多家主流互联网媒体和电商平台，为 100 余家出版社提供图书推广业务，开展数字阅读和媒体平台建设。

2015 年，以"会计仿真实训"项目的文化产业资金带动"智学堂"产品开发和建设；以北京市科委科技项目"定制化出版"为基础，对文泉书局阅读平台进行 POD 业务升级，对"新时代交互英语"系列教材进行升级，开发"智语苑"在线英语教学平台；以光盘版《大学物理习题库》为基础，改造升级在线考试系统，开发了"益阅读"互联网云盘产品替代传统的光盘介质。

2016 年，清华大学出版社成立融合出版工作委员会，还成立了融合出版实验室，对前沿数字出版技术进行跟踪、评估和引入。

2017 年，清华大学出版社以"智学苑"产品为核心，启动云资源中心和在线习题库平台建设，将"智学苑"平台的 100 多门课程资源进行多元化利用。

在众多大学出版社中，清华大学出版社可谓数字化转型最为成功的案例，经过数年的发展，已拥有较为完整的数字教育和阅读服务线上产品矩阵，可以为机构用户提供整体解决方案或为个人读者提供有针对性的服务，已有的内容资源也足以支撑自有平台的运营，值得所有大学出版社学习借鉴。

2. 浙江工商大学出版社

自 2012 年以来，浙江工商大学出版社不断探索适合自身数字化转型的发展模式。目前，数字出版所需的资源和大学出版社传统纸质资源不太一致，如大众阅读要求市场类图书，大学出版社一般重点开发的是专业图书。为解决这一难题，浙江工商大学出版社数字部门将开发校园原创网络文学作为重点，近些年来举办了多种活动以积累相关作者资源。

目前，浙江工商大学出版社依托浙江省网络文学发达的环境优势，背靠母体大学资源，又利用与中国移动手机阅读基地同处一地的地域优势，其数字化转型模式已初具形态，逐步形成了以校园原创网络文学、纸质出版物衍生开发、富媒体教材及在线教育、自媒体和电子商务平台建设四大核心项目为主体的数字出版方向，并逐步推出了电子图书、手机阅读、网络原创文学、广播剧、终端软件、网络教育出版、众筹出版等多种形式的数字出版产品线，还扩充了纸质出版的新品类，可作为中小型大学出版社转型路径的借鉴。

3. 上海交通大学出版社

早在 2009 年，上海交通大学出版社就依托母体上海交通大学的专业学术资源、教学师资资源和科技研发能力，成立了数字出版社事业部，其数字出版主要有三个发展方向：专业特色数据库、在线教育产品、电子阅读市场。

上海交通大学出版社结合自身优势资源，形成具有特色的一系列的数字出版产品，通过数字出版领域发展规划和战略布局，不仅实现了数字出版的成功试水，更实现了数字营销从 0 到 1 的突破，获得上海市新闻出版局 2014 年度"上海数字出版转型示范单位"称号。

上海交通大学出版社通过整合上海交通大学地方文献中心独有的"一手契约文书资料"，推出《中国地方历史文献数据库》暨云出版平台，成为目前中国唯一的且规模最大的写本文献可全文检索地方历史文献数据库，入选 2013 年新闻出版改革发展项目库，于 2015 年年底被上海市新闻出版局作为新闻出版改革项目库"重点项目"向新闻出版广电总局推荐。除现有资源外，上海交通大学出版社还将以每年增加 5 万页、抄录 1 万页的速度对数据库内容持续进行补充和更新，不断进行技术优化，为使用者提供更多的大数据挖掘和分析工具。

上海交通大学出版社还依托上海交通大学东京审判研究中心的研究成果，整合相关社会和出版资源，推出东京审判文献数据库。该项目于 2016 年 11 月获上海市新闻出版局向新闻出版广电总局推荐参评中国出版政府奖"网络出版物"奖；同时，项目二期入选国家"十三五"重点电子出版物规划。

除了可与高校和图书馆对接合作并进行营销推广的数据库产品外，在在线教育领域，上海交通大学出版社通过将自身优质的船舶工程、法律、生物化学等专业领域的英汉词典进行数字化，以 App 的形式推出市场，摆脱纸质词典的繁重，支持通知栏快捷查词、摄像头查词、语音输入查词等多种查词方式，实现无限查词、真人标准发音、云生词本、云端辅助生词记忆、同步学习等多项辅助功能。此外，上海交通大学出版社通过电子书版权合作，与亚马逊、咪咕阅读、掌阅、京东、当当、腾讯、豆瓣等多家阅读平台建立了良好的关系，通过平台渠道输出适合大众阅读的高质量的社科类电子书。

四、我国大学出版社的数字化转型未来趋势预测

（一）转型原则

我国大学出版社在进行数字化转型时首先要确定转型的原则，具体原则有：

以战略管理理论体系为依据,增强转型战略制定的专业性;准确估算出版业市场的空间;加强市场思维,不仅仅注重发展新媒体思维;结合我国传媒业的实际来转型;转型成功与否的标准是是否能够获得经济效益,转型不必全是数字化转型或向新传媒转型,而是市场化生存转型,是要转到一个在市场中能够生存的形态。

(二)转型策略

通过前文的分析,可以总结出大学出版社数字化转型的可行策略有以下几点:以打造新的媒体渠道为契机,构建有效的多渠道传播体系;创新出版形态,满足用户的多元化、个性化需求;整合现有资源,建立现代化的资源平台;引进更多的复合型数字出版技术人才;积极推进数字出版版权保护;依托资源优势,实施复合出版战略;巩固内容优势,提升优质内容的竞争力;提高思想认识,积极构建推进机制;重视数字出版方面的战略研究;主动争取数字出版中的主导权;搭建网络平台,实现销售模式转型;优化外部环境,提高社会认同度;加盟数字出版平台,弥补自身技术和营销渠道不足的短板;加强对外交流与合作。大学出版社要紧紧抓住新媒体时代的契机,以上述转型策略为指导,进行合理的数字化转型,以在时代的风口浪尖上站稳脚跟。

五、结论

大学出版社推进数字化转型,并不意味着要放弃传统出版,而是既要重视数字出版对传统出版的冲击，又要关注两者各自的长处，相互整合、优势互补，从而实现自身快速转型发展。本文所分析的几所大学出版社的转型实践有很多可供借鉴的地方，可以进一步对照高校数字化发展实际，取其精华，去其糟粕，探寻符合各个大学出版社未来发展的道路。

参考文献

[1] 宗俊峰. 大学出版社数字出版的探索与实践——以清华大学出版社为例 [J]. 现代出版，2011（1）.

[2] 何戈，张岩. 数字出版环境下大学出版社的学术出版之路 [J]. 出版发行研究，2010（12）.

[3] 成华，卢章平. 大学出版社数字化教材出版模式探索 [J]. 编辑之友，2012（9）.

[4] 何戈，时应征，耿东锋. 浅议大学出版社在数字出版中的定位 [J]. 出版广角，2011（1）.

[5] 肖超. 大学出版社数字人文实践及启示——以剑桥大学出版社为例 [J]. 出版与印刷，2018（6）.

[6] 陈奋，宁灿健. 我国大学出版社的学术出版发展之路 [J]. 科技与出版，2015（2）.

[7] 贾慧娟，温韫辉. 浅谈 MOOC 给大学出版社带来的挑战和机遇 [J]. 科技与出版，2014（2）.

[8] 李丫丫. 大学出版社发展道路思考——以广西师范大学出版社为例 [J]. 商业文化（上半月），2011（5）.

[9] 贾慧娟. "云"背景下大学出版社数字出版商业模式研究 [J]. 现代出版，2013（3）.

[10] 阎立峰，张彦华. 大学出版社改制后的数字出版发展对策研究 [J]. 编辑之友，2012（10）.

[11] 王红梅. 浅谈大学出版社学术出版的问题与对策 [J]. 传播与版权，2017（7）.

[12] 刘刚. 大学出版社数字化转型的对策 [J]. 四川师范大学学报（社会科学版），2011（3）.

[13] 林全. 新时代，大学出版工作的新征程 [J]. 出版广角，2018（8）.

[14] 罗雪英，毛润政. 构建核心竞争力，打造出版强国——大学出版学术核心竞争力构建探讨 [J]. 出版广角，2018（8）.

[15] 冷桥勋, 李克明, 张和平. 大学出版社出版精神的失落与重塑 [J]. 合肥工业大学学报（社会科学版）, 2018（2）.

[16] 严玲艳, 徐丽芳. 我国大学出版社在线教育出版和服务研究——基于对12个在线教育平台的调查分析 [J]. 科技与出版, 2018（4）.

[17] 杨万庆. 大学出版社的特色发展之路 [J]. 现代出版, 2018（2）.

[18] 吕建生. 新时代大学出版社的使命与担当 [J]. 现代出版, 2018（1）.

[19] 庄智象. 新时代大学出版社的坚守与创新 [J]. 现代出版, 2018（1）.

[20] 周蔚华, 杨石华. 大学出版社在出版业的地位及当前面临的主要问题 [J]. 现代出版, 2018（1）.

[21] 庄红权, 温蕴辉. 以内容为体, 以技术创新和体制创新为翼——清华大学出版社出版融合初探 [J]. 出版广角, 2018（1）.

[22] 黄婧. 数字营销大有文章——以上海交通大学出版社为例 [J]. 出版参考, 2017（6）.

[23] 刘刚. 大学出版社电子出版发展策略研究 [J]. 四川师范大学学报（社会科学版）, 2017（2）.

[24] 冷桥勋, 李克明, 张和平. 大学出版社数字出版转型面临的问题及对策分析 [J]. 合肥工业大学学报（社会科学版）, 2017（1）.

[25] 严娇. 大学出版社数字化转型的应对策略探究 [J]. 新媒体研究, 2016（13）.

[26] 赵丹. 中小型大学出版社数字出版途径探索——以浙江工商大学出版社为例 [J]. 现代出版, 2016（4）.

[27] 孙莹. 数字时代出版社战略及经营转型与创新——以华东师范大学出版社为例 [J]. 传播与版权, 2015（4）.

[28] 赵秋民. 大数据时代大学出版社的坚守与创新 [J]. 出版发行研究, 2015（2）.

[29] 郑晓晋. 媒介融合时代我国大学出版社数字化转型策略研究 [D]. 郑州大学, 2016.

[30] 张辉锋. 转型与抉择——十字路口的传媒业 [M]. 北京：人民日报出版社, 2016：11-26.

[31] 赵冰. 经典教材是怎样炼成的？ [N]. 出版商务周报, 2018-3-16.

[32] 张宏. 我国高校教材出版市场的四大乱象 [N]. 出版商务周报, 2018-5-17.

[33] 韦路，丁方舟.论新媒体时代的传播研究转型[J].浙江大学学报（人文社会科学版），2013（4）.

[34] 亓国，张宜军.新媒体对我国出版传播要素的影响[J].出版科学，2014（6）.

[35] 母晓文.新媒体平台下广告业市场模式的革新与发展探析[J].商业时代，2011（31）.

[36] 余德旺.数字新媒体环境下的大转型：中国传统出版产业向大文化传媒产业升级[J].河南社会科学，2011（6）.

[37] 梅罗维茨.消失的地域：电子媒介对社会行为的影响[M].北京：清华大学出版社，2002.

"互联网 + 旅游"：去哪儿网运营模式分析

郭海潮 *

【摘要】2016年两会上，李克强总理在政府工作报告中提出"制订'互联网+'行动计划，推动移动互联网、云计算、大数据、物联网等与现代制造业结合，促进电子商务、工业互联网和互联网金融健康发展，引导互联网企业拓展国际市场"。同年9月，国家旅游局下发《关于实施"旅游+互联网"行动计划的通知》，提出了实施"互联网+旅游"行动计划的行动要求，行动要求到2020年，旅游业各领域与互联网达到全面融合，互联网成为我国旅游业创新发展的主要动力和重要支撑；在线旅游投资占全国旅游直接投资的15%，在线旅游消费支出占国民旅游消费支出的20%。新的形势下，"互联网+旅游"势必会走向一个新的高峰。本文以去哪儿网为例，分析在"互联网+"时代下，在线旅游App的运营模式和未来发展趋势。

【关键词】"互联网+" 在线旅游 运营模式

---

* 郭海潮（北京印刷学院）。

一、去哪儿网现状

（一）"互联网+旅游"

"互联网+旅游"是一种新旅游经济形态，是将互联网的创新成果深度融合到旅游发展的各个环节当中，成为旅游发展的基础设施，提升旅游产业的创新能力和发展效率，推动形成互联、互通和互惠的旅游共享生态体系，实现多方主体的共赢。

1. 网络化

网络化是"互联网+旅游"的第一重境界。通过网络，实现更多的信息联通，让现在的链式产业结构，向网络矩阵结构转型。

2. 数据化

《数据之巅》作者徐子沛认为，信息技术发展到今天，互联网化的本质和核心其实就是"数据化"。第一，各个旅游主体通过信息化建设，能够有效地收集自己的大数据，形成大数据库。第二，各个旅游主体通过交换协议，实现大数据之间的连接与共享。正如《大数据》一书所言："20世纪，价值已经从实体基建转变为无形资产，从土地和工厂转变为品牌和产品权，如今一个新的转变正在进行，那就是电脑存储和分析数据的方法取代了电脑硬件成为价值的源泉。数据成了有价值的公司资产、重要的经济投入和新型商业模式的基石。"

3. 共享生态圈

互联网的最大特征是颠覆了规模效益边际递减的规律，降低了共享成本。所谓共享旅游生态圈，是以平台型旅游企业为基本载体，让旅游产业链条上各个主体、要素自由地参与服务和消费，将旅游打造成一个众多利益相关者共同创造和分享价值的有机生态系统。

（二）公司基本概况

去哪儿网是旅游搜索引擎中文在线旅行网站，创立于2005年2月，总部位于北京。区别于作为OTA的携程网，去哪儿网是旅游搜索比价平台。去哪儿网致力于为旅游消费者提供全面、准确的旅游信息服务，促进中国旅游行业在线化发展、移动化发展。去哪儿网为消费者提供机票、酒店、度假产品的实时搜索，并提供旅游产品团购及其他旅游信息服务，为旅游行业合作伙伴提供在线技术、移动技术解决方案。目前，去哪儿网正在向OTA转化。

2005年2月，去哪儿网作为中国首创的旅游搜索引擎，使中国旅行者们第一次可以在线比较国内航班和酒店的价格和功能。2007年5月，去哪儿网独立用户访问量突破500万，并被明确定位为中国最热门的旅游新媒体之一。2010年3月，去哪儿网推出其第四大旅游搜索平台——火车票搜索频道。2015年10月26日，携程网公告称，与去哪儿网同意合并，合并后携程网将拥有45%的去哪儿网股份。对于在线旅游行业来说，携程网与去哪儿网强强联手对于其他旅游网站几乎是致命的打击。

（三）去哪儿网目前主要涵盖功能

第一，酒店。强大的定位功能让用户找到身边 10 公里内的酒店地图模式，查看身边的酒店。收录国内外 100000 家酒店信息，分享 1000000 条酒店点评，找到适合用户需求的酒店。去哪儿网的最新功能还包括每晚 6 点后"夜宵酒店"可以超低价预订当晚酒店尾房。

第二，机票。低价机票、航班动态、价格趋势等工具，可查询 12000 条国内、国际航线，找到性价比最高的机票，无须注册即可实现在线付款购票。航班状态实时查询，保证出行安排。特价机票及价格日历让您时刻得到最优质的机票信息。查看 180 天内机票价格趋势，方便制订出行计划。

第三，火车票。可搜索 2913 个车站 3046 次列车的时刻信息，按车站、车次、站站等多种方式查询列车时刻。优化了高铁搜索。

第四，团购。国内最权威的旅游类团购，包含机票、酒店、线路等产品，每日都有精彩团品，2.5 折起，支持在线购买。

第五，门票。超值低价 1 折起，定位功能支持身边景点查询。支持全国 12000 个目的地查询。

第六，订单管理。支持在线退票、改签，手机号查询未登录订单，几分钟就可以应对出行变动。

第七，赔计划。通过去哪儿网预订的所有机票和酒店产品，全程享受"赔计划"保障。

二、主要用户群体分析

（一）主要用户群体

1. 高知群体

2016年，艾瑞咨询发布《去哪儿用户媒体价值研究报告》。报告显示，去哪儿网用户"高知群体"特质明显，多为中高收入的社会精英，尤其是白领阶层、已婚已育群体是旅游产品的消费主力军。艾瑞分析认为，学历越高的用户对休闲、旅游等行为的认知越高，这部分人有足够的资金和知识，同时热衷于境外游，去哪儿网通过提供优质的境外游路线，同时价格上又具备一定的吸引力，从而满足了这部分人群的需求，得到了他们的认可。

2. 以"90后"为主的学生群体

艾瑞监测数据显示，移动互联网（94.7%）、PC互联网（90.9%）和电视（76.5%）是去哪儿网用户获取信息的主要途径。在去哪儿网预订使用上，"90后"的各项指标均高于整体水平，年轻人对去哪儿网的满意度更高，更加适应"互联网+旅游"的运营模式，更欣赏去哪儿网的"有趣"和"高端"的特质。由于学生群体资金相对不足，所以学生出游更注重价格对比，以省钱为主，去哪儿网可以提供特价酒店和青年旅社等，并且会赠送相应的红包，满足了学生群体省钱的心理，进而受到学生群体的青睐。去哪儿网用户更加年轻独立，未来价值潜力巨大。

3. 商务人士

经常出差的商务人士，因为出差，公司会报销相关费用，但又有一定的限额，所以，这部分人需要特价机票、酒店及接送服务。对于商旅人士，去哪儿网能够最大限度满足他们的需求。

4. 热爱旅游且资金宽裕的人士

这部分用户在价格的基础上更加注重体验，去哪儿网通过提供独具特色的旅行路线，让客户获得一种独特而优质的体验，树立良好口碑，留住客户，增加回头客。

（二）用户行为分析

1. 触媒习惯

互联网已全面超越电视、纸媒，成为用户最常接触的媒体，移动互联时代全面到来；去哪儿网用户移动互联网的触达率最高，尤其是"90后"用户智能手机不离身，移动不断线，移动营销应当引起重视；去哪儿用户最常浏览旅游网站、新闻网站和视频网站；对于"90后"用户，视频直播更受新生代欢迎，是未来新媒体趋势。

2. 渠道分析

在旅游信息获取渠道中，去哪儿网用户更偏好通过在线旅游网站了解旅游产品，因为在线旅游网络内容更丰富，更具有专业代表性；在支付方式渠道中，超过一半的去哪儿网用户选择支付宝进行付款，方便、快捷的优势受到用户的喜爱；在出游分享渠道中，去哪儿网用户热衷于通过微信、QQ等社交工具，随时拍照随时分享。

3. 出游行为

60%的去哪儿网用户选择法定节假日出游，更偏爱国内游和自由行，周边路线受欢迎；超过一半的去哪儿网用户坐飞机出行，最关注价格水平，其次是起飞时间和航空公司，这两者是航班舒适度的重要指标，说明用户越来越重视自身体验；住宿产品最关注的指标是地理位置、价格和口碑评价，说明用户对住宿产品整体的环境和服务质量要求更高，不单纯作为一个休息的地方。

4. 十一出行

十一度假产品移动端预订量超过75%，去哪儿网用户加速向移动端转移；十一主要客源地和经济发达地区匹配度高，收入越高越爱旅游；上海迪士尼开幕有力地推动了全国主题公园游热潮。

三、盈利模式分析

（一）网页广告收入

页面广告分为首页广告、机票搜索结果页广告、酒店页面广告、酒店搜索结果页广告，这些页面上的广告按点击量收费。目前，去哪儿网有较高的流量，而那些网页广告给公司带来了巨大的利益，这也是公司的主要盈利点。

（二）服务收入

这部分的收入主要按照旅游服务提供商通过去哪儿网实现的实际成交金额，或通过去哪儿网带来的点击率来收取一定比例的费用。去哪儿网吸引全国特色酒店加盟。通过全国特色酒店的加入，推出按电话费收费的新盈利模式。酒店可以在去哪儿网站上建立主页，并得到免费推广。当用户搜索到加盟直通车的酒店页面，可以通过去哪儿网的电话与酒店沟通并直接预订。在预订的收费上，与携程网收取佣金的模式不同，去哪儿网收取用户与加盟酒店通话所产生的电话费用，按分钟收费。

（三）其他类型的收入

如代理收费。去哪儿网与航空公司、旅行社、酒店、客栈、景点等商家合作，从中获得一定的利益，比如旅行社、酒店等的返点等。

四、同类在线旅游网站战略分析

国内领先的旅游市场研究机构劲旅咨询——劲旅智库最新发布了《2016年1月份中国在线旅游网站用户覆盖数 TOP 30 排名》报告，以排名前四的去哪儿网、携程网、阿里旅行（飞猪旅行）、蚂蜂窝为例，进行同类在线旅游网站战略分析。

（一）去哪儿网SWOT分析

优势（S）：去哪儿网是全国最有影响力的旅游搜索引擎品牌；垂直搜索比价，提供给消费者最低价格，快速及时，更具有互联网气质，也更贴近多数用户真实的需求；较强的旅游媒体优势，对于旅游供应商有明显的广告效应；技术优势，优化用户体验——专注功能的易用性，专注于为用户提供信息搜索的深度服务；组织管理制度不断完善，分工合理。

劣势（W）：访问次数统计中排名第一，很大程度上依赖于百度搜索引擎这个最大的流量源，搜索模式无法保证质量，尤其是CPC（Cost Per Click）模式在外站交易时更加不可控；去哪儿网网络营销匮乏，品牌知名度不够，没有像携程网一样获得庞大客户群和被广泛认可的服务能力；信誉保障低。

机会（O）：我国经济已从高速发展转化为高质量发展，人均收入提高，随着出境游人数的增加，在线旅游市场前景广阔；顺应"互联网+"的时代潮流，拥有巨大的发展潜力；去哪儿网属于垂直比价搜索平台，大多数用户对价格都比价敏感，很容易转化成去哪儿网的团购用户；百度巨额投资很多换成了流量，流量优势明显，机票业务市场存在巨大潜力。

威胁（T）：行业内竞争激烈，去哪儿网需要寻求战略合作者，弥补其会员基数过少的不足；去哪儿网应该强化其旅游媒体特性，加强在用户点评系统中的投入；搜索结果的实用性、准确性受到质疑。

（二）携程网 SWOT 分析

优势（S）：先入为主的优势，起步早，毫无争议地属于国内在线旅游第一品牌。携程网会员基础扎实、用户多、忠诚度高；技术优势；规模优势，有庞大的客服队伍，有传统旅游业经验；先进的管理理念。采用在线旅行社与传统旅行社的混合经营模式。携程网覆盖的并非只是互联网旅游市场，还有不熟悉互联网的人群通过打电话预订携程的酒店和机票。

劣势（W）：缺少互联网基因，一旦旅游人群在未来彻底进入互联网时代，携程网的优势将越来越不明显；在机场派发携程网会员卡和会员手册，对于携程网形象起破坏的作用；酒店、机票产品的同质化；携程网因为用人成本偏高，所以产品的价格也较高，没有价格优势。携程网的营销模式已吸引不了目标新客户的注意力，若不及时调整，最终会在一群积极的跟进者身后没落。

机会（O）：随着国民人均收入的增长，恩格尔系数降低，未来 5~10 年将会迎来商务和旅游的高峰；互联网使用人数上升，网上订单比例将增加，成本将进一步降低；信用卡和支付宝的普及，为预订带来了极大的方便。

威胁（T）：市场同类竞争企业增多，面临着如何吸引互联网优秀人才的挑战。

（三）阿里旅行（飞猪旅行）SWOT 分析

优势（S）：电商背景浓厚，淘宝旅行有一定积累，淘宝巨量的用户资源和流量优势，对于吸引供应商有先天优势；阿里生态体系资源丰富：支付宝（支付+芝麻信用）的存在，以及中国大多数网购用户已经形成固定的使用习惯，有利于用户安心地支付并顺利完成交易；人口多，流量大；可在淘宝、天猫、聚划算、支付宝多个平台进行推广。

劣势（W）：缺少旅游行业基因，以纯互联网的方式做在线旅游，线下实力较弱；移动端起步晚，2014年才独立出来；作为平台存在很多不可控的因素，如业务不够细化深入。

机会（O）：淘宝旅行升级为阿里旅行（飞猪旅行），航旅事业升级为航旅事业群；投资了穷游网和在路上，如果能和阿里旅行整合好，形成内容加产品，会很有市场前景；在线旅游市场渗透率不足10%，与亚太地区20%、欧洲地区45%、美国地区50%以上的在线渗透率相比，依然处于较低水平，目前处于高速发展阶段。

威胁（T）：巨头抢夺在线旅游市场，如百度系的去哪儿网（在线旅游搜索引擎），腾讯系的艺龙网、携程网、途牛网、驴妈妈网、我趣网、面包旅行网等；用户需求更加细分，移动化趋势明显：去哪儿网和携程网都在向综合一站式服务靠拢，且目前携程网是行业的第一；移动端起步晚。

（四）蚂蜂窝SWOT分析

优势（S）：丰富的攻略目的地资源积累，社区类网站在未来的发展潜力巨大，具有旅游网站里相对高端的用户体验。旅游攻略是蚂蜂窝进军移动端的拳头产品，手握海量UGC数据和攻略引擎技术。资讯类App掌握信息就等于掌握了用户，蚂蜂窝5000万用户，80%来自移动端。5款移动App，攻略是核心。按80%算，再按二八原则，估算旅游攻略2000万用户。用户意味着变现的资本，大数据可以通过预售的方式来反向定制旅游产品。UGC+SNS互联网企业与传统 OTA 不同，同样关注在线旅游业，但蚂蜂窝最关注的是用户，SNS 属性最强，帮助用户找对旅行决策是宗旨。

劣势（W）：盈利模式单一，目前只是与传统 OTA 合作的"佣金＋广告"模式；对搜索引擎具有极大的依赖性。

机会（O）：旅行市场需求越来越大，人们越来越倾向于个性化自由行，OTA 的标准旅游产品已经满足不了人民日益增长的精神文化需求。作为旅行资讯产品，比 OTA 更有优势提供定制旅行服务，优化用户根据行程规划匹配预定产品的体验。依托大数据可以预售旅游产品，优化供应链资源分配。各种打车、餐饮 O2O 服务迅速发展，这些服务都属于旅行的重要场景，与 O2O 服务结合，可以将用户场景从出行前拓展到出行中，给用户更好的体验，也可以增加更多的盈利点。

威胁（T）：虽然早期的数据积累建立了一定的行业壁垒，短期内不可替代，但是目前的变现能力还能支持企业运转，在技术和运营方面能走多远还有待考证。

五．未来发展趋势

互联网的核心特征就是去中介化、去权威化，消灭信息的不透明。在"互联网＋"的世界，企业与企业之间、行业与行业之间的界限不再明显，行业壁垒也被打破。现在的市场竞争，更多的是跨界的竞争，所以企业就要思考如何跨界，以及跨界之后要做什么。现在许多企业都开始了跨界之旅，如阿里巴巴的本行是电子商务，但后来却开始向金融理财行业和旅游业进军，创立了阿里旅行（飞猪旅行），互联网的圈子越来越变幻多端。所以去哪儿网也可以跨进其他领域，不仅做在线旅游，也可以基于百度网和携程网的资源，扩大自己的行业分支。跨界就是未来的互联网趋势，抢得先机就能赚得更多。

在互联网中，消费者是真正的上帝。互联网时代，信息都是公开透明的，而且传播速度很快，彻底地实现了信息的平衡，让消费者能获得更多自己需要的信息。实时信息反馈和用户参与的开销将越来越低，零碎时间的叠加也让用户参与时间越来越长，这两方面效果结合在一起，就使得消费者成了价值链的主人，"客户至上"不再是一句空话。去哪儿网未来要做的是注重用户体验和提高售后服务能力，让用户真切地体会到去哪儿网带来的实惠、便利和贴心。

好的产品本身就是一种宣传，如果将一种产品做到完美，这种产品本身就是一种宣传，比如特斯拉电动轿车和 Google Glass，不用花多少心思做广告，只要用产品说话就够了。产品做到完美，客户自然会帮企业做宣传，口碑营销的精髓就是让客户感受到这种情感的冲击，正如"酒香不怕巷子深"。去哪儿网要提高自身产品质量，严格把关，做到人无我有，人有我优，人优我变；提高售后服务能力，树立业内良好口碑，才能在"互联网＋旅游"的大潮中越走越远。

纵观整个互联网与旅游业的融合演进过程，存在三大基本规律：技术引领、需求驱动、逆向渗透。科学技术是第一生产力，在互联网领域更是如此，它是典型的技术驱动型产业，技术迭代非常迅猛。到2014年，中国网民超过6亿，移动上网人数超过5亿，人数的增长伴随着需求的增长，"互联网＋旅游"的模式更加紧密。由于度假产品内容多样、数量繁多，目前网络渗透率不是很高。其实"互联网＋"的过程，是一个逆向倒逼的过程，各个产业链互联网化的比重依次递减，融合度也越来越高。

"互联网+旅游"的最终走向，并不是简单地颠覆传统旅游行业，而是要利用新的信息科学技术，优化传统行业的运作模式，提高资源的利用效率。在线旅游可借鉴"小米模式"，进行市场细分，定位目标游客，定制化旅游，通过大数据使得精准营销成为一种可能。伴随着差异化市场竞争时代的到来，以及旅游产业的持续转型升级，定制旅游必将成为旅游市场的主流和未来发展趋势。

战争的最终形式一定是商业网络之间的比拼。价值网络的终极形式就是商业链条或者是一个商业网络。未来的竞争将是平台和平台之间的争斗，甚至是商业网络之间的碰撞。平台模式的核心就是构建一个多主体的互利共赢的网络。

参考文献

[1] 巩楠. 携程旅行网并购去哪儿网绩效评价研究 [D]. 济南：山东师范大学，2018.

[2] 赵基成. 租赁服务行业供应链系统的设计与实现 [D]. 北京：北京交通大学，2017.

[3] 刘杰. 基于扩展 MVC 的物品共享系统的设计与实现 [D]. 北京：北京邮电大学，2017.

[4] 徐兰静. 旅游供应链中在线旅行社与酒店定价策略演化博弈分析 [D]. 南京：南京航空航天大学，2016.

[5] 朱慧君. 互联网企业并购的财务风险及防范研究 [D]. 上海：华东理工大学，2017.

[6] 苗存纯. 去哪儿网盈利模式案例研究 [D]. 广州：华南理工大学，2015.

[7] 葛玲玲. 酒店供应链风险评估研究 [D]. 石家庄：燕山大学，2014.

[8] 柳力丽. 旅游垂直搜索引擎的品牌传播研究 [D]. 重庆：西南大学，2015.

[9] 胡巍. 基于 SOA 的敏捷供应链系统设计与实现 [D]. 上海：上海交通大学，2008.